1

Depuis qu'il a fêté ses vingt-cinq ans – ou depuis les fêtes du millénaire, Julie ne sait plus trop ce qui a été le déclencheur –, Luke a décidé qu'il en avait assez de rester enfermé. Il veut sortir et aller danser dans les prés.

— Je veux me mettre à poil et danser.

— Super, répond Julie. Tu veux te la jouer Kurt Cobain, c'est ça ? Te mettre à poil *et* mourir. C'est ta mère qui va être contente.

— Quel rapport avec Kurt Cobain ? Et puis, c'est pas dit que je vais mourir.

Julie pioche avec sa fourchette dans son bol de nouilles instantanées.

— Luke, on a déjà eu cette conversation un milliard de fois. Admettons que tu ne meures pas, tu es sûr de vouloir prendre le risque ?

— Non. Tu as raison, dit Luke. Qu'est-ce qu'il y a à la télé ?

— Ils pourraient mettre plus de petits pois dans leurs nouilles, râle Julie en faisant défiler les chaînes de télé.

Elle s'arrête sur une émission scientifique, où un homme raconte l'histoire des mathématiques. Luke foudroie Julie du regard et s'empare de la télécommande.

— Je veux un truc avec une histoire, proteste-t-il.

Mais, comme il n'y en a pas, il se rabat sur ce qui se rapproche le plus d'une histoire : le portrait d'un groupe de pop. Ils racontent comment ils ont vécu de petits boulots mal payés tout en faisant la tournée des maisons de la culture dans les villes de province. Aujourd'hui, ils se produisent au Wembley Arena.

Julie jette un regard circulaire à la chambre. Le plancher est jonché de magazines, de CD, de cartons pleins de cassettes vidéo et de DVD. En général, Luke est plutôt quelqu'un d'ordonné, mais ce sont les vestiges de la veille au soir. Le reste de la pièce est occupé par le grand lit de Luke, sa télé et son lecteur vidéo, son ordinateur et ses deux fauteuils.

Presque tous les murs sont couverts de rayonnages, où s'entassent tous les livres que Luke a lus, ainsi que ses cassettes VHS de séries télévisées : pimpantes galeries commerciales, plages de sable fin, bandes de copains, ados au bord de la crise de nerfs, pom-pom girls, terrains de foot, geeks, blondes à la peau bronzée, couloirs de lycée pleins de casiers métalliques et de rivalités. Que des histoires parfaites.

Il ne dit pas « émissions » mais « programmes », ne parle pas de galeries commerciales mais de « malls ». Luke a un léger accent américain, bien qu'il ne soit jamais allé en Amérique. Il croit que Clacton-on-Sea est une plage dorée pleine de beaux gosses et de maîtres-nageurs, et que les jeunes qui traînent à Lakeside ressemblent aux Américains des galeries marchandes qu'il voit sur son petit écran.

Quand il avait quinze ans, il a traversé une période où il n'arrêtait pas de demander à Julie de lui décrire le bord de mer, les boutiques et les squares des environs. Comme il ne la croyait pas quand elle s'efforçait de lui décrire objectivement le monde réel, elle a fini par lui dire carrément combien tout était merdique. Mais il refusait toujours de croire que la vie dans l'Essex n'était pas aussi glamour que dans les séries hollywoodiennes, si bien qu'elle a jeté l'éponge. Après cela, quand ils ont retransmis les fêtes de célébration du millénaire à la télé, Luke a décrété que tout était truqué. Il était aussi difficile de le convaincre que les défilés et les feux d'artifice étaient vrais que de lui faire admettre que *Beverly Hill 90210* était une fiction, et que, même si la cuisine impeccable de sa mère était digne d'un soap opera, chez la plupart des gens, la vaisselle et le linge sales s'empilaient dans tous les coins.

Le plancher de Luke est recouvert de linoléum, et tout son mobilier est en plastique ou en panneaux de particules stratifiés. Il utilise des draps en nylon et porte des vêtements en fibre synthétique. Il est assis en tailleur sur son lit, comme s'il faisait du yoga, et Julie, à côté de lui, est adossée au mur, les genoux ramenés contre sa poitrine. Elle termine ses nouilles instantanées et pose bien proprement l'emballage sur la table de nuit. Elle a un goût de sel chaud dans la bouche.

Il n'y a rien d'intéressant à la télé après le portrait du groupe pop. Julie se lève pour jeter un coup d'œil aux cassettes vidéo. Elle a envie de regarder un truc américain : familles dysfonctionnelles, robots dysfonctionnels, gamins insupportables.

— J'ai envie de mourir, dit Luke. Mais j'ai aussi envie de vivre.

Julie rit.

— S'il te plaît, arrête de toujours répéter la même chose.

Luke sourit.

— Bah, au moins, ça t'a fait rigoler.

— Et arrête de dire que tu veux sortir, OK ? Ça me fiche les boules.

— Mais je ne vais pas le faire. *Évidemment.* Pas maintenant. J'aime bien y penser, c'est tout. C'est pas parce que je le dis que je vais le faire.

— Je sais.

— Je ne le ferai pas tant que je ne serai pas guéri.

Quand on a fêté l'an 2000, il a juré qu'il serait guéri en 2001. Maintenant, on est en octobre. Julie choisit une cassette et l'introduit dans le lecteur.

— Je me fais du souci pour toi, dit-elle soudain.

— Pour moi ? Qu'est-ce qui te prend, tout d'un coup ?

Il regarde le bol de nouilles vide.

— Tu as fait un vrai repas au moins, aujourd'hui ?

2

Luke Gale est né le 24 octobre 1975, pendant un épisode de *L'hôtel en folie*. La même année, les Pays-Bas ont remporté le concours de l'Eurovision, et l'ours Paddington, Pong, la Ford Capri et le groupe écossais Bay City Rollers ont vu le jour. Luke était un bébé miracle.

Sa mère, Jean, ne pouvait apparemment pas avoir d'enfant, et à l'agence d'adoption on lui avait dit que Bill (son mari) était top souvent en déplacement pour pouvoir élever correctement un gamin. Peu importait que la moitié des femmes du quartier aient été des mères célibataires qui changeaient de mecs comme de chemise. Jean et Bill n'étaient pas aptes, point final. Si Bill était aussi souvent en déplacement, c'était à cause de son travail au sein d'une grosse compagnie d'assurances qui l'expédiait en voyage d'affaires pendant une, deux, voire trois semaines d'affilée. Pour finir, les sous qu'ils avaient mis de côté pour financer la scolarité de l'enfant qu'ils n'avaient jamais pu adopter avaient servi à payer le traitement de fertilité à base de plantes importées du Brésil que Jean avait suivi. Deux ans plus tard, Luke était né.

La première fois que Julie avait vu Luke, c'était en 1985. Elle était en train de somnoler sur la banquette du camion de déménagement, quand elle avait aperçu un visage derrière une vitre qui ressemblait à celui d'un fantôme. Il était tard (ils avaient roulé toute la journée) et, à la lueur de la lune, il lui avait paru très pâle et émacié, un peu comme une tête de mort. Julie, qui avait dix ans à l'époque, était fascinée par tout ce qui touchait aux fantômes et à la mort, et elle avait tout de suite compris que quelque chose clochait chez Luke. Il ne regardait rien en particulier – on aurait dit que ses yeux étaient perdus dans le vague – et, lorsque son père s'était garé devant leur nouvelle maison, elle avait réalisé qu'ils allaient être voisins.

— Je n'aurais jamais pensé vivre un jour dans un cul-de-sac ! s'était esclaffée la mère de Julie.

— C'est quoi, un cul-de-sac ? avait demandé Julie.

— C'est ça, avait dit son père. Une route qui ne mène nulle part.

Le lendemain, après une nuit de « camping » dans leur nouvelle maison, le père de Julie s'était rendu à la fac où il avait été nommé professeur d'arts plastiques. Vers trois heures de l'après-midi, Julie et sa mère étaient allées saluer les voisins du 17.

Au début, Julie n'arrivait pas à comprendre ce qui clochait chez Luke. Il n'avait plus tant l'air d'un fantôme que d'un enfant comme on en voyait à la télévision. Plus tard, lorsqu'elle prit le temps d'y réfléchir vraiment, Julie réalisa que c'était parce que sa peau ne présentait aucune égratignure ou piqûre d'insecte, pas le moindre hâle ni la moindre trace de crasse. Jamais de sa vie elle n'avait vu quelqu'un d'aussi propre. Ils restèrent à se dévisager l'un l'autre en silence dans le « salon pour les invités », où plus jamais elle ne serait invitée à s'asseoir après cette première visite.

Dans le salon, de drôles de stores en plastique étaient abaissés devant les portes-fenêtres qui donnaient sur le patio. Pendant quelques minutes, tandis que Julie et Luke se regardaient sans rien dire, leurs mères se mirent à parler de tout et de rien ; Helen, la mère de Julie, s'extasiait sur la vitrine où Jean gardait sa collection de bibelots en verre soufflé.

— Je vous offre une tasse de thé ? proposa Jean au bout d'un moment.

— Avec plaisir, répondit Helen en souriant nerveusement

tandis que sa fille dessinait de petits motifs avec la pointe de son pied sur l'épaisse moquette blanche.

— Pourquoi n'allez-vous pas jouer dehors ? suggéra-t-elle.

Il y eut un drôle de silence, puis Luke émit une sorte de ricanement grinçant.

— Ouais, c'est vrai, ça, pourquoi ? dit-il.

Puis il quitta la pièce.

Julie ne comprenait pas comment un enfant pouvait se conduire aussi grossièrement avec un adulte. Elle aurait presque envié la façon dont il avait répondu à sa mère, comme si elle et lui avaient été sur un pied d'égalité. Sa mère baissa les yeux en tripotant nerveusement ses boucles d'oreilles, comme elle le faisait chaque fois qu'elle était mal à l'aise.

Elle portait des clips en forme de chiens qu'elle avait achetés en Cornouailles l'année précédente. Soudain, Julie en voulut à Luke d'avoir parlé à sa mère sur ce ton. *Garçon stupide*, songea-t-elle en se demandant si c'était un enfant à problèmes comme ceux du centre qui était à côté de chez elle, quand elle vivait à Bristol.

— Pourquoi n'irions-nous pas à la cuisine, plutôt ? suggéra Jean.

Julie et sa mère suivirent leur hôtesse dans le couloir.

— Désolée, dit la mère de Julie qui se répandait toujours en excuses pour un oui ou pour un non. J'espère que je n'ai pas dit quelque chose qui...

Jean remplit la bouilloire et la mit en route sans rien dire. Une drôle d'atmosphère régnait dans la pièce, mais Julie s'efforçait de ne pas y penser. À la place, elle se demanda si c'était le genre de maison où il y avait du Nesquik ou de la pâte à tartiner, deux choses que sa mère à elle n'achetait jamais et que Julie espérait trouver chez ses amis. En tout cas, il n'y avait pas de fontaine à eau, et c'était tant mieux, parce que Luke était trop mal élevé pour en mériter une.

La maman de Julie avait l'air dans ses petits souliers.

— Je peux vous aider à faire quelque chose ? demanda-t-elle.

— Non, non, répondit Jean en versant l'eau dans la théière. C'est inutile.

— Nous ferions peut-être mieux de rentrer. Nous n'avons pas encore fini de déballer nos affaires...

— Je suis navrée, dit Jean. Luke n'aurait pas dû vous parler sur ce ton.

— Ce sont des choses qui arrivent, répondit gentiment la mère de Julie. Si vous saviez ce qu'elle m'en fait voir, celle-là, parfois, ajouta-t-elle en parlant de Julie.

Chaque fois qu'un autre enfant faisait des bêtises, sa mère disait ça, ce qui mettait Julie hors d'elle. C'était injuste, car Julie ne s'attirait pour ainsi dire jamais d'ennuis.

— Luke n'est pas sorti depuis 1976, expliqua Jean. Il n'est pas aussi désagréable en temps normal. Je suis désolée. Il va bientôt repasser des examens.

La mère de Julie eut l'air stupéfaite.

— Des examens ? répéta-t-elle.

Julie se demanda si Luke était atteint de maladie mentale.

— Il est allergique à la lumière du soleil, précisa Jean.

Laissant les mamans poursuivre leur conversation, Julie se mit à réfléchir à ce que signifiait au juste être allergique au soleil. Elle-même était allergique aux piqûres de guêpe. Une fois, on avait dû l'emmener aux urgences pour lui injecter un produit dans la fesse. Elle s'imagina Luke enflant au soleil, puis explosant comme une bulle de pus jaune. Sa mère faisait claquer sa langue en prenant l'air compatissant, comme chaque fois qu'un autre adulte se confiait à elle, généralement pour lui parler de maladie ou de « problèmes à la maison ». Cette fois, il y avait des tas de termes médicaux que Julie ne comprenait pas : apparemment, Luke souffrait d'une chose appelée XP et de diverses autres allergies. Comme elle ne pouvait pas suivre la conversation, elle se mit à gratter une vieille croûte sur son doigt.

— Il passe son temps dans sa chambre devant la télévision, dit Jean.

Elle regarda Julie, puis à nouveau sa mère.

— Nous la lui avons achetée pour son anniversaire, l'année dernière. Depuis, il ne fait rien d'autre que la regarder, et nous ne savons pas quoi faire. Il a même arrêté de lire, alors qu'il dévorait les livres avant.

Elle renifla.

— Ça va lui faire du bien de pouvoir jouer avec quelqu'un de son âge. Si seulement ça pouvait le tenir à l'écart de ce maudit poste de télé.

Elle versa quelques larmes, se répandit en excuses comme la mère de Julie.

— Il a une télévision rien qu'à lui ? demanda Julie, qui n'avait jamais rien entendu de semblable.

Elle ne connaissait aucun enfant qui ait eu une télé dans sa chambre, pas même Joanna, dont les parents étaient si riches qu'ils lui avaient offert un château gonflable pour son anniversaire.

— Julie, dit sa mère, embarrassée.

— Quoi ? protesta-t-elle. Je demandais, c'est tout.

Sa mère la foudroya du regard et la ramena peu après à la maison.

— Pauvre gosse, dit la mère de Julie à son père, ce soir-là, au dîner.

Ils mangeaient du poisson pané dans le salon à demi installé. Le père de Julie avait parlé de sa journée de prérentrée à la fac, et sa mère, de tous les livres qu'elle devait lire avant le début de ses cours à l'université. Maintenant, ils s'étaient mis à parler de ce drôle de zèbre de Luke. Julie était pelotonnée sur le canapé marron et faisait semblant de lire *Smash Hits* tout en épiant leur conversation.

— Comment s'appelle sa maladie, déjà ? demanda son père.

— XP, dit la mère de Julie. Je ne me souviens plus du terme exact.

— XP. Hum. Jamais entendu parler.

— C'est une maladie très rare, apparemment.

Le père de Julie alluma la télé. Julie retint son souffle. *Les branchés débranchés* était en train de passer sur BBC, et, avec un peu de chance, elle pourrait regarder l'épisode jusqu'au bout sans que personne ne la remarque et lui dise d'aller se laver les dents avant de se mettre au lit.

— C'est une femme bizarre, commenta la mère de Julie. Gobelets à whisky en cristal et salon pour les invités, murmura-t-elle à son père.

Tous deux ricanèrent, tournèrent à nouveau leur attention vers la télé. Au moment d'aller se coucher, Julie entendit son père chuchoter quelque chose à sa mère au sujet de soirées pendant lesquelles les maris s'échangeaient leurs femmes – une remarque douteuse qu'elle ne comprenait pas, mais qui les fit beaucoup rire. Qui pouvait avoir envie d'échanger sa femme ? Elle songea à leur plantureuse voisine, avec ses doigts boudinés couverts de bagues en or, et se demanda si son mari aurait voulu l'échanger contre une autre.

Probablement. Ce devait être ça, la blague. Elle sourit, enfila sa chemise de nuit *Mon petit poney* et s'endormit en écoutant ses parents faire l'amour.

L'école de Julie se trouvait à dix minutes à pied de leur nouvelle maison. Un trajet trop long qu'il valait mieux ne pas faire seule, car on risquait de faire de mauvaises rencontres quand on coupait par la zone industrielle. Autour du lotissement s'étiraient des champs en friche auxquels on accédait par un sentier envahi de mauvaises herbes qui desservait une usine de pneus. Julie aimait bien aller jouer là-bas.

Elle s'était fabriqué une sorte de petit nid dans la broussaille, où personne ne pouvait la voir. Puis, un jour, elle avait entendu sa mère dire à son père qu'un de ces quatre matins on allait retrouver un enfant mort dans ces terrains vagues. La dernière fois qu'elle y était allée, Julie s'était étendue entre les hautes herbes jaunes, à l'abri des regards, en se tenant parfaitement immobile et en s'imaginant qu'elle était morte. Après cela, elle n'avait plus jamais eu envie d'y retourner.

Finalement, il fut décidé qu'elle irait à l'école avec Leanne, la fille qui habitait au 12. Sa mère était allée trouver la mère de Leanne pour lui demander si Julie pouvait faire le trajet avec elle. Leanne avait objecté qu'elle avait déjà deux camarades, les jumelles Susie et Kerry, qui vivaient dans la rue d'à côté, mais sa mère avait réussi à la convaincre d'emmener Julie.

La veille de la rentrée, Julie était en train de se préparer à aller au lit, quand elle aperçut Luke qui la regardait depuis sa fenêtre. Elle savait que sa chambre à coucher se trouvait exactement en vis-à-vis de la sienne (toutes deux donnant sur les garages mitoyens et les allées qui séparaient le 17 et le 18), mais il ne l'avait jamais regardée par la fenêtre avant. Quand leurs regards se croisèrent, il fit une drôle de grimace, et elle rit. Puis il rit à son tour, et elle se dit qu'il n'était peut-être pas aussi infernal que ça, après tout.

À huit heures et quart, le lendemain, Julie alla retrouver Leanne au bout de la rue. Elle avait cinq minutes de retard, et Leanne soupirait en levant les yeux au ciel.

— On va être en retard pour passer prendre les jumelles, dit-elle, furieuse.

— Désolée, s'excusa Julie.

Leanne lui parlait d'une façon qui lui donnait l'impression d'être une grande perche, stupide et mal dans sa peau.

— Voici Julie, dit Leanne à Susie et Kerry, quand elles retrouvèrent les jumelles.

— Tu es nouvelle ? demanda Kerry en toisant Julie de la tête aux pieds.

Julie se sentait mal fagotée à côté de Leanne, Susie et Kerry. Elles avaient toutes une vraie coiffure (les jumelles portaient un chignon tressé, et Leanne, des couettes avec des chouchous), alors que Julie portait une simple queue de cheval.

— Elle n'a pas le droit d'aller toute seule à l'école, dit Leanne.

— Pourquoi ? demanda Susie.

— Parce qu'elle a peur, expliqua Leanne. C'est sa mère qui l'a dit à la mienne.

— Je n'ai pas peur, objecta Julie.

— Dans ce cas, pourquoi n'y vas-tu pas seule ? rétorqua Leanne.

L'école était affreuse : une petite bâtisse moderne donnant au sud, avec des chaises pour nains et des murs couverts de dessins de poissons entièrement réalisés avec des feutres à paillettes. Il faisait si chaud à l'intérieur que Julie avait la migraine chaque après-midi. Tout était soigneusement supervisé, sauf la récréation, qui était surveillée de loin par une grosse institutrice affublée d'une longue jupe et qui tenait une cloche à la main. Il s'avéra que Leanne, Susie et Kerry étaient les trois filles les plus populaires de l'école.

Elles passèrent l'année à traiter Julie de « poule mouillée » et à se pincer le nez quand elles passaient à côté d'elle en faisant comme si elle avait lâché un pet. Les seules fois où elles la laissaient tranquille étaient quand elles s'amusaient à se suspendre à la barrière métallique de la maison du gardien : elles étaient trop occupées à faire le cochon pendu en tirant sur leurs jupes pour qu'on ne voie pas leurs petites culottes.

Les garçons étaient encore pires. Ils disaient des mots que Julie ne comprenait pas. À la récré, ils venaient la trouver et lui demandaient des choses du style :

— Tu sais ce que ça veut dire « enculer » ?

Julie rougissait, car elle savait que c'était un gros mot, même si elle n'avait jamais vraiment compris en quoi cela consistait. Au bout d'un moment, Julie fit mine de savoir ce que ça voulait dire, mais les garçons la mirent au défi de leur donner des définitions (ce dont elle était incapable) ou inventaient des mots pour pouvoir se moquer d'elle et la traiter de menteuse quand elle prétendait en connaître le sens.

À l'école, tout le monde adorait *Les branchés débranchés* et citait de mémoire les répliques entendues la veille à la télévision. Mais, quand Julie s'y mettait elle aussi, elle était tellement nerveuse à l'idée que les autres se moquent d'elle, qu'elle mélangeait les répliques de Rik et de Vyvyan, et personne ne riait. Personne ne disait rien. Ils ne la traitaient même pas de ringarde ou de nulle, se contentant d'écarquiller des yeux incrédules qui semblaient dire : comment peut-on être aussi bête ?

Dès le premier jour d'école, elle était rentrée seule à la maison, mais avait dit à sa mère qu'elle avait fait le chemin avec Leanne. Soudain, l'idée d'aller s'étendre dans l'herbe jaunie des friches et mourir lui était apparue comme un sort presque enviable.

Julie s'immergeait dans les livres d'astronomie, de zoologie et de maths, parce que ce qu'on leur apprenait à l'école n'avait rien d'exaltant. Elle devint amie avec Luke. À onze ans, elle fit son entrée en sixième au collège : une cour gravillonnée et des terrains de sport entourés de bâtiments en préfabriqué ; des tyrans en minijupes, une infirmerie, des concours de crachats et – l'endroit de toutes les humiliations où Julie dut une fois suivre le cours en slip parce qu'elle avait oublié ses affaires de gym à la maison – la salle de sports.

Julie se convertit instantanément en une de ces élèves qui s'inscrivent à des ateliers pour ne pas avoir à sortir dans la cour. Elle passait les récréations et l'heure du déjeuner à jouer aux échecs, faire des expériences de chimie, ou des parties de Donjons & Dragons, ou fabriquer des maquettes, et, si les activités étaient annulées, à faire ses devoirs dans un couloir ou dans les toilettes.

Si elle avait fait tous ses devoirs et qu'il n'y avait pas d'atelier de prévu, elle s'essayait à résoudre les problèmes imaginés pour elle par M. Banks, son professeur de mathématiques, où il fallait calculer la trisection d'un angle, la quadrature du cercle, le double du carré du cube de x et la racine carrée de moins un. M. Banks était un très petit homme, intelligent et sadique, qui semblait toujours prêt à récompenser Julie et à la punir de manifester autant d'intérêt pour la matière qu'il enseignait. Presque tous les problèmes et les théorèmes qu'il lui soumettait étaient impossibles à résoudre. Mais il lui avait appris à extraire une racine carrée sans se servir d'une calculette et fait comprendre qu'avec de la logique et du temps, il était possible de résoudre à peu près n'importe quel problème ou tout au moins expliquer pourquoi il n'était pas possible de le résoudre. Julie aimait cela. En mathématiques, tout était vrai ou faux ; possible ou impossible ; logique ou illogique. Il n'y avait pas d'entre-deux.

Julie n'avait pas d'amis, mais ça lui était égal du moment qu'elle avait Luke à la maison. Au collège, personne ne croyait à l'existence de Luke. Quand Julie avait expliqué aux filles de sa classe que son meilleur ami était allergique au soleil et qu'il ne pouvait donc pas aller à l'école, elles l'avaient traitée de menteuse, déclarant qu'elle n'avait aucun ami, ici ou ailleurs. Son histoire était d'autant moins crédible que, primo, personne n'était allergique au soleil, et, secundo, quel garçon aurait voulu être ami avec une fille ?

L'école craignait, mais n'était-ce pas toujours le cas quand on était différent ? Julie n'avait jamais vraiment compris pourquoi elle était différente, mais elle l'était. Si tous ceux qui la regardaient de travers, la traitaient de tous les noms ou refusaient d'être ses amis savaient ce qui clochait chez elle, ils ne le lui dirent jamais. Personne n'aimait Julie, et elle ne savait pas pourquoi. Son meilleur ami ne pouvait pas sortir de chez lui à cause d'une maladie que personne ne comprenait. À côté de la vie, les problèmes de M. Banks, y compris les plus difficiles, étaient infiniment plus simples à résoudre.

3

La chaleur est insupportable. Luke allume son ventilateur. Il n'a pas le droit d'ouvrir les fenêtres, même la nuit, à cause du pollen et des papillons de nuit qui transportent de la poussière sur leurs ailes, même en octobre.

Luke est en train de lire. Quand il lit, il se sent presque comme tout le monde, même s'il a parfois du mal à se représenter certaines scènes. Il n'a jamais réussi à jouer aux jeux vidéo parce que cela l'obligerait à entreprendre un voyage à travers des univers qui lui sont inconnus. Aller d'un bout à l'autre de la maison est son unique expérience de voyage. La première fois qu'il a essayé de jouer à un jeu vidéo, il s'est senti oppressé et complètement désorienté dès que le personnage a commencé à s'éloigner de son point de départ. Luke, qui ne s'était jamais senti perdu, se demandait si se perdre dans le monde réel était aussi terrifiant que de se perdre dans un monde virtuel, et en venait à se dire que rester enfermé dans sa chambre n'était peut-être pas si terrible. Malgré cela, Luke aurait fait n'importe quoi pour pouvoir sortir.

Le livre qu'il est en train de lire aurait aussi bien pu être un roman de science-fiction. Il se déroule dans un bureau, et Luke a du mal à se représenter les lieux. La plupart du temps, quand il lit, il a automatiquement recours aux images qui lui sont le plus familières pour se représenter, mettons, une maison, un appartement ou une prairie. Mais toutes ces images lui viennent de la télé ou de films. Si l'action d'un livre a lieu dans un appartement, l'imagination de Luke puise dans les décors de *Friends.* Si elle se déroule dans un bateau, Luke voit l'intérieur du *Titanic.* Pour Luke, il y aura toujours plusieurs *Titanic :* un vieux en noir et blanc, un en Technicolor datant des années 1950 et aussi figé qu'un cliché photographique, et un énorme paquebot hollywoodien rempli de stars oscarisées. Chacune de ces images représente un objet réel que Luke ne peut pas voir, et, s'il ne peut pas le voir, il n'existe pas. Il n'y a pas de vrai *Titanic*, uniquement des images. Ou alors, il y a plusieurs vrais *Titanic.*

Luke emploie rarement le mot « vrai ». Il ne parle pas du monde réel et ne commence pas ses phrases en disant : « En réalité… » Personne ne remarque vraiment qu'il est bizarre (en tout cas, pas plus bizarre que n'importe qui d'autre), sauf Julie peut-être, mais elle a toujours été un peu spéciale. Longtemps, Luke a pensé que les autres gens ne lisaient pas de la même façon que lui.

Quand il a posé la question à Julie, elle lui a répondu qu'elle n'y avait jamais songé. Il a mentionné un roman que tous les deux avaient lu récemment, où l'action se passait en partie dans un hôpital. Il lui a dit de lui brosser un tableau de l'hôpital et réalisé qu'il était différent du sien. Quand il lui a demandé si l'image qu'elle s'en faisait correspondait à un hôpital où elle était vraiment allée ou si elle provenait d'un film ou d'une série télé, elle a eu une sorte de haut-le-corps et lui a avoué qu'elle provenait en fait de la série *Casualty.* Ce qui veut dire que Luke n'est tout compte fait pas aussi bizarre que ça.

Parfois, il rêve qu'il quitte sa chambre. Mais le monde extérieur est fait de fragments de programmes de télévision, comme une sorte de montage ou de vidéo-clips. Car, de quoi d'autre pourrait-il rêver, lui qui n'a jamais vu le vrai monde ? Il faut bien remplir les blancs d'une façon ou d'une autre, non ? Quand Julie et lui jouaient aux associations d'idées et qu'elle prononçait le mot « voiture », il répondait « Knight Rider », ou « Christine ». Il ne disait jamais « rue », « bus », « camion » ou « moto ». Et, donc, il rêve qu'il s'évade à travers la télévision, sauf que ce n'est pas une évasion. C'est pour cela qu'il continue de dévorer des livres et de vouloir sortir.

Une fois, Julie a montré à Luke un livre sur les tableaux d'Escher qu'il n'arrivait pas à comprendre. Déjà qu'il n'arrivait pas à comprendre le monde extérieur ou même sa propre vie ! Julie a essayé de lui expliquer que les œuvres d'Escher étaient des « impossibilités » ou des illusions d'optique. À dire vrai, on ne pouvait pas monter et descendre simultanément un escalier. Luke s'est demandé : *Pourquoi pas ?* Julie s'est énervée ce jour-là, car elle ne comprenait pas pourquoi il ne voyait pas que c'était impossible. N'empêche que, si tous les escaliers à l'extérieur de cette maison avaient été comme ceux d'Escher, cela ne l'aurait pas étonné.

Luke était toujours à la recherche d'une image de bureau. Le mieux qu'il ait pu trouver est un de ces espaces décloisonnés comme on en voit dans les séries américaines, avec des tas de secrétaires, d'ordinateurs et d'intrigues, et où les filles portent des jupes droites très chics.

Mais cette image ne correspond pas à la description du livre, et il a du mal à progresser dans le chapitre, car le lieu et l'action ne vont pas ensemble. Le chapitre suivant se déroule dans une usine. Luke renonce. Qu'est-ce qu'une usine ? Il voit des hauts-fourneaux crachant de la fumée, des femmes, coiffées de bonnets, fumant des cigarettes et des enfants vêtus de hardes. D'où provient cette image ? Ça ne colle pas avec le texte, de toute façon. Luke ferme son livre. Il cherchera des images d'usines demain sur Internet.

Il bâille et décide de se mettre au lit. Mais, avant cela, il consulte sa boîte mail. Outre toute la pub habituelle, il y a un courriel d'un dénommé Ai Wei Zhe, guérisseur établi au pays de Galles. Luke a déjà contacté des guérisseurs par Internet, mais il ne se souvient pas de celui-là. Peut-être répond-il à un des innombrables messages que Luke a postés sur un forum et auxquels personne ne répond jamais. Celui-là dit qu'il peut peut-être l'aider. Luke lui répond aussitôt. Puis, soudain plus alerte, il se rend sur un de ses groupes de discussion.

Entre-temps, Ai Wei Zhe lui a envoyé un second courriel. Il demande à Luke son numéro de téléphone ainsi que l'heure à laquelle il souhaite être rappelé. Luke lui envoie aussitôt son numéro en disant qu'il n'est pas encore couché et qu'Ai Wei Zhe peut l'appeler. Légèrement tremblant, Luke déconnecte Internet et attend. Rien. Toujours tremblant, il va se laver les dents et enfile son pyjama. Il n'a pas particulièrement sommeil. Il s'assure qu'il est bien déconnecté d'Internet et que son téléphone n'est pas occupé. Et c'est alors qu'il sonne.

— Allô ? dit la personne à l'autre bout de la ligne. C'est Luke ?

— Oui, répond Luke. Vous êtes Ai Wei Zhe?

Il a du mal à prononcer son nom.

— J'espère qu'il n'est pas trop tôt...

— Non, Luke. Ne vous inquiétez pas. Je me lève toujours de bonne heure, répond la voix. Appelez-moi « Wei ».

— D'accord.

Il a un accent mi-chinois, mi-américain.

— Vous avez un problème particulier ?

— Oui, dit Luke. Je suis allergique au soleil.

— Le soleil est yang. Le soleil donne la vie.

— Pas à moi.

— *No*, s'esclaffe Wei. Vous avez vu un docteur ?

— Oui, il y a très longtemps.

— Mais pas récemment ?

— Non.

— Pourquoi cela ?

— Parce que. Je..., euh..., je n'aime pas les médecins, mais ce n'est pas la raison.

— Quelle est la raison, dans ce cas ?

— Je ne sais pas. Ils ne viennent pas me voir. Il y a un certain temps déjà qu'ils ne viennent plus. Je pense que c'est parce que cette chose que j'ai – le XP – est incurable et qu'ils ne peuvent rien pour moi à part me dire de garder les rideaux fermés. Le docteur de ma mère se charge de me faire des certificats médicaux, mais rien d'autre.

— Je vois. Et vous avez toujours eu ce problème ?

— Oui.

— Je n'ai jamais entendu parler de... XP. Parce que c'est du jargon médical, sans doute. J'ai déjà entendu dire que certaines personnes ne pouvaient pas s'exposer au soleil, par contre. Mais je n'ai jamais rencontré personne dans ce cas.

— Ça se guérit ? demande Luke.

— Nous allons bientôt le savoir, rit à nouveau Wei. Peut-être êtes-vous trop yin.

— Comment ça ?

— Eh bien, si vous êtes allergique au yang. C'est fascinant.

— Oui, sans doute.

— Désolé, je suppose que ça ne l'est pas pour vous.

— Non.

Luke sourit.

— Comment expliquer ? Je voudrais danser dans les prés, dit-il.

— Ah oui ? Dans ce cas, il faut que nous essayions de vous guérir.

— Vous pensez pouvoir m'aider ?

— Je n'en sais rien. Si le problème est dans votre corps, peut-être. Sinon, peut-être aussi.

— Oh ! mais je pense que c'est dans mon corps.

— Nous verrons. Vous avez un fax ?

— Oui, dit Luke. Enfin, un scanner et...

— Faxez-moi votre dossier médical. Vous l'avez, n'est-ce pas ?

— Il est quelque part dans la maison, oui. Je vais le chercher.

— Faxez-le-moi, et on se reparle lundi.

4

Chez The Edge, il n'y a pas un chat. En dehors des trois membres du personnel – Julie, David et Heather –, la seule personne présente dans le restaurant est un électricien qui est venu dépanner les caisses enregistreuses. Quand les caisses ne marchent pas, il est impossible de passer des commandes. S'il y avait eu des clients, il aurait mieux valu baisser le rideau, mais, étant donné qu'il n'y a personne, autant rester ouvert.

Julie est en train de garnir le bar à salade avec les crudités que David vient de découper. Le soir, c'est le coup de feu : les chefs n'ont pas le temps de s'en occuper. Ce sont généralement les étudiants employés à la plonge (trop laids et pas suffisamment dégourdis pour servir en salle) qui préparent les salades. Aujourd'hui, les rondelles d'oignon ont l'air plus fraîches que d'habitude, constate Julie, et il n'y a pas de restes de feuilles laitue fanées au fond du bac.

Une fois le bar regarni, Julie sort inscrire la « formule du jour » sur l'ardoise à côté de la porte d'entrée. C'est la même tous les midis : salades variées et pizza à volonté pour six livres quatre-vingt-dix-neuf.

Avec quelques autres – B & Q, Comet, Currys, Blockbuster, Staples et Homebase –, The Edge est relégué à quelques kilomètres à l'extérieur de Brentwood, dans une zone commerciale dominée par les grosses enseignes, où le bas peuple accourt en Ford Fiesta ou en monospace japonais. Ce royaume en béton armé est né sous la plume d'un urbaniste qui en a dessiné chaque boutique, chaque aire de stationnement, sans oublier les dispositifs de limitation de vitesse : ralentisseurs aux courbes voluptueuses, rebords de trottoir (exactement comme à la ville), un seul tout petit rond-point et plusieurs minicourbes en épingle à cheveux.

Entre chaque rangée de voitures, il y a des bordures en ciment plantées d'arbrisseaux rachitiques destinées à empêcher les automobilistes de sortir de leur place de stationnement en marche avant. La zone commerciale est entourée d'un mur de brique rose derrière lequel file l'autoroute A12 : bruit et fureur vingt-quatre heures sur vingt-quatre. Au-delà, à perte de vue, les champs d'avoine hérissent leurs épis barbus.

L'A12, dans toutes les nuances de gris, s'étire tel un immense ver de terre avec la tête à Londres et la queue à Great Yarmouth. La section entre Colchester et East London comporte un nombre invraisemblable de points noirs de sécurité routière, et les villes autour forment le cœur de l'Essex : Romford, Brentwood, Shenfield, Chelmsford, et, un peu plus loin, le long de l'A127 et l'A13, Southend, Pitsea, Basildon et Braintree. Dans toutes ces villes s'alignent des maisons dont la construction n'est pas encore achevée, avec des patios, des transats et des micro-ondes, des paraboles et des garages, où les fans de tuning équipent leurs Ford Cosworth, Scorpio ou XR3 d'énormes systèmes stéréo. Et dans ces maisons, il y a des chambres où des gamines, qui rêvent d'être aussi minces que leurs copines Mandy ou Danielle, s'initient à l'art de la manucure en essayant d'oublier que chaque fois qu'une fille de l'Essex passe à la télévision, elle a droit à des moqueries et des haussements de sourcils.

Quelle est la différence entre un pantalon et une fille de l'Essex ? Il est plus facile d'écarter les jambes de la fille de l'Essex. Comment une fille de l'Essex éteint-elle la lumière après avoir fait l'amour ? Elle claque la portière. Quelle est la différence entre une fille de l'Essex et le *Titanic* ? Vous savez combien de mecs ont sombré à l'intérieur du *Titanic*. Qu'est-ce qu'une fille de l'Essex met derrière ses oreilles pour avoir l'air plus sexy ? Ses chevilles. Julie a beau être une fille de l'Essex, ce n'est pas une marie-couche-toi-là. Mais est-elle *vraiment* une fille de l'Essex ? Elle ne vit ici que depuis quinze ans. Est-ce assez ?

L'Essex possède une ligne de chemin de fer surnommée la Ligne de la Misère, et un accent régional – l'anglais de l'estuaire – auquel personne ne trouve le moindre charme, romantisme ou truculence et que tous les Anglais imitent quand ils veulent jouer les demeurés. Julie parle comme ça, malgré les remontrances de sa mère. Elle parle probablement comme ça précisément parce que sa mère a tout fait pour l'en empêcher. Quand une seule identité, quelle qu'elle soit, s'offre à vous, vous faites tout pour vous l'approprier, non ?

Avant d'inscrire le menu de midi, Julie doit d'abord effacer celui de la veille au soir. *Pizza chaudasse, Miches fourrées, Champignons magiques, Moules en folie.* Les chefs et les serveurs disent que ce sont les gamins qui font du skate le soir, dans le parking, qui s'amusent à changer le nom des plats. Mais où se procureraient-ils de la craie ? Sans même réfléchir, Julie efface le mot « magiques » et le remplace pas « farcis ».

Leanne a pris l'habitude de venir au restaurant chaque fois que son chef l'autorise à faire une pause. Sa première pause de la journée, chez Blockbuster, est à onze heures. Aujourd'hui, elle se pointe à onze heures cinq. Julie est en train de mettre le couvert en prévision du coup de feu de l'heure du déjeuner, même si, au rythme où va le type qui répare la caisse enregistreuse, il y a de fortes chances pour que The Edge doive baisser le rideau.

— Ça baigne ? demande Leanne à Julie.

— Mm..., répond Julie en bâillant.

— Encore couchée à pas d'heure ? lance Leanne.

Julie a commis une fois l'erreur de confier à Leanne qu'elle n'aimait pas se lever de bonne heure. Leanne lui avait fait la leçon et expliqué que veiller jusque tard était mauvais pour le teint et les ongles, ajoutant que Julie n'était pas obligée de rester éveillée juste pour faire plaisir à Luke. Julie ne se souvient pas exactement, mais il lui semble que Leanne a dit quelque chose comme : « Si Luke se jetait du haut d'une falaise, tu en ferais autant, c'est ça ? »

Leanne n'est plus la garce qu'elle était quand elles étaient gamines. D'ailleurs, elle ne se souvient même pas qu'elle tyrannisait Julie au collège et donne l'impression qu'elles ont toujours été amies. Debout dans son uniforme de vendeuse, elle ôte sa pince à cheveux pour défaire son chignon, puis le refaire exactement comme il était avant.

— Pourquoi continues-tu de travailler le jour ? demande-t-elle à Julie.

Julie est la meilleure serveuse du restaurant, avec une prédilection pour le week-end : chemises mouillées du vendredi et parfumées du samedi, couples qui se font du pied sous la table et s'enfilent une bouteille de chianti en partageant un dessert, puis vous laissent un pourboire généreux.

Mais, depuis deux semaines, Julie doit remplacer une autre collègue qui s'est mise en arrêt-maladie. La plupart des autres employés sont soit des étudiants, soit des gens qui ont un deuxième job, si bien qu'il n'y a personne d'autre qu'elle pour jouer les bouche-trous. Le service de jour s'est avéré plutôt relaxe. David, le cuistot, et Heather, la chef d'équipe, sont des collègues faciles, et le brouillard de la fatigue finit par s'estomper avec l'habitude.

— Kerry n'est pas encore revenue, dit Julie.

— J'ai entendu dire qu'elle est tombée enceinte d'un biker rencontré au Rising Sun.

— On raconte tellement de choses. Peut-être qu'elle n'a pas envie de revenir bosser ici, tout simplement.

Julie s'approche de la table suivante avec sa boîte à couverts et ses produits de nettoyage. La toile cirée a l'air propre, mais Julie en ôte tout de même le petit vase avec les fleurs et le pose sur une chaise. Elle pulvérise un peu de produit nettoyant sur la nappe et l'essuie, puis elle dispose deux serviettes en papier, deux couteaux et deux fourchettes sur la table, et remet le vase à sa place.

— Devine quoi ? dit Leanne en suivant Julie jusqu'à la table suivante.

Julie ôte les fleurs et refait les mêmes gestes.

— Quoi ? dit-elle.

— Ma cousine a gagné au loto.

— Ouais, d'accord.

Depuis le collège, Julie a gardé l'habitude de ne jamais croire ce que les gens lui racontent, de crainte qu'il ne s'agisse d'une blague. Quand Leanne lui a raconté que Jill Dando s'était fait assassiner l'année dernière, elle ne l'a pas crue non plus. Elle dispose les couverts et s'approche de la table suivante.

— Non, sérieusement, dit Leanne. Je te jure.

Elle écarquille des yeux outrés comme chaque fois qu'elle dit la vérité et qu'on refuse de la croire.

Julie relève la tête et repousse une mèche de cheveux.

— Combien ?

— Deux millions. Elle s'est partagé le gros lot avec deux ou trois autres gagnants, je crois.

— N'empêche que deux millions, c'est pas mal, dit Julie.

— Et comment ! Et tu sais quoi ?

— Quoi ?

— Elle va acheter la maison du 14.

— Dans ta rue ?

Leanne sourit délicieusement.

— Ouais.

— Mais pourquoi ? Je veux dire, qui aurait envie d'aller vivre dans ce lotissement ?

— Chantel a promis à sa mère de lui acheter une belle maison si elle gagnait un jour au loto, et elle est bien, notre rue, je trouve. Enfin, correcte, en tout cas. Jusqu'ici, Chantel – ma cousine – et sa mère vivaient avec un loser dans un taudis près de Basildon. Tu vois où ? Du côté de ces terrains vagues complètement laissés à l'abandon…

Leanne fait la moue, défait son chignon et entortille à nouveau ses cheveux, sa pince dans la bouche.

— Bref, tout ça pour dire que ma mère et la sienne se sont fritées grave au sujet de ce mec. Mais maintenant la mère de Chantel, ma tante Nicky, donc, l'a largué, et Chantel a gagné le gros lot, et elles vont venir s'installer au 14, mardi prochain. Tu devrais l'entendre quand elle dit : « Oh mon Dieu, on va avoir le tout-à-l'égout ! » Avant ça, elles avaient une fosse septique.

Julie essaie d'assimiler cette avalanche de paroles.

— Elles sont au courant pour le 14 ? demande-t-elle.

— C'est justement là, le truc.

— Tu ne penses pas qu'elles vont finir par le découvrir ?

— Pas si on ne leur dit pas.

Heather s'approche et inspecte la table que Julie vient de terminer. Elle se tapote délicatement les cheveux, comme si elle avait peur d'esquinter son brushing.

— Tu vas vouloir faire une pause, dit-elle. Salut, Leanne.

— Tout baigne, Heather, dit Leanne. J'espère que ça ne t'ennuie pas que je sois en train de lui faire la causette ?

Heather regarde Julie et sourit.

— Non, à condition que ça ne l'empêche pas de travailler.

Elle plaisante, car, en réalité, Heather est vraiment contente d'avoir Julie dans son équipe. Elle n'a que vingt-deux ans, et c'est son premier poste à responsabilités. Elle aimerait devenir manager, plus tard. Elle vit avec son petit ami dans une petite ville des environs. Ils ont contracté un énorme prêt bancaire, et Heather a acheté un poney quand elle a quitté le lycée. Bien que sa collègue soit très impliquée dans son travail, Julie a parfois l'impression qu'elle préférerait s'occuper de son cheval plutôt que d'être chez The Edge.

Laissant sa boîte avec les produits d'entretien sur une chaise, Julie suit Leanne dans l'arrière-salle, qui sent la cigarette et le graillon comme dans tous les fast-foods. Même si la restauration chez The Edge n'est pas particulièrement rapide, l'odeur est la même.

Leanne sort un paquet de Lambert & Butler.

— Tu en veux une ? propose-t-elle.

— C'est pas de refus, dit Julie en prenant une cigarette et en s'asseyant sur une chaise cassée. Alors, comme ça, elles emménagent mardi prochain ?

Leanne s'adosse aux vestiaires métalliques du personnel.

— Ouais. Surtout, souviens-toi de ne rien dire à Chantel.

— Je ne dirai rien. De toute façon, je ne vais probablement même pas la rencontrer.

— Oh ! mais bien sûr que si. Elle organise une pendaison de crémaillère, et toute la rue est invitée.

— Et tu ne crois pas que quelqu'un risque de cracher le morceau ?

— Non. J'ai prévenu tout le monde.

— De toute façon, elle finira forcément par l'apprendre.

— Ouais, mais entre-temps, elles se seront installées et tout.

Julie n'est pas certaine d'avoir saisi la logique de son raisonnement, mais elle ne dit rien.

— J'ai vu Charlotte Moss l'autre jour, dit Leanne en secouant sa cendre de cigarette dans un cendrier McDonald's.

Elle marque une pause pour faire durer le suspense.

— Je l'ai croisée au Rising Sun.

— Qu'est-ce que tu fichais là-bas ?

— Je la cherchais, justement. Ça schlinguait là-dedans. Beurk. C'est dégueulasse.

Jolie fronce les sourcils.

— Tu cherchais Charlotte Moss ?

— Pour lui dire de rester à l'écart du 14.

David entre. Il est grand, un poil trop maigre pour sa taille, et il a une démarche de chat de gouttière qui cherche sa pitance. Il est de Romford et fait des études de droit dans une des nouvelles universités qui se sont ouvertes dans le comté. Tout le monde s'accorde pour dire qu'il est le plus sympa des cuistots, même s'il n'y a pas des masses de concurrence. Une fois, un des clients a essayé de peloter une des serveuses, et le manager ne savait pas quoi faire. David s'est approché du type, il l'a attrapé par son col de chemise et l'a fichu dehors. Les serveuses aiment bien David.

Il allume une cigarette d'une main. Il secoue son autre main comme s'il s'était brûlé.

— Qu'est-ce qui t'est arrivé ? lui demande Leanne.

— Je me suis cramé, dit-il. C'est quoi, le problème avec le 14 ? dit-il.

Leanne soupire.

— Tu vois ? Quand je te disais que ça allait pas être simple.

— Oh ! tu veux parler de ta rue ? Tout le monde est au courant.

Julie réalise qu'en effet tout le monde sait tout à propos de tout le monde. Pourtant, ça n'a pas fait la une des journaux, et la ville n'est pas si petite que ça. Mais ici tout le monde travaille dans le commerce, et, à part servir les clients, on n'a pas grand-chose à faire sinon se raconter ses malheurs et ceux des autres.

Mark Davies était la première personne qui était morte dans l'entourage de Julie. Il était mort à l'automne, brusquement, à Lakeside, d'une hémorragie cérébrale. Il avait vécu toute sa vie au 14, Windy Close, si on exceptait son année sabbatique et le temps qu'il avait passé à la fac. Quand il était revenu de l'université un an trop tôt après avoir laissé tomber ses études, il avait ramené cette fille, cette Charlotte Moss. Elle avait vécu là-bas jusqu'à sa mort et était restée ensuite, pour s'occuper des parents de Mark et faire le ménage. À ce jour, elle était la seule survivante du 14, Windy Close. La mère de Mark était devenue folle, et son père s'était suicidé au 14, juste en face de chez Luke.

Après cela, Julie ne pouvait plus s'empêcher de penser à Mark. Il était mort brutalement alors qu'il était en train de se demander où il allait faire ses courses et ce qu'il allait bien pouvoir manger à midi. Il n'avait jamais fait l'objet d'un suivi médical et n'avait jamais eu de signes avant-coureurs. Il n'y avait rien qu'il eût pu faire pour sauver sa peau. C'était une profonde injustice, estimait Julie. Et puis, si Mark pouvait mourir comme ça, elle aussi. Elle ne pouvait s'empêcher de penser combien ses derniers instants avaient dû être terrifiants. Mark ne méritait pas un tel sort. Mais ce sont des choses qui arrivent, n'est-ce pas ? Et la tristesse et le chagrin que lui inspirait la mort de Mark s'étaient transformés en une idée fixe : allait-elle être la prochaine ? Pendant des années, Julie avait appréhendé la vie avec un mélange de méfiance et de prudence. La mort de Mark lui avait prouvé qu'elle avait raison. Leanne écrase son mégot de cigarette.

— Elle avait une de ces dégaines, dit-elle.

— Qui ça, Charlotte ? demande Julie.

— Ouais. Et elle empestait ce truc patchi-je-ne-sais-quoi, comme les babas cool.

— Le patchouli ? dit Julie.

— Moi, je la trouve super sexy, dit David.

Il éteint sa clope.

— À plus !

Et il sort.

— Qu'est-ce qu'elle fait, maintenant ? demande Julie, qui n'a pas vu Charlotte depuis des lustres.

— Tu ne crois tout de même pas que j'allais m'incruster dans ce bouge pour prendre de ses nouvelles, dit Leanne en faisant la grimace.

— David la connaît ? s'enquiert Julie.

Leanne hausse les épaules.

— Quel schnoufard, celui-là ! Il connaît tout le monde.

Heather entre dans l'arrière-salle.

— Je crains que nous ne soyons obligés de fermer, dit-elle à Julie. La caisse n'est toujours pas réparée.

— Vous ne pourriez pas prendre simplement les commandes par écrit ? suggère Leanne.

— Comment ça ? dit Heather.

Leanne était chef d'équipe chez The Edge avant d'aller bosser pour Homebase, puis Blockbuster.

— En rédigeant les additions à la main, explique-t-elle. Chaque serveuse a son fond de trésorerie, non ? Les filles n'ont pas besoin de mettre l'argent dans la caisse. Il faut juste qu'elles prennent les commandes par écrit, qu'elles les passent directement à David, puis qu'elles mettent les comptes à jour quand la caisse sera réparée.

— Ça pourrait peut-être le faire, dit Heather, perplexe.

— Il faut que David prenne note de toutes les commandes qu'il reçoit, reprend Leanne. Tu pourras les comparer avec les notes des serveuses, et, comme ça, elles ne pourront pas te rouler.

— Je suis la seule serveuse, fait remarquer Julie.

— Oui, mais, bon, on n'est jamais trop prudent, conclut Leanne.

— Je crois qu'on ferait mieux de fermer et c'est tout, dit Heather.

— Essaie mon système, insiste Leanne. Je t'assure que ça marche.

— Il faut qu'on retourne dans la salle, de toute façon, dit Heather.

— Moi, je retourne chez Blockbuster, déclare Leanne.

— À plus, dit Julie.

— Tu peux dire à Luke que je passerai plus tard ? demande Leanne.

— Oui, mais il se peut qu'il soit occupé.

— Occupé à quoi ?

— Je ne sais pas. Mais il m'a dit qu'il avait des trucs à faire ce soir.

— Dans sa chambre ?

— Oui, évidemment.

Julie se lève et se dirige vers la porte.

— Pourquoi ne l'appelles-tu pas plutôt ?

— Parce que j'en ai marre de tomber chaque fois sur son répondeur, ronchonne Leanne en suivant Julie.

5

La première fois que Luke a essayé de sortir seul dans la rue, il avait sept ans. C'était devenu sa forme de chantage favorite quand il voulait que sa mère lui achète des livres ou des magazines.

— Achète-moi *Woody Woodpecker*, maman.

— Non, Luke, tu as déjà eu deux livres hier.

— Je vais sortir.

— Ne fais pas ça, Luke.

— Je vais sortir et je vais mourir et tu vas regretter de pas me l'avoir acheté.

— S'il te plaît, Luke. Arrête.

Sa mère prenait toujours une voix suppliante et geignarde, et ses mains se mettaient à trembler, même quand elle n'avait aucune raison de paniquer.

Naturellement, elle savait qu'elle allait devoir le mettre au pied du mur. Une fois, elle avait appelé en direct une émission de radio pour recueillir un avis.

— Votre fils est trop gâté, avait répondu la psychologue, catégorique. Tenez-lui tête. Montrez-lui qui commande.

C'est ce qu'elle avait fait. Un jour de printemps 1982, excédée par ses scènes à répétition, elle lui avait dit :

— Très bien, va faire un tour dehors puisque tu en as envie.

Cela se passait en semaine, alors que le père de Luke était en déplacement dans le Yorkshire. Luke et sa mère se trouvaient dans la cuisine avec les rideaux tirés pour arrêter les rayons du soleil, ce qui donnait une teinte orangée sombre à toute chose, y compris les grains de poussière qui flottaient dans l'air.

Le corps frêle de Luke semblait encore plus délicat.

Sa mère lui avait dit :

— Vas-y, sors. Tue-toi si tu veux. Je m'en fiche.

Il s'était mis à pleurer. Il avait froid et se sentait seul. Il avait refusé de s'habiller et portait encore son pyjama Batman. Sa mère pointait du doigt vers la porte de derrière. Sa main tremblait. Elle avait répété ce qu'elle venait de dire, mais sa voix s'était brisée et elle avait fondu en larmes à son tour. Luke ne voulait pas la fâcher. Ce qu'il voulait, c'était un câlin, pas qu'elle le gronde. Mais il était trop tard. Il ne pouvait plus faire marche arrière. Il préférait mourir que de laisser sa mère le commander pour toujours. Il avait la nausée et se sentait tout petit, comme s'il était en train de rétrécir. Il fallait qu'il accomplisse quelque chose avant de disparaître complètement. Il savait que son instant d'éternité était venu. Soudain, rien ne comptait plus : ni aujourd'hui ni demain, ni sa vie à lui ni celle de quelqu'un d'autre. Il se rappelait vaguement comment avait été la journée avant cet instant et aurait voulu retourner en arrière. Mais c'était impossible. Il se sentait de plus en plus petit. Autour de lui, tout paraissait soudain plus grand. Il s'était élancé en courant vers la porte de derrière.

Au début, elle refusa de s'ouvrir. Il tira sur la poignée et donna des coups de pied dans le battant.

C'est alors que sa mère, réalisant ce qu'il était en train de faire, se mit à crier « Non ! » en s'approchant de lui. La porte s'ouvrit avant qu'elle ait pu le rattraper, et Luke déboula dans l'air étrangement frais et pur de cette matinée ensoleillée, les graviers dans l'allée lui piquant la plante des pieds.

Quand sa mère étira le bras pour l'attraper, ils tombèrent tous les deux à terre. La dernière chose que vit Luke était le ciel d'un bleu incroyablement intense et pur.

Il resta inconscient pendant une demi-heure. Quand il se réveilla, il était dans sa chambre, et le médecin était là.

C'était horrible d'avoir sept ans, d'avoir envie de sortir explorer le monde et de se faire des amis, alors qu'on était condamné à rester dans le noir. Le seul ami de Luke – si on pouvait appeler ça un ami, car Luke ne l'aimait pas particulièrement et lui non plus –, c'était Mark Davies, de l'autre côté de la rue. Mark venait parfois à la maison avec son père.

Pendant que le père de Mark et la mère de Luke discutaient au rez-de-chaussée, Mark et Luke s'amusaient avec les jouets que Mark avait apportés (des camions et des voitures, principalement). Mark ne parlait que d'avoir un Scalextric, et Luke s'ennuyait, quoique moins que quand il était seul. C'est pourquoi il se pliait à la fantaisie de Mark. Il était Robin tandis que Mark était Batman, et il lui expliquait et réexpliquait pourquoi il ne pouvait pas sortir.

Luke passait beaucoup de temps nu, surtout l'été, quand la canicule sévissait au début des années 1980 et qu'il n'y avait que sa mère et lui dans la maison les jours de semaine, et les week-ends où Bill était en déplacement.

Cela mettait sa mère mal à l'aise, raison pour laquelle il le faisait, même si elle avait cessé de lui tenir tête après l'incident de la porte de la cuisine. Luke détestait ses vêtements en tissu synthétique, même s'il pouvait faire des étincelles avec quand il les frottait dans l'obscurité.

Tout ce que voulait Luke, c'étaient des livres et des illustrés. Il avait besoin de lire beaucoup, une moyenne de cinq ou six livres par jour, mais, comme il ne pouvait pas aller les choisir lui-même à la bibliothèque, il s'efforçait d'expliquer à sa mère ce qu'il voulait, puis piquait des colères quand elle n'avait pas compris.

Il était devenu plutôt débrouillard. À six ans, il avait appris à téléphoner aux éditeurs jeunesse pour commander leurs catalogues ; comme ça, au moins, il savait quels livres allaient paraître.

Quand il expliquait aux personnes qui lui répondaient (des dames charmantes pour la plupart) qu'il ne pouvait pas sortir de chez lui, elles lui envoyaient parfois des livres gratuitement, ce qui était génial. Sa mère n'arrivait pas à croire qu'il était capable de lire aussi vite, mais peu lui importait.

Quand le père de Luke revenait, les week-ends, Luke s'asseyait sur ses genoux et lui parlait de tous les mondes qu'il avait explorés durant la semaine : la Forêt enchantée, Narnia, le Club des cinq, l'Île au trésor, et beaucoup d'autres. À son âge, il lui était facile de voyager dans l'univers entièrement imaginaire des livres pour enfants. C'est plus tard que ça s'était compliqué, quand les livres étaient devenus plus réalistes.

Quand la mode des récits de vie pour « ados » arriva, Luke consacrait plus de temps à regarder la télé qu'à la lecture, de toute façon. Il avait essayé de lire un ou deux romans que lui avaient envoyés les éditeurs, mais n'arrivait pas à accrocher avec les familles à problèmes ou les collèges infestés de tyrans en culottes courtes et la misère ambiante en général. Mais quand il avait sept ans, ce genre de livres n'existait pas, et Luke n'avait pas de poste de télévision. Son monde à lui était plein de magie.

Les vendredis soir, son père buvait un verre ou deux de whisky et, plus il ingurgitait de liquide ambré, plus il s'intéressait aux histoires de Luke.

— Tu es entré dans une armoire magique ? disait-il. Hé ! Jean, tu entends ça ?

La mère de Luke soupirait et demandait à son père s'il était prêt à passer à table.

Le reste du week-end, Luke voyait très peu son père, qui était occupé à bricoler la voiture ou nettoyer le jardin ou faire des courses en ville avec sa mère.

— Ça devrait s'arranger avec le temps, dit le docteur à la mère de Luke.

— Je n'ai jamais entendu dire que l'XP s'arrangeait avec le temps, rétorqua celle-ci.

— Ce n'est pas forcément un *Xeroderma pigmentosum*. Souvenez-vous, nous en avons déjà parlé.

Luke écoutait la conversation les yeux fermés, en faisant

semblant de ne pas avoir encore repris connaissance. Il ne voulait pas ouvrir les yeux et perdre l'incroyable image du ciel bleu qu'il avait entraperçue.

— Oui, mais..., bredouilla Jean.

— Il faut attendre et voir comment ça évolue. Il se peut que ce ne soit qu'une allergie infantile.

Après cela, Luke ne revit plus ce docteur pendant des années, mais il ne pouvait s'empêcher d'espérer que l'homme avait raison et qu'il pourrait un jour sortir. L'autre médecin qu'il vit, quand il avait environ onze ans, était un ami de ses parents, le Dr Mackay. Il semblait tout excité d'avoir un patient atteint d'XP et entreprit d'écrire un article au sujet de Luke qu'aucune revue médicale ou scientifique ne voulut publier.

Le Dr Mackay continuait de faire subir des tests d'allergie à Luke quand l'assistante sociale, Mme Murray commença à lui rendre visite. Luke se souvient d'elle comme d'une femme pleine de bonne volonté, dont l'air sévère n'était en réalité qu'un manque d'humour (il le réalisait à présent).

Elle lui posait des questions sur ses amis, son professeur, ses passe-temps, et Luke lui répondait que tout allait bien, car il s'était mis en tête qu'on allait l'envoyer dans une institution spécialisée s'il ne lui disait pas ce qu'elle voulait entendre. Pour finir, le Dr Mackay et l'assistante sociale cessèrent de venir le voir, convaincus qu'ils étaient que la maladie de Luke était incurable, mais qu'il avait le moral et ne risquait pas de se suicider ou de devenir fou.

À seize ans, il reçut la visite d'un autre médecin qui, après avoir consulté brièvement son dossier médical, remplit une série de formulaires afin que Luke puisse bénéficier d'une prise en charge.

Sa mère en avait fait la demande, et aujourd'hui encore elle reçoit une indemnité dont la moitié va sur un compte en banque pour Luke, et l'autre moitié sert à payer le loyer, la nourriture et les factures. De temps à autre, elle demande à Luke de signer des documents qui lui parviennent dans des grandes enveloppes en papier kraft.

Il y a des années que Luke n'a pas vu son père. Il n'est même pas certain de ce qui s'est passé entre ses parents : tout ce qu'il sait, c'est qu'un dimanche soir son père est parti dans le Yorkshire et que plusieurs mois se sont écoulés avant qu'on ne réalise qu'il ne reviendrait jamais.

Et si l'on excepte l'XP et un rhume ou deux, Luke n'est jamais tombé malade de sa vie.

6

Des souris. Il y a huit terrariums, deux piles de quatre, dans la vitrine de l'animalerie qui se trouve dans High Street, à quelques pas de Xoom Clothing, où Julie doit aller retrouver David dans cinq minutes.

Il l'a persuadée de l'accompagner et est en train de contempler le blouson qu'il voudrait acheter. Ils ont quitté le boulot de bonne heure, et Julie pouvait difficilement prétendre qu'elle avait autre chose à faire, vu qu'en ce moment même elle devrait être en train de servir des parts de pizza à la chaîne et de nettoyer les traces de vinaigrette sur les toiles cirées. De plus, elle n'a pas d'autres amis, et Luke est sûrement en train de dormir à cette heure de la journée.

Toutes les souris sont en train de roupiller sauf une, qui fait frénétiquement le tour du terrarium. On dirait qu'elle est en train de faire un nid dans le coin du fond à droite.

Elle entasse de la bourrette de coton sans doute fabriquée exprès en usine. Julie examine les autres terrariums : toutes les souris ont fait leurs nids exactement au même endroit, ce qui est assez curieux. Mais les souris sont des bêtes curieuses – comme les mouches qui ne savent voler qu'en décrivant des figures géométriques.

Julie se souvient d'avoir ouvert un placard, une fois, dans leur ancienne maison de Bristol, et découvert un paquet de biscuits avec un trou parfaitement rond au milieu. Sur le coup, elle a pensé que le trou avait été fait par une machine (tout en se demandant qui aurait bien pu se servir d'une machine pour faire un trou parfait dans un paquet de biscuits Jammie Dodgers). Et c'est alors qu'elle l'a vue. Tout au fond du placard, dans le coin le plus sombre, il y avait une petite boule de papier déchiqueté provenant du paquet de biscuits et d'un sac d'épicerie. Julie l'a touchée du bout du doigt et constaté qu'il y avait quelque chose de chaud à l'intérieur. Mais rien ne s'est passé et elle a pris peur. Elle n'a pas cherché à tâter à nouveau. Plus tard, ce soir-là, elle a vu une petite bestiole brune courir sur le carrelage de la cuisine. Le lendemain, le nid était un peu plus gros, et le reste des biscuits avait disparu.

Julie observe la souris qui essaye de comprendre comment fonctionne le distributeur d'eau à l'intérieur du terrarium. Tout à coup, elle réalise qu'elle est en train d'observer un animal captif. Que ressent-elle ? La plupart des gens qui voient un animal en cage ont instinctivement envie de lui rendre sa liberté. Mais cette souris a l'air tout ce qu'il y a de pépère dans son petit terrarium. Elle a tout ce qu'il faut, apparemment : de la nourriture, de l'eau, un nid et suffisamment d'espace pour trotter en rond. Julie se demande ce qu'elle choisirait si elle en avait la possibilité, si quelqu'un pouvait communiquer avec elle et lui dire : « Salut, souris, est-ce que tu veux être libre ? Le monde est dangereux de ce côté-ci de la vitre ; ça grouille de prédateurs. Et puis tu risques de mourir de faim ou de froid ou de te faire bouffer par un chat, mais au moins tu serais libre. Inversement, si tu préfères rester dans ta cage de verre, tu seras à l'abri du danger, choyée et nourrie. » La souris choisirait-elle la liberté, qui aux yeux de Julie est un concept essentiellement humain (comment la souris sait-elle qu'elle n'est pas libre dans son terrarium ?) ou penserait-elle : *Non, mon instinct me dicte d'opter pour la prudence, et ici je suis en sécurité.* S'il n'y avait pas d'humains autour et si la cage était ouverte, songerait-elle seulement à s'évader ?

Que préférerais-tu ? Une vie douillette et tranquille dans une cage chauffée ou les aléas de la vie en liberté ? Julie réalise qu'elle choisirait la cage du moment qu'elle s'y sent en sécurité et qu'elle peut disposer d'un ordinateur et d'un modem, et de la télévision par satellite, ainsi que des tas de puzzles. Elle a beau chercher, elle ne voit pas pourquoi elle ne pourrait pas vivre comme ça toute sa vie. En fait, à la vue de cette vie paisible et confortable, avec tout ce qu'il faut à portée de main, Julie a subitement envie de pleurer tellement c'est beau.

— Ça va ? demande David.

— Oh ! salut, répond Julie en clignant des yeux et en revenant à la réalité. Je ne t'ai pas vu arriver.

Il a déboulé derrière elle par surprise. Il se tient à côté de Julie qui est debout devant la vitrine de l'animalerie et embue la glace avec son haleine. Il fait froid cet après-midi, bien qu'ils aient annoncé de la pluie ce matin, aux infos.

— Qu'est-ce que tu regardes ? demande-t-il.

— Les souris. Je n'ai jamais vraiment observé une souris de près. Elles sont bizarres.

David rit.

— Hé ! on pourrait peut-être lancer un raid sur l'animalerie et délivrer toutes les bestioles.

— Tu crois qu'elles ont envie qu'on les libère ? demande-t-elle.

— Évidemment, dit David. Qu'est-ce que tu t'imagines ?

— Rien. Allez, viens, on se caille, ici.

Xoom est une de ces boutiques à peine éclairées, où les vendeurs font une gueule d'enterrement. Ici, on ne trouve rien à moins de deux cents livres. Les patrons sont deux dealers locaux, et la plupart des clients se fournissent en came chez eux, quand ils ne sont pas eux-mêmes des caïds en herbe. Ils s'habillent tous en Stüssy ou CP Company, ou n'importe quelle autre marque à la mode. Il y a une éternité que Julie n'a pas mis les pieds ici, mais elle constate que ça n'a pas beaucoup changé. Presque toute la boutique est consacrée aux vêtements pour hommes : chemises en étoffe brillante et jeans légèrement évasés, énormes sweats à capuche. Il y a un portant pour les filles, auquel sont accrochés de minuscules tee-shirts et robes qui semblent avoir été taillés pour des poupées plutôt que pour de vraies personnes. Julie préfère la collection Miss Selfridge ou Top Shop. Son style à elle, tout au moins pour le plaisir des yeux, ce sont les fringues des boutiques de charité. Ça a toujours de la gueule dans les magazines – vestes en daim, jeans élimés, sacs tricotés, bijoux d'occasion et santiags –, mais jamais elle ne pourrait porter les affaires d'une personne décédée. Chaque fois que Julie va chez Oxfam, elle n'arrive à penser à rien d'autre qu'aux pauvres gens qui apportent les vêtements d'un cher disparu (une mère qui a perdu sa fille, le plus souvent). La dernière fois qu'elle est allée là-bas, il y avait des portants pleins de tenues de soirée : robes et pantalons en vinyle, petits hauts brodés de sequins. Toutes ces fringues avaient appartenu à la même personne, de toute évidence. Pendant six mois après cela, Julie s'était demandé ce qui lui était arrivé.

— Ça roule ? dit David à l'un des vendeurs.

— Yo, mon frère, dit l'autre.

Il regarde Julie.

— Ça va ?

Julie le regarde.

— Euh, salut, dit-elle.

— T'es bien Julie, non ? demande-t-il. Il y a un bail que je t'ai pas vue.

David a l'air largué.

— Vous vous connaissez ?

— De la primaire, dit Will. Tu traînais avec, euh...

— Personne, dit Julie.

Will a l'air gêné.

David semble déconcerté. Julie sait qu'il la trouve un poil bizarre et renfermée. Peut-être qu'il a du mal à se la représenter allant à l'école, la même que celle de Will, qui est un gars que tous les autres gars admirent d'une certaine façon, et qui sont fiers quand il se souvient de leur nom ou de celui de leurs amis, ou qu'il les gratifie d'un « Yo, mon frère ». Peut-être que David est mal à l'aise parce que Julie ne fait aucun effort pour être aimable avec Will. Mais Julie n'a pas envie d'être aimable. Elle n'a pas envie d'appartenir à un groupe, d'être une fourmi ou n'importe quel autre insecte sociable, de texter des SMS qui commencent par *BG*, de faire semblant de se défoncer et de connaître le dernier mot pour désigner la drogue (la dernière fois qu'elle a vérifié, on disait un « fix », mais c'était il y a déjà trois ou quatre ans). Elle veut juste être seule ou avec Luke. Un terrarium serait idéal, mais uniquement avec des parois en verre transparent.

— T'étais pas blonde avant ? lui demande Will.

— Non.

Le silence se fait pendant environ deux secondes.

— Bien. Est-ce que je peux t'aider, frérot ? demande Will à David.

Un quart d'heure plus tard, David ressort avec un nouveau blouson gris légèrement brillant.

— Ça te dirait d'aller prendre un verre ? demande-t-il à Julie.

Elle regarde sa montre.

— Je ne suis pas sûre...

— Allez, fais pas ta rabat-joie.

Julie contemple le pavé.

— J'aime faire ma rabat-joie, figure-toi.

— Ouais, j'avais remarqué.

— Bon, d'accord. Le Rising Sun ?

David fait la grimace : ce n'est visiblement pas sa tasse de thé. Mais ils commencent tout de même à se diriger vers le Rising Sun.

7

Quand Luke se réveille, il fait presque nuit. Sa chambre est nimbée d'une lumière bleu sombre et, quand une voiture passe, un rai de lumière jaune balaie le plafond accompagné d'un grondement de moteur ou les geignements d'une boîte de vitesse enrayée. Puis, plus rien. Tout redevient silencieux, ce qui explique pourquoi le prix des maisons cartonne dans cette rue. Sauf que, chaque jour, quand ils quittent le boulot, les ouvriers de la zone industrielle viennent faire demi-tour ici pour pouvoir rattraper directement l'A12. Ce va-et-vient de voitures et le soir qui tombe sont en quelque sorte le réveil de Luke.

Ses rideaux, qu'il ne peut ouvrir que lorsqu'il fait nuit noire, sont suffisamment épais pour bloquer la lumière et masquer presque entièrement les ombres. Mais, depuis le mois de juin, Luke s'est efforcé de laisser une minuscule fente entre les rideaux pour qu'il y ait davantage d'ombres projetées dans la chambre. Il a lu quelque part que la lumière du soleil (si tant est qu'il soit réellement atteint d'XP, ce que personne n'a jamais pu prouver formellement) n'est dangereuse qu'en cas d'exposition directe et qu'il est tout à fait possible d'ouvrir les rideaux dans la journée dès l'instant que les vitres sont équipées de filtres spéciaux. Mais la mère de Luke lui a dit que c'étaient des foutaises et lui a fait promettre de garder ses rideaux complètement fermés. Il l'a fait, pendant des années, mais maintenant il a envie de ruer dans les brancards. Peut-être à cause de cette date limite qu'il s'est fixée en 2001, ce défi qu'il s'est lancé de guérir ou périr.

Un autre jour de passé et toujours vivant.

Luke se réveille avec la migraine, ces derniers temps. Naturellement, ce pourrait être à cause du câble qu'ils sont en train d'installer dehors. C'est dur de dormir quand une équipe d'ouvriers manie le marteau-piqueur sous vos fenêtres.

La chambre sent le renfermé, malgré tous les filtres à air et les ionisateurs. Après être sorti du lit, Luke allume le ventilo et fait ses exercices, même s'il a horreur de ça. Ce n'est pas l'effort qui le dérange, mais la sensation de vide qu'il éprouve après coup, parce qu'il n'arrive pas à évacuer l'adrénaline. Cela va de soi, étant donné qu'il est malade, et il sait que ça pourrait être bien pire s'il était paralysé ou contagieux et s'il n'avait pas de télé ou d'ordinateur. Là, ce serait vraiment l'enfer.

Après la première tentative d'évasion de Luke, ce fameux matin de printemps, sa mère avait sécurisé toutes les issues et transformé la maison en prison. Quand elle devait sortir, elle enfermait Luke à double tour dans sa chambre, une habitude qu'elle abandonna à contrecœur un an plus tard quand une voisine lui fit remarquer que c'était dangereux en cas d'incendie. Après cela, elle s'était abstenue de sortir le plus possible et avait lâché son travail d'infirmière pour pouvoir garder Luke à l'œil. Quand Luke avait menacé d'ouvrir les rideaux pour se suicider, elle avait demandé à son père de peindre la face extérieure des vitres avec de la peinture métallisée qui s'écaillait au bout d'un mois. À force de devoir constamment déjouer les stratagèmes de Luke, Jean était au bout du rouleau. Jusqu'au jour où elle avait eu une idée de génie.

— Je crois que c'est moi qui vais me suicider, dit-elle machinalement un soir.

Luke devait avoir neuf ans. Ils venaient de finir de regarder *Dallas*, et tout allait bien jusque-là.

Soudain, les yeux de Luke s'étaient remplis de larmes et il s'était écrié :

— Maman ! Ne dis pas ça.

— C'est ce que je ressens, avait-elle répondu d'une voix lointaine, comme dans les drames radiophoniques.

Luke s'était mis à pleurer.

— Pourquoi dis-tu ça ? sanglotait-il.

— Je crois que je vais me mettre la tête dans le four ou me trancher les veines.

— Arrête ! S'il te plaît.

Mais ses supplications n'y faisaient rien.

— Ou me jeter du haut du toit. Non, je sais : je vais me pendre.

— S'il te plaît, maman. Je t'aime.

— Hum...

Elle fit semblant de méditer.

— Je ferai tout ce que tu veux.

Elle inclina la tête de côté, comme si elle continuait de réfléchir.

— Je serai gentil, promit Luke. Je sais que je t'en ai fait voir...

— Peut-être que si tu arrêtes de dire que tu vas sortir...

— J'arrête. Je le jure.

— Bien. Dans ce cas, je vais peut-être continuer à vivre. Mais, Luke ?

Il la regarda en écarquillant les yeux, comme s'il espérait que tout était fini.

— Oui, maman ?

— Encore une menace de sortir et...

Elle marqua une pause. Le cœur de Luke se serra dans sa poitrine.

— Je t'aurai prévenu, n'est-ce pas ? Je ne le répéterai pas deux fois. Je le ferai. Tu as compris ?

— Oui, maman. Je te le promets, je ne dirai plus jamais que je vais sortir... Promis, promis. Je le jure...

Les larmes l'empêchaient de parler. Sa mère le prit dans ses bras, puis elle le mit au lit avec une tasse de cacao maigre et un câlin.

Aujourd'hui, il y a des œufs au petit-déjeuner. Quand il a fini de manger, Luke va dans sa salle de bains privée pour faire sa toilette et se raser pendant que sa mère aère sa chambre. Il l'entend qui remue des objets, puis ouvre la petite fenêtre. Il imagine l'air froid et pur entrant dans la pièce pour en chasser l'air chaud et confiné.

Sa mère laisse la fenêtre ouverte pendant cinq minutes environ, puis Luke entend le panneau mobile qui s'abaisse et le loquet qui se ferme. Il a demandé à sa mère de ne plus verrouiller sa fenêtre, de lui faire confiance et de ne même pas la verrouiller du tout, mais elle dit qu'elle doit rester fermée et que c'est aussi bien si elle s'en charge quand elle aère la chambre.

Cela fait, Jean vaporise du spray antibactérien dans toute la pièce pour tuer tous les germes qui pourraient être entrés. Puis elle descend au rez-de-chaussée regarder la télé. Luke attend que la musique lancinante de *Countdown* ait démarré pour sortir de la salle de bains. Ces temps-ci, il essaie de voir sa mère le moins possible, parce qu'il ne sait pas quoi lui dire et que chaque fois qu'il ouvre la bouche il fait une gaffe et ils finissent par se prendre la tête. Sans même réfléchir, il se connecte à Internet, comme il le fait chaque jour. Peut-être que, s'il pouvait parler à sa mère via un *chatroom*, les choses seraient moins compliquées.

Quand vous communiquez par messagerie instantanée, vous pouvez utiliser des émoticônes pour signaler que vous plaisantez et que vous ne pensez pas à mal, ou simplement pour dissiper tout malentendu qui risquerait de dégénérer en bagarre. Si Luke pouvait agrémenter ses conversations de smileys gais, tristes ou contrits, et s'il utilisait le langage écrit plutôt que parlé, sa mère ne se plaindrait pas du « ton » de sa voix.

Luke espérait recevoir un mail de Wei, mais il n'y en a pas. Il passe en revue tous les dossiers de son compte Outlook Express. Il trouve trois messages « non lus » dans les « indésirables », dix dans le « courrier entrant ». L'un d'eux est de Leanne, et il y en a un autre de Charlotte. L'espace d'un instant, Luke se demande qui est Charlotte. Puis, ça lui revient. Charlotte Moss, bien sûr ! Il y a des lustres qu'elle n'a pas donné de nouvelles. Il lit son courriel en premier.

Salut !
T'es au courant pour le 14 ? Une cousine de Leanne (genre cassos) aurait gagné au loto et acheté la maison. Putain. Cette baraque est maudite. Tout ce putain de quartier est totalement Jerry Springer – même maintenant que je suis partie. ☺ Bref, je suppose que t'es au courant pour la cousine pleine aux as, vu que toi et Leanne vous faites crac crac. Beurk ! (Elle m'a tout raconté.)
Non, mais sans blague ? Qu'est-ce qui t'a pris ? Au fait, je vais aller à la pendaison de crémaillère. J'en profiterai pour passer te faire la bise. Désolée de ne pas t'avoir donné de nouvelles avant. Au fait, j'ai parlé de toi à un pote et il a dit qu'il allait te contacter. J'espère que c'est OK. Salue Julie pour moi.

Bises,
Charlotte.

Puis il ouvre celui de Leanne :

J'ai essayé de t'appeler, mais tu réponds jamais. Ça boume, toi ? Ma cousine Chantel va venir habiter au 14 et il ne faut absolument pas *qu'elle sache ce qui s'est passé là-bas. Si jamais Charlotte te contacte avant moi, insiste bien, surtout. Je suis allée la voir, mais elle était légèrement défoncée, et je suis pas vraiment sûre qu'elle ait capté. J'ai vraiment envie de te voir, Luke. Je passerai plus tard dans la journée (vendredi) après le taf. Je termine à six heures. Je tm, tm, tm.*

Big Bisous Bien Baveux.
Leanne

Puis un autre de Charlotte :

Au fait, mon ami s'appelle Wei. Super cool.

Ch. xxx

8

À l'intérieur du Rising Sun, il fait sombre, chaud et humide. Le dernier album de Radiohead est en train de passer à fond les gamelles. On dirait une musique de jeu vidéo, pleine de petites mélodies électroniques marrantes. Il doit y avoir une dizaine de clients : deux types qui se vantent de régler tous leurs problèmes à l'arme de poing ; trois filles piercées et tatouées qui jouent au tarot avec leur tripotée de gamins ; quatre jeunes qui sirotent des Snakebite & Blacks ; et le SDF qui squatte le bar à l'affût d'une bonne âme pour lui payer un verre. Charlotte n'est pas là.

— Tu sais que t'es pas ordinaire comme nana ? dit David.

Julie boit un coca qu'elle a expressément demandé sans glace et avec une paille. Elle a une peur panique de la glace qu'on sert dans les pubs.

Elle a vu tant de serveurs piocher directement dans la glace pilée avec le verre, au lieu de se servir de la cuillère en plastique réglementaire, une pratique illégale, car il arrive que les verres se cassent et laissent des éclats dans la glace qui finit dans les boissons des clients. Les serveurs inexpérimentés ne sont jamais au courant du règlement.

David la regarde comme si elle buvait à la paille exprès pour faire sa chochotte. Et maintenant, il lui dit qu'elle n'est pas ordinaire. Alors qu'il ne la connaît pour ainsi dire pas. Ils venaient seulement de commencer à travailler ensemble quand Julie a été affectée à l'équipe de jour.

— Que veux-tu dire par là ? demande-t-elle en tâtant le paquet de Superkings qu'elle a trouvé chez The Edge.

Il appartient probablement à Leanne. David la scrute comme si elle avait un code-barres sur le front qu'il aurait aimé scanner.

— Euh, quoi ? dit-il.

— À quel point de vue je ne suis pas ordinaire ?

— Je sais pas. C'est ce que j'essaie de deviner. Leanne dit que tu as laissé tomber le bahut. Que ça a fait tout un drame.

— Elle peut parler. Elle a décroché en première année de fac.

La rumeur court que David a du mal à s'en sortir dans ses études. Une fois, elle a surpris une conversation entre lui et Owen, le manager, à qui il demandait un congé de deux jours parce qu'il devait écrire un papier, sans quoi il allait se faire virer de la fac. Owen a refusé. Quand David est sorti du bureau, il avait les yeux rouges. Après cela, Julie a commencé à l'apprécier un peu plus.

Avant, elle ne voyait en lui qu'un gros lourdingue comme tous les cuistots, qui passait son temps à faire des blagues salaces et à demander à toutes les serveuses si elles pensaient pouvoir prendre son sexe *et* ses couilles à la fois dans leur bouche.

Remarquez, si tous les cuistots ne parlent que de cul, les serveuses, elles, ne parlent que de cystites et du nombre de calories contenues dans une pizza. Ça fait partie de leur boulot. David est le plus sympa des chefs, même s'il donne l'impression d'être toujours en train de préparer un mauvais coup.

— T'es pas ordinaire, dit David en la regardant dans les yeux, puis en détournant aussitôt la tête comme si ça le mettait mal à l'aise.

Il fait tourner le dessous de verre trois fois à quatre-vingt-dix degrés. Deux cent soixante-dix degrés, calcule Julie.

— Mais dans quel sens ? répète-t-elle.

— Au resto, tout le monde a l'air à moitié débile. Mais toi, tu es différente.

Il la regarde à nouveau.

— T'es pas étudiante. Il y a que des étudiants et des débiles qui bossent chez The Edge. Tu es la seule dans ton cas, et pourtant tu t'accroches, comme si tu voulais faire que ça toute ta vie. Pourquoi ?

Julie sourit.

— Parce que je suis pas ordinaire, dit-elle.

David fronce les sourcils.

— Ah ouais ?

— Ce n'est pas une raison suffisante ?

— Non, pas vraiment. Ça fait combien de temps que tu es serveuse ?

— Hum. Ça doit faire trois ans, dit Julie en entortillant une mèche de cheveux autour de ses doigts.

Soudain, elle se souvient d'avoir lu dans un magazine que c'est un truc que les filles font quand elles flirtent. Elle s'arrête et se met à jouer avec sa paille dans son verre.

— Et tu ne comptes pas chercher un autre boulot ou aller à l'université ?

— Non.

— Mais, bon sang, Julie. Pourquoi ? Tu aimes bosser là-bas ?

Elle hausse les épaules.

— Faut croire que oui. J'en sais rien. C'est pas trop prenant, tu comprends ? Et puis, c'est près de chez moi. Et, quand je suis là-bas, je peux faire du bon boulot sans trop me forcer. J'aime bien les clients et les gens qui travaillent avec moi, et puis, ça n'empiète pas sur ma vie. Quand je rentre chez moi, je peux me brancher sur Internet ou voir mes amis ou écouter de la musique. Je ne suis pas obligée de suer sang et eau sur des dossiers ou d'aller à l'étranger pour assister à une réunion. La vie devrait être bien plus simple que ce que les gens en font.

Elle recommence à faire tourner sa paille dans son verre.

— Les gens ont parfois tendance à oublier que le travail, ça ne sert qu'à gagner de l'argent. Ce n'est pas tout dans la vie. Si tu passes ton temps à bosser ou à étudier, tu vis plus.

— Vraiment ? C'est ce que tu penses ?

— La vie n'est pas un jeu vidéo, bon sang ! Il ne s'agit pas d'amasser le plus de points possible pour pouvoir passer au niveau suivant avant de mourir. La vie, c'est un truc concret que tout le monde gâche...

— Et toi, tu gâches pas la tienne en bossant chez The Edge ?

— Non, justement. Parce que ça me laisse du temps pour faire autre chose.

Julie sent le rouge lui monter aux joues. Elle regrette d'avoir dit tout ça.

— Je parie que tu n'aimes même pas les pizzas, dit David.

— Non, c'est vrai.

Tous deux éclatent de rire.

— Leanne a dit que tu étais un monstre.

Julie sourit.

— Je parie que ce sont ses mots exacts.

— Ouais.

David fronce les sourcils.

— Elle m'a dit que tu étais un monstre et elle m'a parlé de ce type... Ton voisin, qui ne sort jamais.

— Luke ? Et alors ?

— Moi, je pensais que tu étais seulement une personne timide ou ennuyeuse.

— Merci.

— Ouais, mais quand j'ai appris l'existence de ce drôle de voisin et que tu avais plaqué les études… Et quand tu m'expliques pourquoi tu travailles au resto...

— Eh bien ?

David s'arrête de parler et se met à jouer avec son sous-verre en carton.

— Je sais pas.

Julie a l'impression qu'elle est en train d'être interviewée par le pire reporter de la terre et que ni lui ni elle ne savent exactement pourquoi.

C'est alors qu'elle voit l'expression sur le visage de David.

Elle fronce les sourcils.

— Ce n'est pas de moi qu'il s'agit, n'est-ce pas ?

9

— Approche, Luke.

Leanne a passé les quinze dernières minutes à parler de Chantel, de fosses septiques et de Charlotte. Maintenant, elle quitte le fauteuil et s'avance vers son lit.

— Je, euh...

Luke regarde son lit. Comment peut-il la convaincre qu'il n'y a pas assez de place ? Il croise ses jambes par mesure de précaution. Il porte un tee-shirt en nylon qu'il a acheté sur un site de teufeurs l'an dernier, avec une veste en polaire noire et un pantalon assorti. La veste et le pantalon sont neufs, achetés cinq livres quatre-vingt-dix-neuf chacun chez Matalan. En principe, il n'aime pas que sa mère lui achète des fringues, sauf quand ce sont des polaires. Ils sont tellement doux et confortables, et cent pour cent synthétiques. Une super invention. Il est tellement emballé que c'est à peine s'il écoute ce que Leanne est en train de lui raconter. Il caresse les manches de sa nouvelle veste avec volupté. Ce truc est d'une douceur addictive.

— Ne sois pas timide, lui dit Leanne. Ce n'est pas la première fois que je grimpe sur ton lit.

Elle a grimpé dessus – ou plus exactement s'est glissée dedans – sept ou huit fois au cours des deux derniers mois. Au début de l'été, elle a décidé que Luke lui plaisait et l'a dragué sans répit. Sur le coup, il s'est senti flatté. Mais, maintenant, il a l'impression qu'ils sont allés trop loin.

Leanne rampe sur le lit et vient s'asseoir à côté de Luke. Ses jambes sont bronzées et luisantes, et couvertes de minuscules trous pareils à des piqûres d'aiguille qu'on ne peut voir que de près.

— C'est quoi, cette musique ? demande-t-elle.

— *Dark Side of the Moon.* Tu aimes ?

Luke n'aime pas spécialement cet air. Il espère que Leanne non plus et qu'elle va s'en aller. S'il y a une chose dont il n'a pas envie, c'est de sexe. Il est en train de penser à Wei et à la possibilité de guérir. Dans les sitcoms, on ne demande pas aux gens de partir, on les chasse au moyen de tactiques amusantes. C'est ce que Luke essaie de faire avec la musique. Mais ça n'a pas l'air de marcher.

Elle penche la tête de côté.

— Ça serait pas un truc qui a un rapport avec *Le magicien d'Oz* ?

Luke caresse à nouveau ses manches.

— Ah ouais ?

Il a aussi une nouvelle paire de chaussettes cent pour cent polyester. Elles sont épaisses et duveteuses, et, quand il marche avec, il a l'impression que le plancher est moins dur, aussi moelleux qu'un gâteau, ce qui est merveilleux quand on ne fait qu'arpenter le même plancher depuis vingt ans.

— Oui, je crois bien. À moins que je confonde avec autre chose.

Content de trouver une excuse, Luke se lève et s'approche de l'ordinateur, où il tape une URL dans la barre de recherche.

— Ouais, dit-il au bout d'un moment. Les Pink Floyd l'ont composé comme une sorte de bande-son alternative. Oh ! attends, non. Ici, ils disent que non, mais que ça pourrait coller comme bande-son. Mais comment sais-tu ça ?

— Il y a un truc de prévu sur le thème du *Magicien d'Oz*, la semaine prochaine, chez Blockbuster. Dans le cadre d'une promo. Lloyd, le nouveau boss – je t'ai déjà parlé de lui –, n'arrête pas de faire des soirées à thème, comme les grands classiques du cinéma. Sauf que, maintenant, on ne dit plus

« films » mais « longs métrages » et que j'oublie chaque fois. Bref, je ne savais pas qu'il y avait eu autant de remakes du *Magicien d'Oz.* Et franchement, je ne vois pas l'intérêt de se servir de l'histoire d'un autre pour faire un f..., un long métrage. Bref, voilà pourquoi je sais.

— Cool, dit Luke en pianotant frénétiquement sur son clavier.

Leanne n'a pas bougé. Elle épointe les fourches de ses cheveux en attendant qu'il s'arrête.

— Luke, quand tu vas sur Internet, tu n'as pas besoin d'initialiser la connexion ?

— Non, étant donné que je ne me déconnecte jamais. J'ai un forfait illimité.

— Pas étonnant que je n'arrive pas à te joindre au téléphone, dit Leanne. Je croyais que tu cherchais à m'éviter.

— Il vaut mieux que tu m'envoies un mail quand tu veux me parler. Je te l'ai déjà dit.

— Mais comment je fais en cas d'urgence ? ricane Leanne.

— En cas d'urgence ?

— Si je veux jouer au docteur.

— Si tu veux jouer à quoi ?

— Bon sang, Luke. Jouer au docteur. S'envoyer en l'air. Juste pour le fun, rien de sérieux.

— Tu veux dire que tu veux pouvoir me téléphoner quand t'as envie de t'envoyer en l'air ?

— Pas quand tu fais cette tête-là.

Elle soupire.

— Parfois, je me demande ce que je te trouve.

Luke se demande où est Julie.

— Et sinon, quelles autres promos à thème vous avez prévues chez Blockbuster ?

Leanne se renfrogne.

— Je ne sais pas.

— Tu fais la tête ?

— Non.

Mais il voit bien que si.

— Désolé, je savais pas ce que veut dire jouer au docteur, dit Luke en venant se rasseoir à côté d'elle.

— Arrête de parler de ça, s'il te plaît. Ça me met carrément mal à l'aise.

— Pardon. Euh..., ça te dirait de regarder la télé ?

— OK. Tu as le satellite ?

— Non. Je t'ai déjà dit que j'avais pas le droit.

— Alors, c'est la télé normale ?

— Oui. Mais c'est l'heure du *Top Ten.*

— Super, ronchonne Leanne.

10

Quand Julie entre par la porte arrière du 17, Windy Close, la maman de Luke est en train de faire à manger.

— Salut, Jean !

— Salut, Julie, répond Jean sèchement.

— Qu'est-ce qui ne va pas ? demande Julie. Leanne est là ?

— Je leur laisserais une minute ou deux si j'étais toi, dit Jean qui tolère difficilement que Luke ait une vie sexuelle. Une tasse de thé ?

Julie secoue la tête. La cuisine sent la sauce marchand de vin.

— Je monte, dit-elle. On verra bien.

— Sale petite garce, maugrée Jean, mais Julie sait qu'elle se réfère à Leanne.

— Salut ! dit Leanne quand Julie entre dans la chambre. Si je m'attendais à te voir débarquer ici.

Leanne est assise sur le lit, et Luke est dans le fauteuil. Il a l'air de porter des vêtements neufs.

— C'est quoi, cette musique bizarre ? demande Julie.

— Pink Floyd, explique Luke en souriant de toutes ses dents. On a regardé le *Top Ten*, mais ensuite il y avait une émission de jardinage, et Leanne n'aime pas ça.

— On pourrait pas regarder *Les deux font la paire ?* demande Leanne.

— Non, dit Luke. Je t'ai déjà dit que je n'arrive pas à suivre cette série.

— Est-ce que je peux consulter mes mails ? demande Julie en s'asseyant devant l'ordi de Luke.

— Tu n'es pas encore rentrée chez toi ? demande Leanne.

— Non. Je suis allée au Rising Sun avec David.

Leanne hausse un sourcil.

— *Toi* et *David ?*

— Non, répond Julie d'un ton ferme. Il n'y a rien entre *moi* et *David.*

— Il serait temps que tu te fasses sauter, tu ne crois pas ?

Luke rit. Julie sourit à demi.

— Oui, il serait peut-être temps.

— Mais tu touches pas à mon Luke, compris ?

Luke se détourne, l'air de dire « Je rêve ! »

— Il semblerait que j'ai réussi à résister pendant quinze ans, dit Julie. Mais sait-on jamais. Des fois que je serais aux abois...

— Arrête de me chambrer. Luke, dis-lui d'arrêter.

Mais Luke est plié en deux de rire sur son fauteuil. Soudain, l'ordinateur émet un « bip ».

— Un nouvel e-mail, dit Luke. Tu ferais bien de regarder, Julie.

Julie est en train de consulter son compte Hotmail. Il y a un courriel de Luke : *Au secours ! Où es-tu ? Viens vite me tirer des griffes de Leanne.* Elle sourit, referme sa boîte mail et constate qu'un nouveau message vient d'arriver dans le dossier « Personnel » de Luke.

— C'est un message de Charlotte, dit-elle. Je l'ouvre ?

— *Charlotte* ? s'étonne Leanne. Tu es toujours en contact avec elle ?

— Moi, ça fait des lustres que je n'ai pas de nouvelles, commente Julie.

— Et moi pareil, dit Luke. Jusqu'à aujourd'hui. Elle m'a déjà écrit deux mails, tout à l'heure.

— C'est vrai qu'on est vendredi 13, dit Leanne.

— Leanne ! la semonce Julie.

— Désolée. Bon, de toute façon, il faut que j'y aille, déclare Leanne en se levant du lit et en lissant sa jupe. Tu as l'adresse mail de Charlotte ? Je crois que je vais lui écrire et bien insister pour qu'elle reste encore pendant quelque temps à l'écart.

— Il y a déjà un an qu'elle n'a pas donné signe de vie, fait remarquer Julie. Si tu n'avais rien dit, elle n'aurait peut-être même jamais eu l'idée de revenir. Elle n'a pas dû garder que des bons souvenirs de sa vie ici. Mais je parie que tu l'as tellement bassinée que ça lui a donné envie de revenir, ne serait-ce que par curiosité. Tu sais comment elle est.

— Oui, dit Leanne. N'empêche qu'il faut que je lui mette un mot.

— Je peux te donner son adresse mail, si tu veux, dit Luke.

— Ouais, c'est ça. Donne son adresse à n'importe qui sans même lui demander son avis, ironise Julie.

Leanne foudroie Julie du regard et s'en va.

— Charlotte me manque, dit Luke, après que Julie lui a lu son courriel qui dit : *Au fait, j'ai oublié de te dire que je m'étais mise au yoga. C'est vraiment cool.*

— Oui, à moi aussi, elle me manque, dit Julie en réduisant la fenêtre d'Outlook Express et en se retournant. Leanne est tellement bête.

— Leanne a peur des gens comme Charlotte.

— Qu'est-ce qu'elle disait dans ses autres mails ?

— Pas grand-chose, juste des trucs à propos de Leanne et cette pendaison de crémaillère.

Julie baisse les yeux.

— C'était pour la voir que je suis allée au Rising Sun, tout à l'heure.

— Qui ça ? Charlotte ?

— Oui, mais elle n'y était pas.

— Pourquoi voulais-tu la voir ? Elle t'a écrit à toi aussi ?

Julie hausse les épaules.

— Non. Il y a des lustres qu'elle ne me donne pas de nouvelles. Je ne sais pas vraiment pourquoi j'ai envie de la voir. Peut-être parce que Leanne et moi, on a parlé d'elle, et qu'ensuite j'ai vu des souris à l'animalerie, et à cause de ce type qui allait au bahut avec nous et..., bref, je me suis demandé comment elle allait.

— Il y a des années que tu n'étais pas allée au Rising Sun, dit Luke.

Il fut un temps où Julie était tout le temps fourrée là-bas avec Charlotte et Mark. Elle n'y est jamais retournée après la mort de Mark.

— Je sais. Mais ce n'était pas aussi bizarre que je me l'étais imaginé.

— Pourquoi es-tu allée là-bas ? Uniquement pour voir Charlotte ?

— Non. Je t'ai dit que j'y suis allée avec David.

Luke semble surpris. Ce n'est pas dans les habitudes de Julie.

— David ? C'est qui ?

— Un des cuistots du resto. Il fait des études de droit.

— Pourquoi es-tu sortie prendre un verre avec lui ? Il te..., enfin, comment dire ?...

— Il me plaît ? Non. Pas du tout.

— Mais alors pourquoi ?

Julie hausse les épaules et se met à pivoter machinalement sur la chaise d'ordinateur.

— On a été obligés de fermer à midi au resto, et il m'a demandé de l'accompagner en ville pour l'aider à choisir un blouson. Ensuite, on est allés boire un verre.

Elle s'arrête de pivoter et fronce les sourcils.

— En fait, c'était un peu bizarre.

Après le départ de Leanne, Luke a éteint la stéréo et allumé la télé. C'est l'heure des infos sur la BBC. La ville d'Uckfield, dans l'est du Sussex, est complètement inondée. Apparemment, des enfants étaient en train de donner un spectacle intitulé « Capitaine Noé et son zoo flottant » quand les cieux se sont ouverts et ont déversé des trombes d'eau sur la ville.

— C'est très biblique, tout ça, fait remarquer Luke.

Julie et lui se sont arrêtés de parler pour écouter les nouvelles.

— Qu'est-ce qui était bizarre ? demande Luke quand le journal prend fin.

— Tu veux dire, à propos de David ? Hum... Pour être franche, j'ai cru qu'il essayait de me draguer au début : il n'arrêtait pas de me bombarder de questions, comme s'il avait cherché à me connaître en cinq minutes chrono... Mais, ensuite, il n'arrêtait pas de dire que j'étais quelqu'un de vraiment pas ordinaire. Leanne lui a raconté des tas de trucs sur moi, apparemment, et sur toi. Et ça m'a fait complètement flipper. Il m'a dit...

— Quoi ?

— Eh bien, c'est un type tout ce qu'il y a de normal, tu vois... On était allés lui acheter un blouson chez Xoom et il était très cool, et il se comportait comme un mec bien dans sa peau... Bref, après m'avoir dit et répété que j'étais quelqu'un de bizarre, ce qui, soit dit en passant, ne m'a vraiment pas plu, il m'a regardée et dit que…, euh... Il a un cancer.

— Putain. Un cancer de quoi ?

— Des testicules. Il s'en est aperçu il y a quelques mois et il a suivi un traitement, mais les médecins n'ont pas su lui dire si son cancer s'était propagé. Il n'en a parlé à personne, même pas à ses parents. Il savait qu'il fallait qu'il en parle à quelqu'un, mais, comme tu peux l'imaginer, tous les types qu'il connaît sont des gros balourds sans un gramme d'empathie, et il ne connaît pas de filles à part son ex, qui le hait, et sa sœur, qui est en train de divorcer – oh ! et Leanne, mais ce n'est vraiment pas une nana à qui on a envie de se confier. Si bien que, quand il a découvert que j'étais quelqu'un pas ordinaire, il a décidé de m'en parler.

— Quoi ? Juste parce que t'es pas ordinaire ?

— Il a peut-être pensé que quelqu'un d'autre risquait de se fiche de lui ou de le chambrer.

— Quand même pas, non ?

— Bien sûr que si. Les gens d'ici sont des salopards. Je crois qu'il aurait voulu en parler à quelqu'un qui avait le même problème et que lui ; faute de trouver un malade en phase terminale, il m'a choisie, moi, parce que je suis « bizarre », et qu'ici ça revient à peu près au même que d'être en soins palliatifs. Et aussi parce qu'il sait que je ne vais le répéter à personne et qu'il pense qu'étant pas ordinaire, je suis quelqu'un d'extrasensible et solitaire.

— Le cancer des testicules, ça implique quoi ?

— Je ne sais pas. On va regarder sur Internet.

Dawn n'est pas à la maison quand Julie rentre. Parfois, elle veille jusque très tard, parce qu'elle est insomniaque. Elle dit que c'est le stress, mais Julie ne voit pas ce qu'il y a de stressant à gagner sa vie en faisant des sandwiches.

Le père de Julie et Dawn sont mariés depuis cinq ans, mais Julie n'est toujours pas à l'aise avec elle – peut-être parce qu'elle n'a pas grandi avec elle, qu'elle ne l'a jamais vue nue, qu'elle ne lui a jamais raconté d'histoires, le soir, avant d'aller au lit... Ensuite, en tant qu'adulte, parce qu'elle doit faire semblant d'être proche d'elle. Quand la mère de Julie vivait encore ici, la maison avait un côté bohème : murs violets et meubles de brocante. Dawn a viré tout ça quand elle est venue s'installer ici.

Maintenant, le séjour a l'air d'une publicité pour un catalogue de Conforama, avec des vitrines, des objets de déco produits en masse et des fauteuils qu'on peut régler en hauteur et incliner en avant, en arrière, comme ceux de Joey et Chandler dans *Friends*. La pièce est entièrement conçue pour pouvoir regarder la télé de façon optimale : des sièges confortables tous tournés vers le téléviseur, des repose-pieds et des tables basses avec quelque chose comme trois télécommandes universelles différentes.

Julie en prend une et met la 3. Il y a un débat. L'animateur parle à un homme qui a une relation avec la fille de la sœur de son ex-femme. L'homme, âgé de quarante ans, explique qu'il a laissé sa femme pour la fille de seize ans. Il est assis à côté d'elle et lui tient la main, et la mère de la fille est avec eux.

— Comment as-tu pu faire une chose pareille ? demande la mère à sa fille.

— On ne choisit pas quand on tombe amoureux, répond la fille.

La fille de l'homme entre sur le plateau. Elle doit avoir dix-sept ans.

— Pourquoi m'as-tu pris mon père ? demande-t-elle tristement.

— On ne choisit pas quand on tombe amoureux, répète l'autre.

Tout le monde la déteste. Julie a de la peine pour elle. Elle ne connaît pas cette fille – une étudiante en arts plastiques, apparemment – qui a brisé sa propre famille. Mais elle ne pourrait jamais la détester. Ce qui ne l'empêche pas de se poser des questions à son sujet. Elle est partie vivre en Irlande.

— Il va te frapper comme il m'a frappée, dit son ex-femme.

Il est l'heure d'aller dormir, mais Julie n'a pas sommeil, et puis ce fauteuil est vraiment confortable. Elle reste assise là chaque jour en rentrant de chez Luke. C'est comme un déjà-vu ou un rêve récurrent. Chaque soir, elle a un mal de chien à s'arracher à ce fauteuil. Chaque soir, Julie se laisse happer par une émission de télé et se dit qu'elle aurait aussi bien fait de passer une heure de plus avec Luke. Sauf que, si elle était restée une heure de plus avec lui, elle se serait tout de même scotchée devant la télé en rentrant à la maison. C'est devenu une habitude.

11

Quand Julie se réveille, le samedi matin, quelque chose d'étrange s'est passé. Elle pense : *Un jour, je ne vais pas me réveiller. Le monde va continuer de tourner sans moi.*

Son corps réagit bizarrement à cette pensée. On dirait qu'il se met à rétrécir de l'intérieur. Julie ressent un pétillement au creux de l'estomac, puis comme un bouchon qui saute et, immédiatement, elle a envie de pleurer. Elle a l'impression d'être à nouveau une petite fille.

Elle n'arrive même pas à se lever ; elle reste allongée, complètement désorientée. Toute sa vie, Julie a considéré la mort comme un échec : un manque d'attention à ce qu'on fait ou à ce qu'on mange ; tomber sur une arête ou se faire suivre par un inconnu, ou traverser la rue sans regarder. Comme si la vie était une équation dont on détenait la solution ou un questionnaire à choix multiples sur lequel il suffisait de cocher la bonne réponse pour pouvoir continuer à vivre éternellement.

La vie est-elle un test ? C'est ce que Julie croyait quand elle allait au lycée. Elle se rappelle sa prof d'instruction religieuse, une petite femme aux cheveux blancs, qui expliquait comment Dieu testait les gens : en mettant des malheurs sur votre chemin, qu'il fallait surmonter pour pouvoir aller au paradis. À un moment donné, Julie a cessé de croire en Dieu et au paradis tout en continuant de penser que la vie était un test qui se poursuivait jusqu'au jour où vous échouiez. D'une certaine façon, elle pensait qu'il vous suffisait de prendre les bonnes décisions pour pouvoir continuer à vivre éternellement. Ce n'était pas une pensée consciente de toute façon, mais, maintenant, cette pensée a complètement cessé d'exister.

Elle aimerait bien pouvoir puiser le réconfort dans son inconscient, mais c'est trop tard. Elle vient de réaliser que l'éternité n'existe pas.

Julie pensait qu'elle pouvait tenir la mort à l'écart, mais elle ne le peut pas. Elle croyait que, si elle conduisait prudemment, si elle évitait de prendre l'autoroute, ne mangeait pas de poisson avec des arêtes, n'empruntait pas des ruelles obscures, ne prenait jamais de risques, elle pourrait vivre pour toujours. Mais, maintenant, elle comprend qu'elle mourra de toute façon, quoi qu'elle fasse. Elle est un organisme vivant, comme un asticot ou un puceron, et les organismes vivants meurent. Un jour viendra où elle ne pourra plus contrôler son existence, car elle aura cessé d'exister complètement.

Quand Julie avait douze ans, Rosa, une amie de sa mère, avait contracté une maladie incurable. Julie le savait pour avoir entendu sa mère en parler au téléphone avec des amies de la fac, mais elle n'avait jamais su de quel mal souffrait Rosa. Quelques semaines plus tard, Rosa avait quitté son mari et était venue vivre chez Julie et ses parents.

Helen et Rosa avaient décidé que la maladie pouvait être guérie par les plantes, la méditation et le cannabis. Garder Rosa en vie était devenu une occupation à plein temps, et, chaque fois que Julie entrait dans la cuisine, elle trouvait sa mère en train de préparer une boisson énergétique quelconque. Ou bien elle trouvait Rosa étendue sur la table, en train de fumer un joint, pendant que sa mère riait en essayant de se souvenir comment on équilibrait les chakras. Ce que Julie ne comprenait pas, c'était qu'elles avaient l'air de s'amuser comme des folles. N'était-on pas censé être triste quand quelqu'un était mourant ?

Pour finir, le père de Julie en avait eu assez. Il était désolé pour Rosa, disait-il, mais sa maison n'était pas un hospice ou un centre de méditation tribale. Il avait emmené Julie chez ses parents pendant quelques jours, et, quand ils étaient revenus, Rosa n'était plus là. Julie ne sut jamais ce qui lui était arrivé, et si les plantes et les potions avaient fait effet.

Aujourd'hui, en y repensant, elle réalise qu'elle a toujours cru qu'elles avaient fait effet. Tout ce rituel lui avait paru tellement scientifique (même si, maintenant qu'elle le voit avec ses yeux d'adulte, il ne l'était évidemment pas). Mais la question se résumait à : comment pouvait-on échouer quand on se donnait autant de mal ? C'eût été injuste. La prof d'instruction religieuse de Julie leur disait que Dieu récompensait les efforts. Même si Julie a cessé de croire en Dieu depuis des années, elle estime que les efforts devraient toujours être récompensés, sinon par un vieillard barbu imaginaire, du moins par des résultats. On ne pouvait pas travailler dur et ne pas obtenir de résultat, non ? C'était scientifique : brûler du combustible produit de l'énergie. L'énergie ne peut pas disparaître par enchantement ; elle crée le changement. Donc, si vous voulez vivre (si vous le voulez vraiment), vous pouvez y arriver. Quand les gens mouraient, c'était parce qu'ils n'étaient pas suffisamment attachés à la vie. Quand elle était enfant, Julie n'avait pas peur du cancer, de la sclérose en plaques ou du sida, parce qu'elle savait que quand on le voulait vraiment on pouvait guérir.

C'est la raison pour laquelle Julie passait sa vie à éviter les accidents de voiture ou d'avion, les arêtes de poisson ou les grands bâtiments qui risquaient de se transformer en brasiers, les intoxications par inadvertance, les allergies alimentaires, le syndrome du choc toxique. Moralité : afin d'écarter tous les risques, vous devez vous limiter à des activités sans risques. C'était mathématique. Mais Julie réalise à présent que la vie n'est pas une activité sans risques, ou même avec peu de risques. La vie se termine toujours par la mort, quoi que vous fassiez. C'est une activité très risquée.

Elle parvient à s'asseoir. Elle contemple tout le désordre qui règne dans sa chambre et s'imagine tous ces objets rangés dans des cartons. Ses livres et ses vêtements iraient à Oxfam, et le reste finirait dans une décharge, quelque part. Julie s'imagine tout son papier réduit en bouillie et ses stylos en décomposition. Puis elle songe à tous les articles en plastique, qui ne sont pas biodégradables. Et elle réalise que sa règle en plastique, ses stylos à bille et sa calculette lui survivront. Parce qu'ils ne sont pas biodégradables.

Alors qu'elle, si. Quand elle sera morte et oubliée, sa règle et ses stylos seront toujours là. Parce qu'ils sont artificiels, qu'ils n'ont jamais vécu et ne peuvent pas mourir. Quand Julie mourra, le monde continuera de tourner, et elle ne sera plus là pour le voir. Mais sa calculette sera toujours là, quelque part au fond d'un trou, même si personne ne s'en sert.

Elle ne fonctionnera plus, et les parties métalliques auront rouillé, mais l'endroit où elle a gravé son nom, dans la coque en plastique, avec une pointe de compas, ne disparaîtra jamais. C'est la pensée la plus triste qu'elle ait jamais eue.

Julie s'imagine en train de raconter à Luke sa révélation, et elle le voit éclater de rire.

— Tu as pensé à la mort ? Sans blague ?

Mais ça n'est pas ainsi que Julie pense normalement à la mort. Elle retourne là-bas dare-dare.

Luke la réconforte quand elle pleure.

— Tout ira bien, lui dit-il en lui caressant les cheveux.

— Je ne veux pas mourir, dit-elle.

— Tu ne mourras pas avant d'être très vieille. Je te le promets.

— Mais je serai bientôt vieille et...

— Les personnes âgées ne craignent pas la mort, dit Luke. Elles s'y sont préparées.

— Tu veux dire, celles qu'on voit à la télé ?

Le visage de Luke s'allonge d'un coup. Il s'écarte de Julie.

— Je...

— Oh mon Dieu, je suis désolée, dit Julie. Luke, je suis désolée.

— Ce n'est pas ma faute si je n'ai que la télé. J'essaie de comprendre la vie.

— Je sais.

— Je voudrais sortir et pouvoir la découvrir par moi-même.

— Je sais.

— Ça me met en rogne de penser que tout ce que je connais de la vie, c'est à travers le filtre de cet écran.

Il désigne la télé.

— Ou de celui-là.

Il désigne l'ordinateur.

— Au diable, les maudits écrans. Je les hais, Julie.

C'est au tour de Julie de consoler Luke, même s'il ne pleure pas. Il a l'air de chercher les mots justes pour exprimer sa pensée.

— Au moins, on n'est pas comme David, dit-il au bout d'un moment. Le pauvre vieux.

Luke se met à pleurer.

Pauvre David.

Il ne le connaît pas, mais ça n'a pas vraiment d'importance.

— On va trouver un moyen de te sortir de là, lui dit Julie doucement.

12

Le premier jour des épreuves du bac, Julie ne savait pas encore quelle université choisir parmi toutes celles qui lui avaient écrit pour lui proposer une place. Son père était content, et sa mère, ravie (mais séparément, bien sûr, vu qu'ils n'étaient plus ensemble).

Julie avait dix-huit ans, alors, et en était à un stade de sa scolarité où tout était encore possible. Elle savait que, si elle décrochait son bac avec les quatre mentions d'excellence qui lui avaient été prédites, elle n'aurait guère de contrôle sur son avenir. Un peu comme si elle avait été une molécule comme celles qu'elle étudiait en chimie : tout le monde voulait savoir ce qu'elle allait faire ensuite et au besoin l'aider, tandis qu'elle soupesait ses options et choisissait l'université à laquelle elle voulait aller. Ses parents allaient veiller aux préparatifs ; son père allait la conseiller financièrement, et sa mère, l'aider à faire ses bagages, ou tout au moins lui expliquer comment réussir et devenir une femme de tête, forte et indépendante. Son père se chargerait lui-même de l'emmener en voiture à l'université (pas question de la laisser conduire la vieille Mini toute cabossée), tandis que sa mère, si elle était là, lui ferait au revoir de loin.

Quand elle avait pris place dans la salle d'examen où avaient lieu les épreuves de physique, elle s'était imaginé Luke en train d'agiter la main derrière la vitre, et l'air de *Say Hello, Wave Goodbye* s'était mis à jouer dans sa tête. Elle n'avait jamais réalisé qu'elle connaissait les paroles de cette chanson. Julie adorait les examens, et elle s'était préparée à celui-là pendant deux ans. Mais elle s'était sabordée volontairement, parce qu'il n'y avait rien d'autre qu'elle puisse faire.

Au début, elle avait eu du mal. Elle avait révisé d'arrache-pied, non pas qu'elle en ait eu besoin ; elle aurait pu décrocher haut la main une mention d'excellence dans toutes les matières. Mais échouer lamentablement, résister à l'envie d'impressionner l'examinateur et de donner le meilleur d'elle-même, ce qu'elle avait toujours fait à la perfection, jusque-là, n'allait pas de soi.

Cependant, il fallait qu'elle échoue. Car, si elle loupait son bac, elle pourrait rester auprès de Luke. Elle pourrait reprendre le contrôle de sa vie et respirer, plutôt que de vivre l'enfer asphyxiant de la course à la bourse et des résidences étudiantes, où tout le monde était très fier de vous, mais aussi très exigeant. Julie savait que, d'une façon un peu retorse, elle allait pouvoir se retrouver à nouveau du bon côté du microscope si elle se faisait recaler. Elle devait se sentir dans la peau d'une héroïne. C'était la seule façon pour elle de trouver le courage de se saborder.

Quand arriva la mi-juin, Julie avait fichu en l'air son avenir. Il lui restait encore à passer les dernières épreuves de chimie et de maths, mais elle avait déjà fait en sorte de réduire à néant toutes ses chances d'intégrer un jour le département de sciences de n'importe quelle institution d'enseignement supérieur du pays. Chaque fois que Julie loupait une épreuve, elle se sentait d'humeur rebelle et pleine de défi, ainsi que légèrement nauséeuse, quand elle sortait de la salle d'examen. Son échec était son secret, et elle s'y vautrait comme dans une immense couverture, moelleuse et rassurante.

Les seuls moments où cette sensation s'évanouissait étaient les matins frileux où elle se réveillait avec l'impression que tout cela n'était qu'un mauvais rêve, qu'elle venait d'émerger d'un cauchemar dans lequel elle fichait en l'air son avenir. Sauf que ce n'était pas un rêve, mais la réalité.

Chaque matin, durant cette période d'examens, Julie se représentait sa mère, rayonnante, à Greenham Common[1], ou dans la vieille cafète de l'université ouverte, parlant de féminisme et d'éducation et de sa fille, si vaillante et résolue, qu'elle aurait pu gouverner le monde si elle l'avait voulu.

Quand elle songeait à sa mère, Julie se disait qu'elle aurait dû réussir à ses examens pour elle, puis elle se rappelait que sa mère l'avait abandonnée au beau milieu de l'année scolaire, ce qui voulait dire qu'elle se fichait complètement que sa fille foire son bac ou pas. Peut-être que cet échec cuisant la ferait réagir ? Mais, de toute façon, Julie n'était pas certaine de tenir autant à sa mère qu'à son seul véritable ami, lequel ne pouvait se mettre à la fenêtre de sa chambre qu'à la nuit tombée et n'aurait sans doute pas pu lui faire au revoir par la vitre le jour où elle serait partie à l'université.

Pendant plusieurs années après cela, avant de s'endormir, Julie s'imaginait en train d'aller au cours du soir et raflant les quatre mentions d'excellence qu'elle méritait. Dans ses rêves, elle le faisait en secret, rien que pour elle, afin de pouvoir aller à l'université quand Luke serait guéri.

Elle s'imaginait un homme en blouse blanche se présentant à la maison et lui demandant ce qui s'était passé – comment la plus brillante candidate qu'il ait jamais connue avait pu échouer à ses examens. Dans son rêve éveillé, elle se mettait à pleurer sur l'épaule de l'homme et lui expliquait qu'elle avait fait exprès de louper son bac, et l'homme était tellement stupéfait par ses aveux qu'il lui intimait d'accepter un poste de chercheuse dans son département (Oxford ou Cambridge) toutes affaires cessantes. Et quand Julie lui expliquait qu'elle ne pouvait pas à cause de Luke, le professeur insistait pour que Luke vienne aussi. Ainsi, on pourrait étudier son cas, trouver un remède et lui rendre sa liberté.

Mais la seule personne qui se présentait à la maison était le facteur, pour lui remettre des catalogues qui ne l'intéressaient

1. Ancienne base militaire investie par un mouvement féministe pour la paix en 1981. (NDT)

pas, mais qu'elle recevait parce qu'elle n'avait pas le cœur de dire non aux démarcheuses qui arrêtaient les passants dans High Street.

Le pire de tout était sans doute que les parents de Julie n'eurent pas l'air complètement anéantis quand Julie échoua au bac. Convaincue qu'elle avait fait ce qu'il fallait tout en éprouvant un inexplicable vague à l'âme, et regrettant déjà l'avenir qu'elle n'aurait jamais, elle avait pleuré chaque jour après la tenue des examens.

Elle savait que, lorsque la lettre de l'académie arriverait, sa vie changerait – pour le mieux – et que tout le monde lui ficherait enfin la paix. Elle avait bien fait, non ?

De toute façon, les dés étaient jetés. Quand les résultats arrivèrent et qu'il n'y eut plus de doute possible, Julie dut assumer son choix la tête haute. Lorsqu'elle montra la lettre à son père, il se contenta de secouer la tête en disant :

— Je vais t'accompagner en ville lundi, et nous allons te chercher un boulot.

Sa mère avait regardé son père d'une étrange manière, s'était tournée vers Julie, avait baissé les yeux et conclu :

— Julie est assez grande pour chercher du boulot toute seule, non ?

Et Julie était libre.

13

Le lundi matin, les caisses enregistreuses remarchent chez The Edge.

L'heure du déjeuner a été plutôt calme, et Julie est en train de s'ennuyer grave quand Leanne se pointe vers trois heures de l'après-midi. Il pleut des cordes, et ses cheveux blonds habituellement impeccables rebiquent en mèches folles autour de son visage quand elle entre dans le restaurant. Julie meurt d'envie d'aller griller une clope, mais elle finit de réassortir le comptoir à salade tandis que Leanne lui raconte les péripéties de Chantel qui doit arriver demain.

— … complètement foiré à cause des inondations, dit-elle.

— Quoi ? demande distraitement Julie, qui ne cesse de penser à David et à son cancer des testicules.

C'est la première fois qu'elle est capable de penser à un cancer sans crainte de l'attraper. Cela lui procure une étrange sensation. David doit avoir si peur. C'est horrible.

— Ils ont été obligés de faire un détour pas possible.

— Qui ça ?

— Les déménageurs, voyons.

Heather émerge de son bureau.

— Julie ?

— Oui ? dit Julie en remplissant un des petits récipients de sauce au roquefort.

— Je peux te voir une minute ?

— C'est pas l'heure de la pause ? demande Leanne.

— Je n'en ai pas pour longtemps, dit Heather. Elle pourra prendre sa pause après.

Le bureau de Heather n'est pas vraiment à elle. C'est une pièce qu'elle partage avec les autres chefs d'équipe et les managers de The Edge, et qui n'a donc pas vraiment de caractère. Il y règne une atmosphère de salle d'attente ou d'abribus. L'unique table de travail est couverte de paperasse, et il y a des pièces d'uniforme éparpillées un peu partout (tee-shirts et bretelles bleus), la plupart encore emballées dans des pochettes en plastique. Heather fait signe à Julie de s'asseoir de l'autre côté du bureau.

— Bien, dit-elle. J'ai un petit test pour toi.

Elle ouvre un tiroir et en sort un formulaire qui ressemble à une demande d'embauche.

— Qu'est-ce que c'est ? demande Julie.

— Je te l'ai dit : un test.

— OK. Cool.

— Tu ne te rebiffes pas ? dit Heather.

— Pardon ? Non, pourquoi ?

Heather hausse les épaules.

— Tous les autres ont rouspété.

— Oh ! dit Julie en jetant un coup d'œil au test. Tu veux que je fasse ça maintenant ?

— S'il te plaît. Il faut que je sois présente pour m'assurer que tu ne triches pas.

— OK.

— Non pas que je t'en croie capable – de toute façon, je ne vois pas comment ce serait possible avec ce genre de tests –, mais c'est le règlement.

— OK.

Julie sort son stylo de sa pochette porte-monnaie (qui pèse une tonne à cause des pièces) et commence le test. La plupart des questions portent sur les règles d'hygiène relative à la préparation de nourriture et de boissons, au service et au règlement intérieur de The Edge. Ce sont des questions à choix multiples. Julie met environ sept minutes à faire le test.

— J'ai fini, dit-elle à Heather, qui est en train de lire un magazine.

— Bon sang ! s'exclame Heather, stupéfaite. Ce n'est pas une course contre la montre.

— Ce que je n'ai pas cherché à faire...

— Tu peux aller prendre ta pause, dit Heather en soupirant. Dis à David de surveiller la salle.

C'est à peine si David a adressé la parole à Julie ce jour-là, comme si leur conversation n'avait jamais eu lieu. Elle-même ne sachant que lui dire, le malaise s'est installé entre eux. Il n'a pas balancé la moindre vanne salace ou cité Eminem. Rien. Il n'a fait qu'écouter la radio en montant le son quand un air lui plaisait.

— Et alors, comment ça va de ton côté ? demande Julie à Leanne, une fois dans l'arrière-salle.

— Ça va, dit Leanne. On fait aller.

— Mais encore ?

— Je vais dire à Luke que c'est fini.

— Pourquoi ?

— Parce qu'on ne peut jamais aller nulle part. Et puis je l'ai trouvé distant ces temps-ci, si tu vois ce que je veux dire. Enfermé dans sa bulle, quoi.

Elle soupire.

— C'est pas facile de communiquer avec lui quand il est dans cet état d'esprit.

— Je vois.

Julie ne sait pas quoi dire d'autre. Leanne lui donne une Lambert & Butler. Elle l'allume, et immédiatement la tête lui tourne. Elle n'a pas fumé depuis quatre heures.

— Je vais aller traîner avec Chantel ce soir, dit Leanne.

— Je croyais qu'elle avait été retenue par les inondations ?

— Nan, dit Leanne en tirant sur sa cigarette. Pas elle, les déménageurs. Chantel a laissé sa mère se débrouiller avec eux et elle a pris une chambre d'hôtel à Shenfield en attendant que tout soit réglé. Remarque, c'est pas qu'elles aient des masses d'affaires. C'est principalement des trucs de grand-mère qu'elles veulent garder pour des raisons sentimentales. Elles vont virer tout le reste et c'est un architecte d'intérieur qui va aménager la nouvelle maison. Chantel m'a dit : « Je suis millionnaire, je vais quand même pas porter les meubles. J'irai là-bas quand tout sera prêt. » Moi, je ferais la même chose. J'ai horreur des déménagements.

Pour autant que Julie sache, Leanne n'a jamais déménagé de sa vie.

— Elle est comment, Chantel ? demande Julie.

— Avant, elle était carrément grosse, dit Leanne. Je sais pas. Elle est OK.

— Sympa ?

— Tu verras demain, pas vrai ?

David passe la tête par l'embrasure.

— Heather demande si tu veux bien surveiller la salle, dit-il à Julie. Il faut que je passe un test.

— Bien sûr, dit Julie.

Leanne écrase sa cigarette et retourne chez Blockbuster.

Julie a rendez-vous avec Charlotte Moss après le travail. C'est la deuxième fois cette semaine qu'elle a des contacts avec quelqu'un qui n'est ni Luke ni Leanne. Ce qui est assez remarquable, si l'on considère que la dernière fois que c'est arrivé, c'était avant la mort de Mark. Depuis que leur petit groupe – Mark, Charlotte, Julie et Luke – a cessé d'exister, Julie ne sort pour ainsi dire jamais.

Le courriel que Charlotte a envoyé à Julie, vendredi soir, était tellement bavard qu'elle a eu l'impression que rien ne s'était passé. Mais Charlotte était capable de vous écrire un truc du style : *C'était vraiment super de te revoir, hier !*, alors même que vous lui aviez dit que vous songiez sérieusement à vous foutre en l'air.

14

Quand Luke dort, il entend les bruits du dehors. Au mieux, il arrive à dormir deux heures de suite sans interruption chaque nuit. Après quoi, inévitablement, le monde extérieur se met en marche sans lui, et il se retrouve à rêver à demi d'oiseaux, de coups de sonnette, d'aspirateurs, de marteaux-piqueurs et de voitures. Il se réveille presque lorsque son ordinateur émet un petit « bip » pour l'avertir qu'un nouveau courriel vient d'arriver dans la boîte mail ou qu'il est déconnecté d'Internet. Chaque fois, il ouvre les yeux et se retrouve dans le brouillard épais et chaud de son cerveau ensommeillé. Il voudrait se lever pour aller voir ce qui se passe, mais ne le peut pas, car il est un animal de nuit. Même s'il est peu probable qu'il soit instantanément carbonisé par la lumière du jour, il sait qu'il ne faut pas.

Le lundi matin, le demi-sommeil de Luke est interrompu par une nouvelle série de sons qu'il n'a pas entendus souvent au cours de sa vie : les bruits de quelqu'un qui emménage dans la rue. Aux environs de huit heures, quelque chose d'énorme, tracté par un moteur puissant et rugissant, est entré dans Windy Close. Après cela, il y a eu un gros tapage, ponctué par des voix d'hommes hissant des colis et le clapotis de la pluie, naturellement, qui n'a pas cessé depuis vendredi soir.

En général, Luke organise ses journées en fonction des programmes télé et s'efforce d'occuper les temps morts jusqu'à ce que Julie se connecte sur Internet. Il fait le tour de ses réseaux sociaux, lit ses mails au fur et à mesure qu'ils arrivent, toutes les cinq minutes. Aujourd'hui, Luke n'a pas de plans. Après le petit-déjeuner, il lit un peu de son livre incompréhensible en attendant que Wei le rappelle. Il ne lui a pas donné d'heure, et Luke n'a pas pensé à le lui demander. C'est à peine s'il ose aller aux toilettes de peur que l'appel arrive juste à ce moment-là. Il ne s'habille pas non plus. Et, comble de la frustration, il ne peut pas se connecter à Internet, sans quoi sa ligne téléphonique sera occupée, et Wei ne pourra pas le joindre.

Le chapitre suivant de son roman, qui fait suite à celui où il était question d'une usine remplie de ventilateurs cassés, de machines à coudre, de femmes avec des bébés sur le dos, de contremaîtres tyranniques, d'hommes armés, de moustiques, parle d'une femme qui porte un truc appelé « sarong ». Comme Luke ne peut pas aller sur Internet pour regarder à quoi ressemble un sarong, il s'imagine qu'il s'agit d'un chapeau, jusqu'au moment où la femme l'arrache pour faire l'amour avec un type dont le nom évoque les poissons et les guêpes.

Le coup de fil arrive enfin à dix-huit heures. Un extrait d'un documentaire consacré à l'émission *Big Brother* est en train de passer à la télé. Une des raisons pour lesquelles Luke est devenu accro à *Big Brother* durant l'été, c'est que, pour la première fois, il est parvenu à s'identifier complètement aux candidats de l'émission de téléréalité. Il sait quel effet cela fait d'être enfermé à l'intérieur d'une maison sans vraiment savoir ce qui se passe à l'extérieur. Jusqu'au bout, il a espéré que quelque chose allait arriver qui empêcherait les derniers candidats de quitter la maison, parce qu'ainsi il y aurait toujours des gens comme lui quelque part dans le monde. Ce serait un peu comme si un soap opera avait été conçu spécialement pour lui, pour qu'il se sente un peu moins différent des autres.

La sonnerie de téléphone que Luke a téléchargée simule le cri d'un lion, si bien que, lorsque Wei appelle, le téléphone rugit trois fois.

— Allô, dit Wei, quand Luke décroche.

— Salut, dit Luke. Wei, merci d'avoir rappelé.

— Vous avez passé une bonne journée ?

— Ça va. J'ai lu.

— Quelque chose d'intéressant ?

— Un roman. Pas mal, mais difficile à suivre.

— Pourquoi cela ?

— Parce qu'il y a plein d'endroits que je n'arrive pas à me représenter. Et puis l'histoire est un peu...

— … un peu quoi ?

— Disons qu'elle ne coule pas de source.

— Le récit n'est pas linéaire ?

— Quelque chose comme ça. Il n'arrête pas d'aller et venir entre le passé et le présent.

— Il faut arrêter de le lire.

— Je n'ai rien d'autre à faire. À part regarder la télé, et j'en ai un peu marre de la télé en ce moment.

— Vous pourriez penser ?

— Quoi ? Penser et rien d'autre ? Je deviendrais fou.

Wei rit.

— Je comprends que vous puissiez réagir comme ça, mais il faut se souvenir que des hommes encore plus faibles que vous ont consacré toute leur vie à la contemplation solitaire, sans télévision et sans amis... avec leurs pensées comme seule compagnie. C'est possible.

Luke n'arrive pas à y croire.

— Mais il y a de quoi perdre complètement la boule, non ?

— Au contraire. Ces hommes et ces femmes ont beaucoup fait pour l'humanité. Ils consomment très peu de nourriture ou de divertissements et ne font pas l'amour, mais ils nous enseignent de grandes leçons.

Wei rit doucement.

— Mais il faut pouvoir sortir et connaître la vie avant de pouvoir méditer de cette façon. Il faut voir le monde. D'ailleurs, vous ne voulez peut-être pas passer votre vie à apprendre, mais plutôt à escalader des montagnes. Le monde a besoin de grimpeurs. Et comme dit le proverbe : *Si nous étions tous des penseurs, qui s'occuperait des chèvres ?* Je crois que c'est un dicton suédois. Donc, quelque chose me dit que vous préféreriez escalader des montagnes, n'est-ce pas ?

— Oui, répond aussitôt Luke. J'adorerais ça. Je ferais n'importe quoi pour escalader une seule montagne. Ou même en voir une réellement... Ça me suffirait amplement.

— Vous avez des amis ? demande Wei.

— J'en ai une. Julie. Et il y a aussi une fille qui habite à côté, mais...

— Beaucoup de filles.

Wei rit à nouveau.

— Non ! Ce n'est pas ce que vous croyez. Enfin, l'une d'elles, Leanne, et moi, on...

— Vous faites l'amour ?

— Oui... Mais nous ne sommes pas vraiment compatibles. C'était une erreur.

— Et Julie ?

— C'est ma meilleure amie.

Luke marque une pause.

— Avant, j'avais d'autres amis, moins proches, mais... L'un d'eux est mort, l'autre est partie. Et maintenant, il ne reste plus que moi et Julie.

— Et elle vous aide ?

— Oui. Elle vient me voir tous les jours. Je ne sais pas ce que je ferais sans elle.

— OK. Et elle est normale ?

— Normale ? Julie ?

Luke rit.

— Non. Elle est...

— Elle peut sortir ?

— Oh ! Ça, oui. Mais elle préfère vivre comme moi, je crois. Elle a du mal à supporter le monde extérieur.

— Peut-être qu'elle est la penseuse, et vous, le grimpeur.

Luke réfléchit.

— Peut-être. Mais...

— Mais ?

— Je me fais du souci pour elle. Elle a sans doute plus

besoin que moi de se soigner. C'est une tête, mais elle n'est jamais allée à l'université. Elle a décidé de rester ici avec moi. Elle ne veut rien manger de naturel. Elle a peur de la nature, de la saleté et de tout ce qui est organique. Elle vit littéralement de nouilles et de soupes instantanées qu'elle complète avec des bonbons, des boissons énergétiques et du sirop de cassis, parce que, même si elle a peur de manger, elle a encore plus peur de tomber dans les pommes ou de dépérir. C'est difficile à expliquer...

— Elle a peur de la terre ?

— Oui. De la terre et de la planète Terre...

— Et vous êtes allergique au feu. Intéressant.

Il y a un bruit comme un tapotement, puis la voix de Wei résonne à nouveau.

— Vous pourriez me faxer un compte rendu au sujet de Julie ? Il faut que je vous quitte, mais nous pouvons parler à nouveau demain soir. D'accord ?

— Oui. Super. Oh ! Avant de raccrocher, vous pourriez me dire à quelle heure vous allez m'appeler demain soir ? Je ne veux pas vous mettre la pression ou autre, mais...

— Non, non, je comprends très bien. Quelle heure vous conviendrait ?

— Euh..., onze heures ? Je sais que c'est un peu tard, mais Julie sera là et...

— Entendu. Ce serait bien que je puisse également parler à Julie. Demain à onze heures, donc.

15

La veille de la mort de Mark. Ce devait être un vendredi soir comme les autres. Julie, Charlotte et Mark avaient prévu de se retrouver dans la chambre de Luke pour regarder des films jusque tard dans la nuit. Le vendredi, on ne sortait pas. On restait à la maison. Il y avait de bonnes émissions de télé le vendredi soir, en ce temps-là. Charlotte, Mark et Luke allaient se repaître de clips musicaux, de sitcoms et de dessins animés pour adultes en attendant que Julie revienne du boulot avec des pizzas et des vidéos pour lesquelles ils devaient payer, car c'était l'époque où Leanne travaillait encore chez Homebase. Julie se rappelle combien tout était différent en ce temps-là. Elle se rappelle que Leanne ne leur aurait jamais fait cadeau de vidéos, même si elle avait bossé chez Blockbuster. Elle n'appréciait pas spécialement leur petite bande.

Charlotte avait vécu pendant deux ans au 14, Windy Close. Telle une héroïne de films pour ados, Charlotte tenait le rôle de la meneuse de bande avec beaucoup de conviction.

Elle ne se contentait pas de faire de la figuration, mais occupait littéralement, totalement et intensément le terrain. Si bien que son départ avait été vécu comme une coupure de courant, comme si la radio s'était éteinte juste avant le passage de leur chanson préférée.

Premièrement, Charlotte était belle. Deuxièmement, il était impossible de l'ignorer. Et pas seulement Julie ; personne ne pouvait s'empêcher de la regarder. Et ce n'était pas uniquement à cause de sa beauté, car Charlotte ne faisait aucun effort de toilette, affectionnant les cheveux pas lavés, le vernis à ongles écaillé, les lunettes de soleil à deux balles et les fripes qui sur quelqu'un d'autre auraient eu l'air de sacs à patates. Charlotte avait ce je-ne-sais-quoi que Julie trouvait fascinant sans parvenir à comprendre exactement ce que c'était. Julie aurait pu l'observer pendant des heures, tandis qu'elle se faisait dorer, seins nus, dans le jardin de devant en lisant des thrillers et en jouant les idiotes quand les gens lui faisaient des réflexions.

— Elle te plaît, lui fit remarquer Luke ce vendredi-là, juste avant que Julie ne parte travailler. J'ai réfléchi à la question, et c'est la conclusion à laquelle je suis arrivé. Elle te fascine complètement.

— Qui ? Charlotte ?

— Ouais.

— Luke, ab-so-lu-ment pas. Bon sang, tu dis vraiment n'importe quoi.

— Tu as lu tous ses romans préférés.

— Toi aussi.

Quand Charlotte était arrivée dans le quartier, ç'avait été, entre autres choses, comme si une bibliothèque itinérante s'était installée dans la rue. Luke et Julie avaient découvert des auteurs comme Douglas Coupland, Haruki Murakami et de jeunes écrivains londoniens dont les romans n'étaient même pas vendus sur Amazon.

Charlotte traversait la crise de la vingtaine avec un tel panache que tout le monde voulait l'imiter. Sauf qu'elle n'en parlait jamais et que lire les mêmes bouquins qu'elle était la seule façon de s'initier.

Julie n'avait jamais lu un livre qui ait changé sa vie jusqu'à ce qu'elle découvre *Génération X*. Après cela, elle avait ajouté les supermarchés à la longue liste des endroits où elle ne mettrait jamais les pieds, car elle avait acquis la certitude que, ce jour-là, le monde s'effondrerait. *Girlfriend dans le coma*, qui rappelait à Julie le premier été que Charlotte avait passé à Windy Close, n'avait fait qu'aggraver sa phobie des supermarchés.

— C'est peut-être toi qui es fasciné, reprit Julie. Peut-être...

Luke l'interrompit.

— Julie, regarde-toi. Regarde tes cheveux, ton maquillage, tes fringues. Tu es en train de devenir comme elle. Tu parles de plus en plus comme elle : tu n'arrêtes pas de dire « OMG » et « Biatch » et « Okidoki ».

— Ça ne serait pas un tic que j'ai pris de toi, plutôt ? Moi, j'aurais tendance à penser que c'est ta fascination à toi pour les émissions – euh, non, pardon, les sitcoms américaines – qui déteint sur moi.

Qu'y a-t-il de plus embarrassant que d'être prise en flagrant délit d'imiter une personne que vous admirez totalement par une personne qui vous connaît comme sa poche ? Se prendre un vent en public, peut-être ? « Se prendre un vent. » C'était une des phrases favorites de Charlotte.

En route pour The Edge, Julie était furieuse. Comment Luke pouvait-il croire une seconde qu'elle cherchait à singer Charlotte ? Julie était très bien comme elle était et n'avait aucune envie d'être quelqu'un d'autre. Tout ce qu'elle faisait, c'était injecter un tout petit peu de Charlotte en elle, de prendre ses meilleurs côtés et de les arranger à sa sauce de façon à rester Julie, mais en mieux : une Julie rafraîchie, réactualisée, rebootée. Julie + x, où x est cette part de magie que détient Charlotte, mais pas Julie. Comme lorsqu'on prend le gène d'une plante et qu'on le greffe à une autre.

La deuxième plante ne devient pas la première, elle ne fait que prendre les propriétés qui lui sont utiles. Au fond, Julie se livrait – sans même s'en rendre compte – à une petite expérience de modification génétique qui, quelle que soit l'opinion que les gens pouvaient avoir des OGM par ailleurs, était parfaitement inoffensive puisque métaphorique.

Elle s'était fait bronzer pour la première fois de sa vie ? Et alors ? Ce n'était pas tant pour être comme Charlotte que pour vouloir être avec Charlotte, qui passait sa vie à se prélasser au soleil. D'accord, Julie avait eu la main un peu lourde sur le maquillage. Elle n'aurait sans doute pas dû adopter le blush façon poupée russe qu'utilisait parfois Charlotte, ou le fard à paupières bleu appliqué à l'arrache, ni arrêter de se laver les cheveux. Mais toutes les filles faisaient ce genre d'erreurs, non ? Et il fallait dire à sa décharge que Julie n'avait jamais eu de vraie copine avant Charlotte. Peut-être qu'elle était en train de se rattraper et de se lancer dans des expériences comme on en fait quand on a dix ans.

Toujours est-il et quoi qu'il en soit, le germe de Charlotte que Julie s'était approprié semblait fonctionner. Chez The Edge, les gens l'ignoraient moins qu'avant.

Les autres serveuses lui avaient demandé si elle voulait se joindre à leur cercle de loterie, et parfois elles l'invitaient à sortir avec elles, ce que Julie ne faisait jamais, étant trop prise par Luke, Mark et Charlotte.

Peut-être que ce supplément de confiance en soi acquis au contact de Charlotte avait suffi à remettre Julie sur les rails. Grâce à elle, Julie avait découvert qu'on pouvait être à la fois un peu bizarre, pensive et réservée, et quelqu'un de cool. Comment Luke aurait-il pu comprendre tout ça, lui qui n'avait jamais mis les pieds dehors et n'avait jamais été obligé de braver le regard des autres ou leur jugement ?

Quand elle quitta son service, Julie réfléchit à ce qu'elle allait dire à Luke ce soir, lorsque Mark et Charlotte seraient partis. Elle allait énumérer toutes les différences entre Charlotte et elle, comme le rapport que l'une et l'autre avaient à la météo. Connaître Charlotte n'avait en rien diminué sa peur panique des intempéries. Se prélasser au soleil avec elle ne l'empêchait pas de détester la pluie, le brouillard et surtout le tonnerre.

Alors que Charlotte aimait les extrêmes et les expériences, Julie était tout le contraire. Charlotte adorait l'autoroute ; Julie aurait aimé mieux mourir que rouler sur l'A12. Charlotte détestait la télé ; Julie s'en délectait. Elles ne se ressemblaient vraiment pas.

À ce jour, Julie n'avait encore jamais vu *Happiness* ou *Pleasantville*, les deux films qu'elle avait choisis précisément pour cette soirée de vendredi. Quand elle arriva chez Luke, tout était différent.

— Charlotte n'est pas là, lui dit Luke quand elle entra dans sa chambre.

— Je suis désolé, dit Mark en baissant les yeux. Les choses ne sont pas aussi...

— Que se passe-t-il ? demanda Julie en posant les vidéos et les pizzas sur le lit.

Luke la regardait d'un drôle d'air.

— Charlotte est chez toi.

Julie regarda Mark. Il avait l'air triste. Elle regarda Luke, qui soutint son regard, et elle comprit que quelque chose clochait entre eux, même si elle ne savait pas quoi.

— Pourquoi est-elle chez moi ?

— Elle a dit qu'elle te verrait là-bas, l'informa Luke.

Bien qu'il eût dit cela comme s'il cherchait à la mettre au défi, elle y alla.

— J'ai décidé de rompre avec Mark, lui dit Charlotte sans tergiverser.

Elle s'était installée sur le lit de Julie et buvait une tasse de thé.

Julie s'assit à son bureau et, quand elle se tourna vers Charlotte, elle vit qu'elle avait les larmes aux yeux. Elle détourna la tête. À travers la fenêtre de la chambre, elle pouvait entendre et entrapercevoir du mouvement dans la chambre de Luke. Quelques instants plus tard, Julie vit Mark sortir de la maison, traverser la rue et rentrer chez lui.

— Mark est au courant ? demanda Julie.

Charlotte secoua la tête.

— Non. Même s'il a des doutes.

— Tu t'en vas ?

— Il va bien falloir.

— Ouah !

— Ça craint, Julie. J'ai merdé grave.

— Il y a quelqu'un d'autre ?

— Peut-être.

Charlotte la regarda avec un drôle d'air.

— Je n'en sais rien...

— Comment cela ?

— Entre Mark et moi, ça ne marche plus du tout.

— Je l'ignorais, dit Julie.

Ce n'était jamais facile de savoir ce que ressentait Charlotte. On lui racontait tout ce qu'on avait sur le cœur sans même réaliser qu'elle ne faisait jamais de même. C'était la première fois qu'elle était aussi directe dans ses propos, songea Julie. Certes, leur amitié avait grandi, ces derniers temps, même si elles ne passaient que peu de temps en tête-à-tête. Elles étaient le plus souvent fourrées chez Luke avec Mark, ou au pub, où Charlotte observait le monde plus qu'elle ne parlait et ne faisait aucune allusion à elle-même ou à sa parfaite relation avec Mark. Car leur relation donnait l'impression d'être parfaite. Mark et Charlotte s'amusaient à sortir pieds nus ensemble, parfois, ou à porter les mêmes lunettes de soleil. Ils aimaient la même musique. Il la laissait parfois le maquiller, et on avait l'impression qu'ils étaient ensemble depuis toujours.

Charlotte soupira.

— Parler m'ennuie, faire l'amour m'ennuie. Si toi et Luke n'étiez pas là, il y a un bail que je me serais tirée. Tu sais, si j'ai décidé de vivre avec Mark, c'est uniquement parce que je n'avais nulle part où aller. En temps normal, je n'aurais jamais choisi de vivre avec un mec et ses parents.

— Mais alors, pourquoi ?

— Quand je suis allée à la fac, mes parents m'ont bien fait comprendre qu'ils ne voulaient plus que je revienne chez eux. Ils ont viré toutes mes affaires et donné ma chambre à ma sœur. J'ai fait la connaissance de Mark à l'université et, quand on est passés en deuxième année, on a eu envie de se tirer. On n'en pouvait plus de vivre dans cette résidence étudiante pourrie, pleine de nanas insupportables et sans eau chaude, sans parler des cours qui étaient mortels d'ennui. On voulait faire quelque chose de dingue. Comme c'était l'hiver, on a pris tous les sous qui nous restaient de nos bourses d'études et on est partis à l'étranger, au soleil. Quand on a eu tout dépensé, on est revenus en Angleterre, où on n'avait nulle part où aller à part chez les parents de Mark.

— Tu ne me l'avais jamais dit.

Au bout d'une minute, Charlotte dit :

— Julie ?

— Quoi ?

— Est-ce que je peux te dire un truc vraiment terrible ?

— Euh... Oui. Vas-y.

— Toi et moi, on a une relation forte, n'est-ce pas ?

L'estomac de Julie chavira. Elles avaient une relation forte, ou tout au moins Julie espérait qu'il en fût ainsi, mais elle ne s'attendait pas à ce que Charlotte l'exprime de façon aussi directe. De son côté, Julie avait essayé de comprendre la nature de leur relation, quoique pas de façon consciente, bien avant que Luke ne l'accuse d'avoir le béguin pour Charlotte. En tout cas, maintenant, elle avait une réponse toute faite pour lui : « Non, Luke, ce n'est pas un béguin, c'est juste une relation forte. »

— Je, euh...

— C'est vrai, n'est-ce pas ? Ce n'est pas dans mon imagination ?

— Non. Je veux dire : oui. C'est vrai. Bien sûr...

— J'ai tellement peur que tu ne veuilles plus être ma copine...

— Pourquoi, Charlotte ? Je serai toujours ta copine.

— Le truc, c'est que...

Charlotte posa sa tasse de thé à terre.

— Je crois que j'aime bien, euh, disons, les *filles*.

Elle regarda Julie pour voir sa réaction, puis elle reprit, plus vite, comme si elle avait voulu effacer ce qu'elle venait de dire :

— Enfin, c'est ce que j'ai l'intention de dire à Mark. Je vais lui dire que j'ai envie d'explorer cette option, histoire de voir si c'est juste une lubie ou un truc plus sérieux.

— Ouah ! Je... Pourquoi ça m'empêcherait d'être ta copine ?

— Je sais pas. Tu..., tu comprends pourquoi je te dis tout ça ?

Le cerveau de Julie marchait à cent à l'heure. Il fallait qu'elle trouve le bouton PAUSE pour pouvoir réfléchir à ce qui était en train de se passer. Juste au moment où elle allait répondre (encore que sans être sûre de ce qu'elle allait dire), une lumière clignota au dehors, depuis la maison voisine. C'était le signal spécial de Luke.

— Il faut que j'y aille, dit-elle mécaniquement.

Charlotte eut l'air blessée.

— Oh ! désolée si je...

— Non, c'est Luke. Il faut que j'y aille… On peut reparler demain ?

— Bien sûr.

Mais Julie et elle n'eurent pas l'occasion de se reparler, car, lorsque Charlotte se réveilla, vers deux heures de l'après-midi, on lui annonça que Mark était mort. Deux mois plus tard, Charlotte quitta Windy Close sans un mot.

16

Charlotte a donné rendez-vous à Julie dans le café qui se trouve au-dessus de Littlewoods.

— On a le droit de fumer ici, lui explique Charlotte. C'est un endroit spécial.

Il n'y a qu'une seule autre table propre dans la salle. Toutes les autres sont couvertes de restes de repas pour personnes d'un certain âge soucieuses de ménager leur dentier.

— Comment fait-on pour commander ? demande Julie.

— Il faut faire la queue là-bas, dit Charlotte en désignant un long comptoir de self. Va nous chercher des cafés.

Quand Julie règle la bouteille d'eau minérale et le café de Charlotte, la caissière l'informe que la maison va fermer dans vingt minutes et qu'elle et son amie devront quitter les lieux.

Tandis qu'elle retourne s'asseoir à la table, Julie en profite pour détailler Charlotte. Elle s'est un peu enrobée, ce qui ne lui fait pas de mal ; sinon, c'est toujours la même. Elle porte un jean moulant avec un gilet bleu qui laisse voir les bretelles rouges de son soutien-gorge, un duffel-coat et (elle insiste pour les montrer à Julie) des chaussettes Hello Kitty avec des escarpins blancs.

— Eh bien... Je vois que tu aimes toujours les endroits bizarres.

— On se refait pas, dit Charlotte en ôtant son pied de la table.

— Désolée que Leanne te harcèle.

Charlotte renifle légèrement.

— Tu n'y es pour rien. Elle ne m'a jamais aimée.

— Et moi non plus. Je ne comprends pas ce qui lui prend tout d'un coup, dit Julie en souriant.

— Et puis son flirt avec Luke... C'est du grand n'importe quoi.

Julie rit.

— Je sais.

— Mais comment est-ce arrivé ?

— Je n'en sais rien. Quand tu es partie, elle a commencé à venir plus souvent. Luke a toujours fait craquer les filles. Je suppose que ce n'était qu'une question de temps.

— Ouais, et puis elle commence à être un peu vieille pour rester célibataire, non ?

— Leanne ? Elle a mon âge.

Charlotte rit.

— Oui, mais dans le monde de Leanne...

Julie rit à son tour.

— Je vois ce que tu veux dire.

— Je parie qu'elle ne supporte pas de rester tout le temps enfermée avec Luke.

— C'est vrai. Elle a même dit qu'elle allait le plaquer parce qu'ils ne vont jamais nulle part.

Charlotte rit encore.

— De toute façon, il doit s'en foutre, non ?

— Oui. Entre eux, c'est une histoire de cul plus qu'autre chose...

Charlotte baisse les yeux sur sa tasse et ajoute du sucre.

— Ouais. Bref..., murmure-t-elle.

Les questions se bousculent dans la tête de Julie. Elle aimerait savoir ce qui s'est vraiment passé quand tout a commencé à aller de travers à Windy Close. Elle voudrait demander à Charlotte ce qu'elle a fait ensuite, pourquoi elle n'a jamais plus donné de nouvelles et pourquoi elle a fait comme si rien n'était arrivé.

— Je n'arrive pas à y croire, dit Julie pour finir. Il y a si longtemps qu'on ne s'est pas vues.

Elle débouche sa bouteille d'eau et boit au goulot.

— Tu m'as manqué, dit Charlotte simplement.

L'estomac de Julie se noue d'un seul coup, exactement comme la dernière fois qu'elles se sont vues, dans sa chambre. Ce genre de remarques la met mal à l'aise, mais venant de *Charlotte*, en plus, qui ne dit *jamais* ce genre de choses ! Charlotte est imbattable quand il s'agit de cacher ses sentiments derrière un sourire impassible et de garder les doigts croisés ; une stratégie qu'elle emploierait même en temps de guerre atomique, songe Julie. Mais... Charlotte dit qu'elle lui a *manqué*. Ce qui veut dire qu'elle a pensé à elle. Et à tout ce qui s'est passé. Mon Dieu.

Au lieu de dire : « Tu m'as manqué, toi aussi », Julie rougit.

Charlotte sort une autre Marlboro light de son paquet.

— Eh bien, qu'est-ce que tu as fait de beau cette année ? lui demande Julie.

— Bof, pas grand-chose. J'ai passé quelques mois difficiles après mon départ.

— Où es-tu allée ?

— D'abord, dans un squat à Chelmsford. Puis en Europe.

— En Europe ?

— Oui, dit Charlotte hâtivement. C'était bizarre. Je suis contente d'être de retour.

— Et maintenant, tu fais quoi ?

— Je bosse au Rising Sun comme serveuse. Pas grand-chose.

Elle marque une pause.

— J'aimais vraiment Mark, tu sais.

— Je sais. Pourquoi me dis-tu ça ?

— Parce que. Je voulais le quitter, mais pas qu'il meure.

Julie vient près de mettre la main sur le bras de Charlotte, puis se retient.

— Charlotte... Bien sûr. Personne ne pense que...

— Je croyais que tu le pensais. L'idée que tu puisses me juger m'était insupportable. Alors, je suis partie.

La femme derrière le comptoir s'approche pour débarrasser.

— On va fermer, dit-elle. Alors, si vous voulez bien finir vos consommations.

Maintenant qu'elles sont sorties du café, Julie n'a plus envie de poursuivre cette conversation personnelle, même si elle ne sait pas quoi dire.

Il y a presque trop de choses à dire. Qu'a fait Charlotte quand elle était outre-Manche ? Et que fait-elle maintenant, à part servir dans un bar ? A-t-elle fini par se mettre avec une fille ? Julie se demande quoi faire. Est-elle censée lui dire au revoir et s'en retourner chez elle sans qu'elles aient pu vraiment parler ?

— Tu veux aller prendre un verre ? demande Charlotte. Je veux dire..., un vrai...

— Oui, répond Julie. Ça marche.

Elles longent High Street sous la pluie pour se rendre au Rising Sun. Dans High Street, il y a pêle-mêle des boutiques de téléphonie, un McDonald's et un Burger King, un café miteux avec une pancarte CHIENS PAS ADMIS rédigée à la main et illustrée avec le dessin d'un lion.

Plus bas, dans le quartier piétonnier, il y a un stand qui n'était pas là avant. À dire vrai, il est rare de voir des marchands ambulants dans Highstreet le lundi, surtout quand il pleut : la plupart ne viennent que le dimanche et par beau temps, pour vendre des marionnettes aux fils invisibles, des hot-dogs en plastique qui se trémoussent, des fringues de créateurs (jusqu'à ce que les flics déboulent et les chassent).

Ce type a l'air différent des bonimenteurs habituels. Vêtu d'un jean et d'une cagoule, il a l'air de remballer sa marchandise, des bouteilles pleines de liquide vert posées sur une petite table, où est fixée une pancarte de format A4. VIVEZ JUSQU'À 130 ANS ! En voyant Julie et Charlotte arriver dans sa direction, il s'interrompt une seconde pour les observer. Puis il leur sourit en brandissant un de ses flacons.

— Coucou ! Ça vous dirait de vivre mieux et plus longtemps ?...

— Va te faire foutre, dit Charlotte.

17

— Tu étais avec *Charlotte ?* dit Luke.

Il est presque dix heures, et Julie vient seulement d'arriver. Luke était au beau milieu d'un chat sur Internet quand elle est entrée, si bien qu'elle est allée aux cabinets, s'est lavé les mains et s'est scrutée un moment dans la glace de la penderie.

Ils sont maintenant assis tous les deux sur le lit. Julie se sèche les cheveux avec une serviette tandis que Luke triture le bout de ses chaussettes.

— Ouais. Et David était là aussi, et Leanne.

— Je me demandais où était Leanne, dit Luke.

— Elle ne t'a pas appelé ?

— Non. Personne n'a appelé.

Julie se renfrogne.

— Désolée, dit-elle. J'aurais dû t'appeler. C'est que... c'était la première fois que je voyais Charlotte depuis, tu sais quoi... et...

— Hé ! dit Luke en souriant. Tu n'as pas à t'excuser. Je ne suis pas en train de te faire une scène de jalousie. De toute façon, j'étais sur Internet.

— Je n'aime pas que tu te retrouves seul pendant des plombes.

— J'étais OK. J'ai chatté pas mal, et puis j'ai regardé *Big Brother* et je n'ai pas décroché de la télé depuis.

Julie ramène la serviette dans la salle de bains.

— J'aurais voulu regarder *Big Brother,* moi aussi, dit-elle en revenant dans la chambre.

— Ce n'était pas super. Je n'aime pas l'idée qu'ils retournent tous dans la vraie vie.

Julie se rassied sur le lit. En bruit de fond, on entend les infos sur la BBC.

— Pourquoi passent-ils les infos maintenant ? s'étonne Julie.

— Parce qu'on a changé d'heure, pardi.

— Ah ! mais oui, j'avais complètement oublié.

Il est question d'une nouvelle méga-inondation. Puis un bref communiqué au sujet de demandeurs d'emploi qui ont disparu en septembre et n'ont jamais été retrouvés.

— Alors, comme ça, Leanne ne t'a pas donné de nouvelles du tout ? dit Julie.

— Non. Je pensais qu'elle allait passer pour me réclamer un coup de quéquette…

Il hausse les épaules.

— Mais non... Passons. Comment va Charlotte ?

— Elle n'a pas changé. Toujours évasive. On n'a pas vraiment parlé. D'abord, on est allées dans cette drôle de cafétéria d'où on nous a virées, et ensuite au Rising Sun, où on a immédiatement croisé Leanne et David.

— Je croyais que Leanne n'allait jamais là-bas.

— Je sais. David non plus. C'était bizarre.

— Mais Charlotte, tu l'as trouvée comment ?

— Plutôt bien. Elle s'est pas mal payé la tête de Leanne. Je veux dire qu'elle a beaucoup ri.

— Le plus drôle, c'est qu'on a mis tout ce temps avant de renouer avec Charlotte...

— Je sais, dit Julie en s'esclaffant. Mais Leanne est tellement gourde. Charlotte trouve aussi.

— Mais elle a parlé de... tu sais quoi...

— Mark ? Non, pas vraiment. À part pour dire qu'elle l'aimait et qu'elle ne voulait pas qu'il meure – comme si on ne s'en doutait pas.

— La pauvre.

— Je sais. Elle a dit qu'elle n'avait pas eu le courage de nous revoir. Parce qu'elle était persuadée que nous pensions qu'elle voulait sa mort ou qu'elle l'avait trompé. C'est pour cela qu'elle est partie.

— Oh non ! Pauvre Charlotte.

— Je sais. En tout cas, je l'ai trouvée plutôt bien. Je suis contente qu'on ait retrouvé sa trace, pas toi ? On se marrait bien avec elle.

— Ouais. Elle m'a carrément manqué. Mais alors, elle est..., elle sort avec des filles maintenant ?

Luke se souvient de toutes leurs conversations, à voix basse, l'année dernière, quand Julie lui a raconté, par petits bouts, ce que Charlotte lui avait dit la veille au soir de la mort de Mark.

Julie hausse les épaules.

— Je ne sais pas. Elle n'a rien dit à ce sujet. C'était comme si nous n'avions jamais eu cette conversation, si tu vois ce que je veux dire.

— C'est bizarre, non ?

— Quoi donc ?

— Je ne t'ai jamais demandé...

— Quoi ?

— Est-ce qu'il s'est passé quelque chose entre toi et Charlotte ?

— *Entre moi et Charlotte ?* Bien sûr que non, voyons.

— OK, OK, je demandais juste.

— J'aime les mecs, Luke.

— Je sais. Je me demandais juste...

— Je vais faire du thé. Tu en veux ?

Pendant que Julie est en bas, Luke jette un coup d'œil à ses mails. Il y en a un de Wei : *Ne faxez rien : fax HS. Envoyez-moi les documents par mail à cette adresse.* Il a ajouté une adresse, ce qui n'est pas nécessaire, puisque c'est la même que celle de l'expéditeur.

— Tu te souviens de la fois où tu m'as demandé si j'en pinçais pour Charlotte ? dit Julie quand elle remonte de la cuisine.

— Oui. Je suis désolé, j'ai...

— Non, non. Pas de souci.

Julie pose sa tasse de thé.

— Je crois bien que oui.

— Ce n'était pas ce que tu crois, dit Luke. Je ne voulais pas dire que tu cherchais à la copier ou autre. Simplement, je voyais bien qu'il y avait quelque chose...

— *Entre nous.*

— Oui, si on veut.

Julie hausse les épaules.

— Ce soir-là, quand elle est venue chez moi..., elle m'a dit qu'il y avait quelque chose de fort entre nous. Je ne te l'ai jamais dit.

— Mais c'était vrai, n'est-ce pas ? Ça sautait aux yeux.

— Vraiment ?

— Oui. Au fait..., il y a quelque chose que je ne t'ai jamais dit non plus...

— Quoi donc ?

— Ce soir-là.

— Eh bien ?

— Mark m'a demandé carrément : « Est-ce que Charlotte baise avec Julie ? » C'est quand vous étiez toutes les deux chez toi. D'ailleurs, je crois bien que c'est la dernière chose qu'il m'a dite.

Julie se couvre le visage avec ses mains.

— Nom de Dieu.

— Je sais. Je ne voulais pas te le dire parce que...

Elle se couvre toujours la face, mais Luke voit bien qu'elle a rougi violemment.

— Oui, je sais. Nom de Dieu.

— Je sais.

— Je me sens pas bien du tout, là, dit Julie en ôtant ses mains de devant sa figure et en les posant sur son estomac, comme si elle allait vomir.

— Désolé, je...

— Non, non, tu as bien fait de me le dire... Mais je ne savais pas que deux filles pouvaient *baiser.*

Luke ne sait plus où se mettre. Il songe qu'il aurait dû fermer sa gueule.

— Écoute, c'est juste une expression. Je ne crois pas qu'il l'ait vraiment pensé. Il voulait simplement dire que vous vous plaisiez ou je ne sais quoi. Si je te raconte tout ça, c'est parce que tout le monde savait qu'il y avait quelque chose de spécial entre vous, comme un secret que vous ne partagiez avec personne d'autre.

— Les gens disent ça de nous, fit remarquer Julie. Je veux dire à propos de toi et moi.

— Ah bon ?

— Oui.

Julie réfléchit pendant une minute.

— Bon sang, je suis complètement flippée, maintenant.

— N'y pense plus.

— Beurk. Mark pensait ça de *nous.*

— N'y pense plus, Julie. C'est sans importance. Mark pouvait être très con parfois.

— Luke !

— Quoi ?

— Il est mort.

— Oui, mais ça n'empêche pas qu'il pouvait être très con.

Julie se met à rire pendant quelques secondes, puis s'arrête.

— Je n'ai jamais réalisé qu'il s'imaginait qu'il ait pu y avoir quelque chose entre nous.

Elle regarde Luke droit dans les yeux.

— Tu me crois, au moins ? Il n'y avait rien. On était juste des amies. Et elle était un peu moins bizarre et destroy avec moi qu'avec tous les autres.

— Peut-être était-ce à cause de tout ce qu'elle racontait quand tu n'étais pas là.

— Qu'est-ce qu'elle racontait ?

— Oh ! « Julie est tellement cool », ce genre de choses. Elle parlait beaucoup de toi.

Julie hausse les sourcils.

— Vraiment ?

— Oui, vraiment. Je veux dire qu'elle t'aimait vraiment.

— Bon Dieu, soupire Julie. Pour moi, tout ça, c'est un peu une énigme... Étant donné que je n'ai jamais eu de vraie copine avant, je ne sais pas à quoi m'attendre. Moi, je pensais que c'était normal, je veux dire aussi normal que ça pouvait l'être entre deux nanas aussi bizarres que nous...

— Bizarre, répète Luke en riant. Vous aviez des tas de trucs en commun.

— Non, tu es sérieux ? Elle est du genre à bourlinguer par monts et par vaux, alors que moi..., pas du tout. C'est peut-être pour ça que je me sens attirée par elle, remarque. Peut-être que j'avais envie de lui ressembler, pas au sens strict, mais pour avoir moins peur de tout.

Luke regarde Julie.

— Moi, je croyais que tu étais heureuse d'être comme tu es.

— Pardon ?

— Tu n'arrêtes pas de répéter que tu es la seule à être saine d'esprit et que tous les autres sont à côté de leurs pompes. Je croyais que toutes tes peurs étaient rationnelles.

— Elles le sont, dit Julie en haussant les épaules. Simplement, si j'étais une autre sorte de personne, je ne me servirais pas de la logique comme d'une ligne de conduite. Je ferais des choses, je ne sais pas..., par plaisir ou pour faire comme tout le monde. Je ne choisirais pas de me limiter à des activités offrant cent pour cent de chances de survie.

Luke rit.

— Je vois ce que tu veux dire.

— Je ne crois pas qu'il y ait beaucoup de gens qui pensent autant que moi à la mort. Je pense qu'ils partent du principe qu'ils ne vont pas mourir, même s'ils prennent l'avion ou font du saut à l'élastique. Ils ne pensent qu'au plaisir et peut-être aussi que... le jeu en vaut la chandelle et qu'ils se fichent de mourir, au fond. Si tu vois ce que je veux dire ?

Luke retape ses oreillers et s'installe confortablement sur le lit.

— Oui, plus ou moins.

— Parfois, surtout quand j'étais gosse, il m'arrivait de monter sur un de ces manèges de foire qui tournent vraiment vite et j'y prenais vraiment du plaisir. Le fait de savoir que c'était dangereux ne faisait que m'exciter davantage. Je me sentais courageuse et cool, et sur le fil du rasoir... En gros, tout ce qui s'appelle « vivre dangereusement ». Je peux comprendre qu'on soit attiré par ce genre de sensations, mais maintenant je n'arrive plus à me lâcher suffisamment pour me laisser aller à ce genre d'expériences. Maintenant, je ne pourrais plus monter sur un de ces trucs de fête foraine, parce que je verrais immédiatement combien c'est dangereux et je ne pourrais pas, physiquement, surmonter ma peur. Le fait de me retrouver sur le fil du rasoir ne me procurerait aucune excitation. Je serais terrorisée. Parce que maintenant je sais que le danger est réel.

— Mais tu aimerais pouvoir revenir en arrière ?

— Où cela ?

— À l'époque où tu ne pensais pas à tout ça.

Julie réfléchit.

— Je ne sais pas. Je pense à toutes les choses que je faisais sans réfléchir quand j'étais gamine. Je pouvais monter dans une voiture quand c'était quelqu'un d'autre qui conduisait – et même rouler sur l'autoroute – sans penser qu'il pourrait y avoir un accident. Je pouvais manger un cornet de poisson frit directement dans la boutique de *fish and chips*, sans craindre de m'étrangler sur une arête. Bien sûr, quand on est enfant, les adultes vous surveillent et ne vous laissent pas faire n'importe quoi ; donc, vous leur faites confiance. Si c'était mon père ou ma mère qui conduisaient, j'avais la certitude qu'ils n'allaient pas avoir d'accident, parce que c'étaient mes parents et parce que les accidents n'arrivaient qu'aux autres... Et puis, quand tu es gamin et que ton père te dit de faire attention aux arêtes, tu ne l'écoutes même pas, parce que tu n'arrives pas à croire qu'il est possible de mourir en mangeant. Je ne sais pas. Peut-être est-ce parce que je ne crois plus les adultes, parce que j'en suis une moi-même et que je sais qu'on ne peut pas vraiment leur faire confiance.

Luke repense à l'été où Julie avait passé son bac. Elle et sa mère devaient s'envoler pour Barcelone ; leurs premières vacances ensemble depuis que sa mère avait rompu avec son père. Dans le train pour Londres, où elle devait retrouver Helen, elle avait commencé à flipper grave.

Elle avait appelé Luke depuis la gare de Liverpool Street. En larmes, elle parlait de tempête, déclarant que le train roulait trop vite et que la tête lui tournait à l'idée de devoir prendre l'avion. Luke avait beau faire, il n'était pas parvenu à la calmer.

Finalement, elle avait décidé de rebrousser chemin, non pas par le train rapide, mais en empruntant des tortillards selon un itinéraire lent et sûr, mais aussi compliqué qu'une toile d'araignée. À l'époque, Luke avait pensé que Julie était stressée à cause de ses examens (qui lui avaient mis les nerfs en vrac) et de ses résultats catastrophiques.

Plus Julie essayait de se simplifier la vie par le biais de la logique et de la rationalité, plus elle mettait de distance entre elle et le monde. Naturellement, Julie affirme que c'est elle qui est dans le vrai et non pas ceux qui font des centaines de kilomètres par jour pour aller travailler, et que, si tout le monde était comme elle, tout irait mieux.

Julie interrompt les pensées de Luke.

— Tu sais quoi ? Quand j'étais gamine, je trouvais que mourir – enfin frôler la mort plutôt – avait quelque chose d'amusant et de classe. On s'en sortait avec une cicatrice ou deux, on n'était pas obligé d'aller à l'école, il y avait des tas de gens qui venaient prendre de vos nouvelles et vous apportaient des bonbons, et la vie était moins chiante. Quand j'étais enfant, je me souviens que tout me semblait incroyablement organisé et monotone ; les adultes décidaient de tout à votre place, et tous les jours vous deviez aller à l'école pendant treize ans. Je rêvais d'une vie où rien ne se serait passé comme prévu.

— Je ressens ça tout le temps, dit Luke. J'aimerais tellement que quelque chose d'inattendu se produise et change ma vie.

Luke pense à Wei. Est-ce par lui que va arriver le changement ? Il se demande si c'est le moment de parler de Wei à Julie. Il veut d'abord s'en assurer. De toute façon, il sait comment elle va réagir s'il lui en parle. Elle va lui dire que c'est de la folie et qu'il vaut peut-être mieux que ce soit elle qui lui parle demain soir, quand il appellera.

Julie le regarde.

— Tu sais que, si je pouvais faire quelque chose pour changer ta vie, je le ferais. Je veux dire, si quelqu'un se pointait à cet instant même et me disait de manger du poulet pas cuit ou de prendre l'avion pour l'Australie ou je ne sais pas quoi pour que tu puisses guérir, je le ferais. Sans hésiter. Je ferais n'importe quoi pour que tu ailles mieux.

— Je sais, Julie. Je ferais la même chose pour toi.

— Mais moi je ne suis pas malade.

— Non... Bien sûr. Je voulais dire, si tu l'étais.

18

Lorsqu'elle quitte la maison pour aller travailler, le mardi matin, Julie voit une chose qu'elle n'a jamais vue à Windy Close : des chats.

L'un d'eux, un tigré au poil grisâtre, danse autour d'un arbre devant le 14 pour essayer d'attraper un oiseau. L'autre, un noir chétif et maigre s'attarde un instant devant elle, puis va s'asseoir devant chez Luke et commence à faire sa toilette lentement. Le ciel est d'un bleu limpide, ce qui est une bonne surprise vu qu'il a plu toute la nuit.

— Qu'est-ce que c'est que ça ?

C'est la mère de Luke, encore en robe de chambre, qui a de toute évidence vu le chat.

Julie sait que Jean n'est pas contente. Forcément, Luke est allergique aux poils d'animaux. Mais, même si Jean était en colère pour autre chose qu'un chat, Julie le sentirait. La mère de Luke n'est pas quelqu'un qui montre facilement ses sentiments, mais Julie est capable de détecter la moindre contrariété dans ses yeux gris, le plus petit tremblement de ses mains quand elle est inquiète ou fâchée.

Il n'y a personne qui sache réellement comment approcher Jean, à part Julie. Dawn va au bingo avec elle, mais elle ne sait pas comment l'appréhender. Elle roule à la vitesse que veut Jean et se gare là où Jean l'exige. Jean a pour principe de ne jamais s'asseoir à côté de quelqu'un qu'elle connaît. Avant, Julie pensait que Jean était une snob qui détestait la terre entière. Maintenant, elle réalise qu'elle a simplement peur que les autres la jugent.

Quand Julie pense à elle, c'est le mot « appréhender » qui lui vient à l'esprit. Non pas que Jean soit d'une nature délicate, notez bien. Avec elle, Julie a l'impression de jouer les dompteuses de fauves ou de chevaux récalcitrants.

Même Charlotte n'a jamais réussi à l'amadouer. Charlotte, qui n'avait jamais peur de rien, se faisait toute petite quand elle venait rendre visite à Luke. Elle passait devant sa mère sur la pointe des pieds comme si elle marchait au bord d'un précipice. Chaque fois, Jean la toisait de la tête aux pieds avec un air pincé.

— Vieille vache, murmurait Charlotte à l'oreille de Julie tandis qu'elles montaient l'escalier ensemble pour aller rejoindre Luke dans sa chambre.

Mais Julie sait comment s'y prendre avec Jean. Julie sait qu'il faut lui parler de ses sujets préférés (célébrités, maladies, romans paranormaux et sentimentaux) et, de temps à autre, Jean décoche un clin d'œil à Julie et lui passe un gros bouquin en disant :

— Tiens, il est chaud bouillant, celui-là.

Julie ne lit jamais de romans érotiques, mais elle prend le livre quand même. Elle aime bien Jean, même si elle est la seule.

— Qu'est-ce que c'est que ça ? répète Jean en foudroyant le chat du regard.

— Bonjour, Jean ! lance Julie.

— D'où vient ce chat ? Il est perdu ?

— Je ne sais pas, répond Julie.

Jean essaie de chasser le matou, mais il ne bouge pas d'un pouce. Lorsqu'elle cesse de chercher à le mettre en fuite, il recommence à faire sa toilette, sa patte arrière étirée toute droite comme un mât.

— Il a un collier, constate Julie.

— Ça t'ennuie de regarder, ma jolie ? Je ne peux pas me baisser.

Julie se penche en avant pour inspecter le collier du chat. Dès qu'elle le touche, le chat se roule en boule et se met à ronronner.

— Il y a un numéro de téléphone, dit-elle. C'est le préfixe de Basildon.

— Basildon ? C'est de là que vient la cousine de Leanne Straw, n'est-ce pas ?

— Ah ! mais oui. Bien sûr. Ce doit être ses chats.

— Personne ne lui a dit qu'on ne voulait pas de chats dans la rue ? Bon sang ! Il va falloir que tu te laves de la tête aux pieds avant de venir ce soir. Il ne faut pas que Luke soit exposé à des poils de chat. Je n'arrive pas à y croire. Je vais appeler la mairie.

— Qu'est-ce qu'ils peuvent faire ? demande Julie.

— Faire coffrer ces moins que rien avant qu'ils n'emménagent.

Un homme vêtu d'un costume turquoise passe dans la rue.

— Bonjour ! lance-t-il.

Jean l'ignore et rentre dans la maison.

The Edge est inondé. David est en train de mettre des sacs de sable devant la porte, mais trop tard.

— Le carrelage est foutu, dit-il gaiement. Les joints ont lâché. Heather est en train d'appeler la direction. On va peut-être devoir fermer.

Julie contemple les sacs de sable.

— Tu veux un coup de main ?

David empoigne un autre sac et le laisse tomber devant la porte.

— Nan. J'ai fini. Maintenant, ce qu'il nous faut, c'est un canoë.

— Mais il ne pleut plus.

— Non, mais qu'est-ce qu'il est tombé hier soir ! Et ça va remettre ça cette nuit.

— Oh non !

Heather sort du bureau.

— Salut, Julie. Bon, la direction est d'accord pour qu'on ferme, mais seulement après avoir tout nettoyé. On espère pouvoir rouvrir ce soir ou sinon demain matin. Bien, euh... Vous pourriez m'aider à nettoyer la salle ? Il faut qu'on retire toutes les dalles pour éponger en dessous, puis les carreleurs vont passer pour les remettre cet après-midi. Il faut aussi qu'on fasse l'inventaire des denrées encore utilisables, qu'on jette le reste et qu'on dresse la liste de tous les dégâts pour que la direction puisse faire marcher l'assurance. J'aimerais bien aussi savoir qui a entreposé par terre tous les toppings de la machine à crème glacée, alors que je vous ai répété je ne sais combien de fois de ne pas le faire...

— C'est pas moi, se défend David en regardant Julie.

— Ni moi, dit Julie en regardant David.

— C'est probablement l'équipe de nuit, dit ce dernier.

— Oui, probablement, soupire Heather. Bien. Au travail. Vous deux, vous vous occupez des dalles pendant que je fais l'inventaire. Quand vous aurez fini, venez me donner un coup de main. Ah ! et aussi : l'un de vous deux peut-il mettre une pancarte pour indiquer qu'on va rouvrir bientôt ? Courage !

À l'intérieur, il règne une odeur bizarre.

— Les carreleurs ne peuvent pas se charger d'ôter les dalles eux-mêmes ? demande Julie. Ça va nous prendre des plombes, alors qu'ils ont sûrement des machines pour ça.

— Oui, mais ça coûte plus cher, fait remarquer David.

Pour finir, ils s'y mettent, armés de torchons (pour mettre sous leurs genoux), de couteaux (pour déloger les dalles) et de cappuccinos.

— Il va nous falloir des heures, dit David en grattant comme un fou avec son couteau. Elles ne se décollent pas aussi facilement que ça.

— Est-ce que ça entre dans le cadre de nos fonctions ? s'interroge Julie.

— Sans doute pas, mais on n'a pas intérêt à rouspéter.

— Vous êtes restés longtemps, hier soir, au Rising Sun, après mon départ ?

David hausse les épaules.

— Jusqu'à la fermeture. Chantel est arrivée, et Charlotte est partie.

— Pourquoi Leanne était-elle là-bas ? Je croyais qu'elle détestait le Rising Sun.

— C'est vrai, mais Chantel voulait acheter de la beuh. Leanne m'a demandé si je pouvais lui en procurer, et on s'est donné rendez-vous là-bas.

— Elle est comment, Chantel ?

— Vraiment sympa. Et super canon. Tous les mecs la zieutaient.

Julie rit.

— Je parie que Leanne était enchantée.

— Ouais. Oh ! putain de dalle qui veut pas se décoller.

— Attends, laisse-moi faire.

Ils s'y mettent à deux. Ils grattent la colle comme des malades, mais en vain.

David pose son couteau.

— Ras le bol. Tu n'aurais pas une cigarette ?

— On peut plus aller dans l'arrière-salle, maintenant.

— Rien à fiche de l'arrière-salle.

— On peut pas fumer ici, voyons.

— Le resto est fermé, non ? Alors, quelle importance ?

— Mais c'est un resto non-fumeurs, maintenant...

— Et qu'est-ce que ça peut fiche ? Allez, même Heather fume quand on est fermés.

Julie fronce les sourcils.

— Sans déconner ?

— Mais oui. Elle en grille une chaque matin avant l'ouverture, pendant qu'elle garnit les comptoirs. Il paraît que dans le bureau il y a même pas la place pour mettre un cendrier tellement c'est encombré.

David arrive au travail plus tôt que Julie, car il doit faire chauffer le four et préparer les garnitures pour les pizzas.

— Bon, dans ce cas, OK, dit Julie en posant son couteau.

David débusque un paquet de Rothmans dans une de ses poches et en offre une à Julie.

— Je devrais arrêter, dit-il.

Pendant un moment, Julie ne sait pas quoi dire. Abonder dans le sens d'une personne qui a un cancer et qui dit qu'elle devrait arrêter de fumer lui semble bizarre.

— Comment tu te sens ? finit-elle par dire.

— OK. Je n'ai pas encore les résultats de la biopsie.

Il s'ensuit un silence embarrassé, interrompu par l'arrivée de Leanne.

— Ça schlingue ici, dit-elle. Salut, Julie, David.

— Ça va ? demande David. Pas trop la gueule de bois ?

— Moi ? Non. J'ai surtout bu de l'eau, non ?

— Tu es rentrée avec ce mec, finalement ?

— Qui ça ? Ah, Martin ? Ouais, on a passé un moment ensemble.

— Tu as parlé à Luke ? demande Julie.

— Non, pas encore.

— Tu ne crois pas que tu devrais lui dire... ?

— … que c'est fini ? Si. Mais j'hésite encore.

— Comment ça ?

— Je vais peut-être lui donner une seconde chance.

David donne une cigarette à Leanne, et elle s'accoude au comptoir de la réception. Toutes les tables et les chaises sont empilées à l'extérieur.

— Quoi qu'il en soit, je voulais juste m'assurer que vous veniez toujours à la pendaison de crémaillère ce soir. Chez Chantel.

David hausse les épaules.

— Je savais pas que j'étais invité.

— Eh bien, tu l'es. Alors, tu as intérêt à venir. Et toi, Julie ?

— Oui, bien sûr. Oh ! Est-ce que Chantel a des chats ?

— Je sais pas, dit Leanne. Mais probablement. Pourquoi ?

— Ils se baladaient dans la rue ce matin, et Jean a pété un câble.

— Quelle conne ! Ce ne sont pas des chats qui vont le tuer, tout de même.

— Peut-être que si. Il est allergique à ce genre de choses.

— Dans ce cas, on verra bien.

— Leanne !

— C'est quoi, le problème ? demande David.

— Il paraît que Luke est allergique aux chats, explique Leanne.

— Tu ne me crois pas ? demande Julie à Leanne.

— Écoute, il y a tellement de trucs auxquels il est censé être allergique – le parfum, les clopes, la poussière – alors qu'il ne l'est pas. Tu fumes quand tu es là-bas, non ?

— Non, plus maintenant, dit Julie.

— Moi, si. Et je mets du parfum.

— Moi, je n'en ai jamais mis pour aller là-bas, explique Julie.

— Ouais, eh bien, laisse-moi te dire que sa mère est complètement parano.

— Je le serais si j'avais un gamin allergique à la lumière du soleil, dit David.

— Il vaut mieux ne pas prendre de risques, approuve Julie. Il est allergique aux trucs les plus bizarres. Je l'ai vu en pleine crise. C'est horrible.

— Ouais, bon, conclut Leanne. À sept heures chez Chantel. Et pas un mot à Charlotte.

— C'est quoi, le problème avec Charlotte ? demande David une fois que Leanne est partie.

— Leanne a peur qu'elle raconte à Chantel ce qui s'est passé au 14.

— Ah oui, c'est vrai. J'avais complètement oublié qu'on était censés rien dire.

— J'ai dit à Leanne que tout le monde allait oublier et que quelqu'un allait finir par vendre la mèche. Je ne veux pas le crier à tue-tête pendant la soirée ou autre, mais quand Chantel aura vécu un moment là-bas, elle finira forcément par l'apprendre, tu ne crois pas ? C'est inscrit dans la mémoire collective, maintenant. Je ne vois pas ce que ça va changer, de toute façon. Il y a des gens qui meurent dans toutes les maisons à un moment ou à un autre.

— Mais un suicide, ce n'est pas pareil.

— Ah non ? Je n'y avais jamais pensé.

— Tu aurais envie de vivre dans une maison où quelqu'un a mis fin à ses jours ?

Julie hausse les épaules.

— Sans doute pas. Pas parce que je suis superstitieuse. Mais il vaut toujours mieux éviter les lieux « maudits ». Souvent, les maisons réputées porter malheur portent malheur, parce qu'elles sont exposées à des émanations toxiques ou bâties sur un terrain contaminé ou un immense pylône électrique.

Heather sort du bureau.

— Bon sang, mais vous n'avez rien fichu !

À eux deux, Julie et David ont dû déloger trois dalles en tout.

— C'est vraiment très dur, dit David. Elles tiennent bien.

— Je croyais que la colle s'était dissoute, dit Heather.

— Sur les bords, oui, mais pas au milieu. Vous voyez ? dit David en tirant sur une dalle.

Le pourtour se décolle, mais pas le milieu qui reste solidement attaché au sol.

— C'est une vraie galère.

— Mince, dit Heather. Je ne peux tout de même pas rappeler la direction.

— Que voulez-vous qu'on fasse ? demande David.

— Continuez. Vous ne pourriez pas utiliser du solvant ?

— Si, mais le solvant est inflammable.

— C'est vrai. Oh ! je ne sais pas.

Heather a l'air à deux doigts de fondre en larmes.

— Vous devriez appeler Owen, dit David. Ce n'est pas à vous de vous occuper de ces choses-là. Qu'il vienne et qu'il trouve une solution lui-même.

— J'ai essayé de l'appeler, mais ça ne répond pas.

— Oh !...

— Continuez avec vos couteaux. Les carreleurs s'occuperont des dalles restantes. Julie, je peux te parler en privé ?

— OK, dit Julie en se relevant. Il y a un problème ?

Elle est inquiète à cause de la cigarette. Elle n'aurait pas dû se laisser influencer par David. Après tout, le règlement d'hygiène et sécurité précise bien que fumer est rigoureusement interdit dans une zone non-fumeurs.

— Non, répond Heather. Ce ne sera pas long.

Julie la suit au fond du restaurant.

— Bien, dit Heather, une fois qu'elles sont dans son bureau.

Elle a l'air moins stressée que lorsqu'elle était dans la salle.

— As-tu une idée des résultats que tu as obtenus à ton test, l'autre jour ?

— Euh…, non, dit Julie en haussant les épaules. Pas trop mal, je suppose.

— Bien..., dans ce cas, je vais faire comme si tes résultats étaient désastreux. C'est ce que dit Owen pour plaisanter. Sauf que je ne sais pas y faire.

Heather sourit.

— OK. Tu as eu cent pour cent de bonnes réponses. Non seulement tu étais la seule à avoir bien répondu à toutes les questions, mais personne ne l'a jamais fait à part les managers.

Julie sourit.

— Oh ! c'est super.

— Alors, que dirais-tu de suivre une formation pour devenir cadre ?

— Hein ?

— C'était le but du test : nous assurer que vous occupez tous un poste qui vous convient, lesquels parmi vous ont besoin d'une formation et, comme dans ton cas, lesquels peuvent devenir cadres.

— Tu veux dire que je deviendrais manager ?

— Exactement.

— Comme toi ?

— Non, moi, je ne suis que chef d'équipe. Le manager, c'est celui qui supervise tout le personnel du restaurant, comme Owen.

— Bon sang !

— Tu es contente ?

— Je ne sais pas. Je suppose que oui.

— C'est une bonne nouvelle, non ? Dès lors que tu n'es pas étudiante, tu n'es pas obligée de renoncer à tes études ou autre.

— Non, c'est vrai. Je n'avais jamais songé à...

Heather reprend :

— Donc, Owen va te faire passer lui-même un entretien et déposer une demande de formation. La plupart des managers ont des diplômes, mais toi, tu as de l'expérience et d'excellents résultats au test. Donc, ça devrait passer sans problème. Tu vas certainement y arriver.

— Bon sang ! répète Julie.

— Bien. Je savais que tu serais contente. Peut-être que ça va te donner du nerf pour décoller ces fichues dalles, hein ?

Quand Julie revient dans la salle, David est toujours aux prises avec la dalle qu'il était en train d'essayer de déloger quand Julie et Heather sont parties dans le bureau.

— Alors, elle t'a dit quoi ? demande-t-il.

— Oh ! rien de spécial, répond Julie. Et toi, tu t'en sors ?

— C'est une vraie une saloperie, ces machins, dit David.

19

— Ton père va être content, dit Dawn.

Julie est rentrée de bonne heure à la maison, à cause des inondations, et Dawn vient juste de se réveiller de sa sieste.

— Il me disait justement l'autre jour : « Julie ne va pas rester serveuse éternellement. » Remarque, je n'ai jamais prétendu le contraire, dit Dawn en bâillant, les yeux gonflés après avoir roupillé presque tout l'après-midi. Tu vas le lui annoncer quand il rentrera ?

Dawn se met au lit chaque jour à onze heures et demie quand elle rentre du boulot. Elle n'a pas fait que préparer des sandwiches, elle a aussi fait la tournée des bureaux de Brentwood, Shenfield et Ingatestone pour liquider son stock de rôti de porc aux cornichons et œuf tomate.

Dans son jogging rose, rouge à lèvres assorti et cheveux blond cendré méchés, Dawn fait un carton avec ses sandwiches dans ces zones industrielles implantées au milieu de nulle part et où il faut bien se nourrir à l'heure du déjeuner.

Julie a lu quelque part que les zones commerciales et les zones industrielles étaient censées marcher main dans la main. L'idée était que les gens qui bossaient dans une zone bétonnée iraient dans une autre zone bétonnée pour faire du sport, voir un film, acheter des meubles ou manger un morceau. Le seul hic, c'est que tous ces gens sont payés une misère et que les prix des zones commerciales sont prohibitifs. Qui aurait les moyens de se payer un déjeuner chez The Edge ou Old Orleans cinq fois par semaine ? Personne, à la connaissance de Julie. Les zones commerciales se développaient moins vite que les zones industrielles, de toute façon, et, avec des slow-food perpétuellement en travaux qui n'avaient rien d'autre à offrir que de la poussière et de la daube servie par des jeunes boutonneux, le commerce des sandwiches faisait florès. Il était devenu un incontournable de la journée de travail au même titre que Radio 1 et le harcèlement sexuel bon enfant.

Quand Dawn se réveille de son somme, généralement autour de quatre heures de l'après-midi, elle boit un thé bien fort et mange des Kit Kat en regardant la télé : *Tous contre un, Le compte à rebours, Passion animaux* et *Neighbours.* Elle enregistre généralement *Celebrity* et *La roue de la fortune* (qui passent à la même heure que *Passion animaux* et *Neighbours*) pour pouvoir les regarder ensuite.

Elle regardait *Home and Away*, jusqu'à ce que l'émission soit rachetée par Channel 5 et remplacée par *Celebrity.* Quelque part entre le début de *Neighbours* et la fin des programmes qu'elle a enregistrés, Dawn met le dîner au four, généralement un plat tout fait, indien, chinois ou tex-mex, acheté chez Tesco.

Quand le père de Julie rentre, Dawn et lui mangent devant le journal télévisé de *Channel 4,* qui, avec *Newsnight*, est la seule chaîne d'info que le père de Julie regarde. Quand ils mangent comme ça, directement dans les barquettes achetées au supermarché, c'est parfait pour Dawn qui, si elle n'a rien contre faire à manger, refuse en revanche de s'abaisser à faire la vaisselle.

Elle voudrait un micro-ondes, mais le père de Julie dit que les micro-ondes font partie d'un plan secret mis au point par le gouvernement pour ramollir la cervelle des citoyens. Elle propose toujours à Julie de lui préparer à manger, mais Julie préfère faire sa petite tambouille toute seule.

Dawn met du sucre dans son thé et revient avec dans le séjour.

— Tu vas le faire, n'est-ce pas ? dit-elle.

Julie suit Dawn dans le salon, et elles s'asseyent. La pièce sent la vanille à cause du produit dont Dawn se sert pour astiquer les meubles. Elle le fait toujours tard le soir, quand le père de Julie est au lit.

Julie hausse les épaules.

— Je ne sais pas.

— La direction commerciale, c'est un bon créneau, commente Dawn. Mon amie Toni a commencé comme simple employée dans une usine de cartonnage à Chelmsford, où elle assemblait des boîtes. Mais, comme elle voulait traiter avec la clientèle, elle s'est fait embaucher comme vendeuse chez Stead & Simpson. Horrible, que des odeurs de pieds mal lavés et grimper sur des échelles pour se rendre compte qu'ils n'avaient ni la taille ni la couleur demandées... J'en sais quelque chose : j'ai débuté dans la chaussure avant de faire des sandwiches. Bref, elle est ensuite entrée chez Bay Trading en qualité de chef adjointe. Elle s'y plaisait, mais ne s'entendait pas avec son directeur. Après, un poste de chef s'est libéré chez All Sports. Elle l'a eu et, au bout d'un mois, elle a suivi une formation. Maintenant, elle gagne plein de fric. Elle est directrice d'un magasin All Sports à Manchester. Elle s'éclate et elle a des tas de réductions, une aubaine avec trois garçons à la maison.

— Je ne suis pas certaine d'être faite pour ce genre de boulot, dit Julie. Je vais devoir faire la compta, passer les commandes, diriger le personnel.

— Ça sera peut-être la révélation.

— Peut-être.

— Et puis tu ne vas pas vivre ici éternellement. Non pas qu'on ne veuille pas de toi, s'empresse d'ajouter Dawn. Mais tu vas avoir envie d'être indépendante, tôt ou tard, et, vu les prix des loyers, si tu es cadre, c'est une vraie carrière qui s'offre à toi.

— Ouais. Hum. Papa envisage de me pousser vers la sortie ?

— Non, pas vraiment. Mais tu as vingt-cinq ans, et on commence à se demander si tu vas un jour pouvoir voler de tes propres ailes.

Dawn rit.

— Il est vrai que les jeunes restent de plus en plus longtemps chez leurs parents, de nos jours. Et puis tu as Luke, juste à côté, et je ne vois pas Jean lui demandant de débarrasser le plancher. C'est ce que je dis toujours à ton père. Je lui dis : « Quand *il* partira, *elle* partira. » Quand Luke s'en ira, tu suivras direct, mais pas avant cela. Je ne comprends pas vraiment pourquoi il ne peut pas vivre ailleurs. Sa chambre n'est tout de même pas le seul endroit au monde avec des rideaux.

— Je suppose que, pour lui, l'endroit où il se trouve n'a pas d'importance, vu qu'il ne peut aller nulle part, dit Julie. Alors, autant rester là où il est.

— C'est déprimant, tu ne trouves pas ? Imagine passer ta vie entière dans la même pièce. Le pauvre. Pas étonnant que Jean se fasse un sang d'encre. Elle s'en occupe bien, tu sais. Elle aurait pu reprendre le travail après son opération de la hanche, mais elle a préféré rester à la maison pour pouvoir être avec lui jour et nuit. Toi aussi, tu es très dévouée. Tout le monde le dit. Mais tu devrais tout de même faire attention à ne pas trop t'investir, si tu vois ce que je veux dire. Tu ne voudrais pas vivre comme lui. Penses-y.

— Dawn, ça fait quinze ans que je « m'investis ». Et je suis sa meilleure amie, pas son aide-ménagère. Alors, un peu plus ou un peu moins, ça change quoi ?

— Cette formation devrait te faire le plus grand bien. Tu sais que ce sont des stages en résidence, n'est-ce pas ?

— Vraiment ? Oh non !

Dans l'esprit de Julie jaillit l'image d'une grosse bâtisse aux allures de baraquement, dont le jardin paysager est cerné par des échangeurs, des voies rapides et – les seules sur lesquelles Julie peut rouler – des routes secondaires. Étant donné qu'elle ne peut plus prendre le train, comment ferait-elle pour se rendre dans ce genre d'endroit ? Et pourquoi même y songer, alors que jamais elle ne suivra de formation pour devenir cadre de direction ? Elle ne sait même pas pourquoi elle en a parlé à Dawn.

— Mais si, dit Dawn. Tu entres là-bas, tu es quelqu'un d'ordinaire, et tu en ressors métamorphosée. C'est magique.

— OK. Il va falloir que j'y réfléchisse.

— Pas trop longtemps, si tu veux mon avis.

— Non. Au fait, Dawn ?

— Quoi donc ?

— Pourquoi es-tu déjà levée ? Tu n'es pas au lit à cette heure-ci, habituellement ?

— Si, mais j'essaie de me reprendre en main.

— Tu veux te remettre sur les rails ?

— En quelque sorte. Ton père et moi, on s'est pris la tête à propos de mes horaires ; alors, j'essaie de me remettre dans le bain. C'est bizarre, cela dit. Je n'arrive pas à dormir la nuit. On ne fait plus l'amour, lui et moi, et je le dérange, mais il dit qu'il ne peut pas dormir sans moi...

Julie rougit.

Dawn éclate de rire.

— Oups, trop de détails. Désolée.

Dawn a coupé le son de la télé, mais Julie peut voir la fin du *Défi de l'aquarelle.*

— Non, pas de souci, dit-elle en se levant. Je vais aller consulter ma boîte mail et aller chez Luke ensuite.

Julie a un ordinateur portable qu'elle s'est payé grâce à ses pourboires. Elle a sa propre ligne de téléphone dans sa chambre, une offre spéciale de British Telecom à laquelle son père n'a pas pu résister, même s'il ne voyait pas vraiment l'utilité d'avoir deux lignes.

— Pour Julie, avait suggéré Dawn.

— Pourquoi pas ? avait-il dit. Du moment qu'elle paie ses factures.

Julie a un forfait illimité, comme Luke, si bien que la facture ne va pas chercher bien loin. Elle n'appelle quasiment jamais.

Pendant que l'ordinateur se connecte, elle jette un coup d'œil dehors, à la chambre de Luke. Les rideaux sont tirés et il ne semble pas y avoir de mouvement à l'intérieur. À part une pub d'une firme américaine qui offre à Julie un diplôme d'université, il n'y a pas de mails.

Elle se rappelle la fête de ce soir et ôte son uniforme de serveuse pour aller prendre un bain. Ensuite, tandis qu'elle passe une jupe et un pull, elle entend un grincement dehors, suivi du sifflement d'un aérosol. La mère de Luke a ouvert sa fenêtre et passe de l'antibactérien. Bien. Ça veut dire qu'il est levé et que Julie peut y aller dès qu'elle aura fini de se sécher les cheveux.

Quand elle descend dans le salon, son père est déjà rentré.

— ... que d'eau, que d'eau, dit-il.

— Sérieux ? Ils ont fermé la fac ? demande Dawn.

— Je fais un saut chez Luke, dit Julie.

— Attends une seconde, lui dit son père. Comment se fait-il que tu sois déjà à la maison ?

— On a eu des inondations. Le carrelage est complètement niqué chez The Edge.

— Même chose à la fac, dit Dawn.

Le père de Julie hausse les sourcils.

— Dawn m'a dit qu'ils t'avaient fait une offre de travail.

Julie baisse les yeux.

— Enfin, ce n'est pas une offre de travail à proprement parler.

— Ah non ? C'est quoi, alors ?

— Un stage de formation.

— C'est pareil. Tu sais combien tu vas toucher en temps que cadre de direction ?

— Non.

— Tu n'as pas demandé ?

— Ce n'était pas le bon moment. Heather – la chef d'équipe – m'a juste dit que j'avais réussi un test qu'ils m'ont fait passer et qu'ils allaient me recommander pour un stage. Elle m'a annoncé ça comme si j'avais gagné un gros lot, et j'ai fait semblant d'être contente. Mais il était beaucoup trop tôt pour demander combien j'allais être payée.

— C'est comme cela que les gens se font exploiter. Combien de fois je te l'ai dit ? *Commence toujours par demander quel est le salaire à la clé.*

— Oui, papa.

— Mais pourquoi tu as fait semblant d'être contente ?

— Parce que ce n'était qu'un test débile qui portait sur le service à la clientèle.

Il la regarde fixement.

— Et alors ?

— Et alors..., n'importe quel crétin l'aurait réussi haut la main. Ça n'était vraiment pas sorcier.

— Dommage que ledit crétin n'ait pas passé ton bac à ta place.

— Doug ! proteste Dawn. Pourquoi faut-il toujours que tu ressasses cette histoire de bac ? C'était il y a des années. Elle a fait ce qu'elle a pu. Fiche-lui la paix.

Le père de Julie s'esclaffe, comme toujours. Cette histoire de bac foiré est devenue un sujet de plaisanterie. Une fois sa colère passée, il a tourné l'affaire en dérision, inventant des blagues qui commençaient toujours par « Ma fille est tellement cruche... » ou bien « C'est l'histoire d'un Anglais, d'un Écossais et de ma fille… » Quand circulait une nouvelle blague sur les Irlandais, les belles-mères ou les blondes, vous pouviez être sûr que Julie y occupait une place de choix. L'humour paternel lui a toujours paru étrange. Une minute, il est l'incarnation même du type politiquement correct, le supporter de l'action syndicale, la voix du peuple. L'instant d'après, il balance des blagues à deux balles qui sont censées être d'autant plus drôles que c'est lui, le mec droit dans ses bottes, qui les raconte.

— Bon, à plus, dit Julie en se dirigeant vers la porte.

— Je croyais que tu aimais bien travailler chez The Edge, dit son père. Tu dis toujours : « J'aime bien être serveuse, c'est un métier facile. » Alors, pourquoi pas cadre de direction ? Pas assez *facile* pour toi ?

— Moi, au moins, je ne saute pas mes élèves, marmonne Julie dans sa barbe en quittant la maison.

20

Luke est en train de faire des pompes quand Julie entre dans sa chambre.

— Tu es venue de bonne heure, dit-il en relevant la tête.

Julie lui explique que le resto a été inondé.

— Tu crois qu'on va être inondés, nous aussi ? demande-t-il.

— Ça m'étonnerait. Nous sommes dans une zone non inondable. Pourquoi ?

Luke rit.

— Parce que, sinon, je serais dans la merde.

— Nan. Tu es à l'étage. Si le niveau de l'eau montait jusque-là, on serait tous dans la merde.

Julie se laisse tomber sur le lit, l'air contrarié.

— Qu'est-ce qui ne va pas ?

— Comment ça ?

Luke se relève et s'approche de l'ordi pour vérifier ses mails.

— Je sais pas... T'as l'air toute drôle.

— Mon père me tape sur les nerfs...

Luke sourit.

— Pas vraiment nouveau.

— Et puis, ils m'ont fait passer un test débile au boulot et, maintenant, ils veulent que je devienne cadre. Ça me gonfle tellement que je n'ai vraiment pas envie d'en parler. Mais, va savoir ce qui m'a pris, je l'ai dit à Dawn, et elle l'a dit à mon père. Maintenant, ils n'arrêtent pas de me seriner que c'est une *carrière* qui s'offre à moi, alors que ça ne m'intéresse absolument pas. J'aurais préféré que ça n'arrive jamais. Je ne suis même pas sûre de pouvoir continuer à travailler comme serveuse chez The Edge, maintenant.

— Pourquoi pas ?

— J'en sais rien. Parce que je suis dans le collimateur. Je voudrais pouvoir faire mon boulot sans que personne ne se mêle de me faire grimper les échelons.

— Peut-être que tu es tout simplement excellente dans tout ce que tu fais.

— Va donc expliquer ça à mon père. Il continue de penser que je suis la plus grosse ratée de l'univers.

— Il est con.

— Oui, je sais, dit Julie en riant. Mon père est un con.

Que se passerait-il si aujourd'hui se jouait le dernier épisode de la dernière saison d'une série télé ? se demande Luke après que Julie est partie pour aller à la pendaison de crémaillère de Chantel. Puis il réalise que ça ne peut pas être le dernier épisode : il y a trop de trucs en suspens. C'est plutôt un épisode avant l'avant-dernier épisode. Le coup dur qui remet tout en question. Notez qu'il n'y a jamais eu à proprement parler de coup dur, tout au moins rien de dramatique. Sauf pour Julie, qui considère qu'une proposition de travail est un coup dur. (Luke comprend pourquoi, même si ce n'est pas aussi simple que dans les livres.) La vie de Luke n'est qu'un perpétuel coup dur, et il ne voit pas comment ça pourrait aller plus mal. Leanne va très probablement le larguer, mais c'est ce qu'il voulait ; donc, ce n'est pas vraiment un coup dur. À part que le sexe va lui manquer. Quand on réussit un test, c'est un coup dur, mais pas quand on se fait larguer. La vie de Luke a besoin d'un coup de pouce narratif : elle n'est pas assez scénaristique.

Mais si la vie de Luke n'est pas une série télé, qu'est-ce que c'est ?

L'une des rares fois où Julie et lui se sont pris la tête, c'était à propos d'un truc qui s'était passé chez The Edge il y a un an ou deux. Quand elle le lui avait raconté, il avait dit quelque chose comme : « C'est tout ? Il ne s'est rien passé d'autre ? » Il n'avait pas dit ça pour la blesser, mais elle s'était mise à pleurer d'une drôle de façon, qui mêlait à la fois colère et tristesse.

— La vraie vie, ce n'est pas ce que tu crois, lui avait-elle dit.

— C'est-à-dire ?

— Ça ne se passe pas comme à la télé.

— Je ne crois pas que... En fait, je ne sais rien de la vraie vie, tout au moins celle qui se déroule à l'extérieur de cette chambre. Je sais que la télé, ce n'est pas vrai, mais c'est tout. Toi et moi ici, c'est la seule réalité que je connaisse. Et je ne crois pas que nous soyons comme à la télé.

— Ce n'est pas le contenu..., c'est la structure, lui avait dit Julie. Les scénarios ont un début, un milieu et une fin. Comment ça s'appelle déjà ? Une structure en trois actes, je crois. Tout ce que tu vois à la télé fonctionne comme ça, selon un schéma A, B, C.

— Tout arrive pour une raison, dit Luke.

Julie le regarda sans comprendre.

— Quoi ?

— À la télé, tout arrive pour une raison. C'est pour ça qu'il est si facile de prédire ce qui va se passer. Tu sais, comme dans les séries dramatiques : si deux personnages qui ne jouent normalement pas dans les mêmes scènes se retrouvent soudain ensemble, on sait qu'ils vont avoir une liaison ou que celui-là est le fils caché de l'autre, etc.

— Oui, exactement. Mais, dans la vraie vie, rien peut vouloir dire tout et n'importe quoi. Tout peut arriver, car il n'y a pas de structure.

Luke soupire.

— Je sais ça. Mais...

— Je ne suis pas dans la vraie vie, n'est-ce pas ? J'aimerais bien, mais je ne peux pas. Je suis piégé dans ce monde merdique de téléréalité et des séries télé. Julie, je suis désolé, si je t'ai blessée tout à l'heure, au sujet de cette histoire que tu m'as racontée...

— Ce n'est pas une histoire. C'est précisément ça, le problème. Ce n'était qu'un événement.

— Je sais. Mais je...

— Tous les événements ne sont pas des histoires.

Luke réfléchit pendant un moment.

— Oui, mais les gens transforment les événements en histoires. Les histoires donnent du sens aux événements, en tout cas pour moi. Je comprends mieux quand c'est une histoire *bien* construite, avec un ordre d'apparition des personnages, un fil conducteur et une chute. Comme pour *Big Brother*. Tu te souviens que je n'arrivais pas à suivre quand ils étaient filmés vingt-quatre heures sur vingt-quatre par une webcam ? Je ne pouvais suivre que le rappel des événements, dans l'émission télé. Parce qu'elle était découpée comme une histoire. Parfois, je me dis que, même si je pouvais sortir d'ici, je serais complètement largué, comme quelqu'un qui, parce qu'il sait comment s'asseoir sur un banc dans un parc, s'imagine qu'il serait capable de crapahuter dans la jungle. Peut-être que je ne peux comprendre que les histoires et les personnages de séries, et non pas les gens réels, et que je ferais mieux de rester ici devant ma télé.

— Non, Luke. Tu vas sortir d'ici un jour.

— Tu veux dire que mon histoire va trouver son dénouement ? Vraiment ?

— Ce qui se passe à l'extérieur ressemble plus à la télé que tu ne le crois, dit Julie. Les gens parlent et s'habillent comme à la télé, ils se teignent les cheveux comme à la télé et se racontent des histoires. Tous les gens de notre âge parlent comme dans *Friends*. Ils disent des trucs sans queue ni tête, comme s'ils étaient en train de jouer dans une sitcom. Ils le font pour dissimuler le fait qu'ils vivent des vies de merde. Et tu n'es pas le seul à passer ta vie devant la télé, tu sais.

— Je ne vais pas être dépaysé, dit Luke en souriant tristement.

— Écoute, c'est moi qui ne tourne pas rond, dit Julie. Je ne suis pas capable de transformer des événements en histoires – enfin, si, je le peux, mais je n'aime pas ça. C'est pour cela que je me suis énervée, parce que je croyais que c'était ce que tu attendais de moi. En fait, je préfère les moments creux. Tu sais, quand des choses se passent qui n'ont *aucun* sens. Au lycée, la prof de lettres disait que les contes de fées, les légendes et même la Bible étaient une façon de transformer en histoires les règles morales, les conseils et les réflexions sur le monde, pour que le message passe mieux, pour qu'il soit plus digeste, plus attrayant et plus fort. Et ça, j'en suis intimement convaincue. Simplement, je n'ai pas envie que la vie me soit servie sous forme d'historiettes, comme ces horribles plats tout faits que Dawn et papa mangent le soir.

— Hep là ! dit Luke. Tu manges bien des nouilles instantanées. Quelle est la différence entre ça et des barquettes surgelées ?

— Les nouilles instantanées ne prétendent pas être de la vraie nourriture, dit Julie. Elles sont comme elles sont.

Luke ne sait pas ce qu'il ne sait pas, mais il sait qu'il ne le sait pas. Il se sent normal parce que, pour lui, il l'est. Mais il part du principe que rien de ce qu'il fait n'est normal, que les gens du dehors sont différents par définition, qu'ils ne s'imaginent pas qu'ils sont dans une pub télé chaque fois qu'ils se brossent les dents ou qu'ils sont les invités-vedettes d'une émission de culturisme chaque fois qu'ils font des pompes ou qu'un jour quelqu'un va faire un film de leur vie et qu'elle sera exactement comme ça. La vie de Luke, c'est la télé.

Savoir que sa vie d'une certaine façon ressemble à une fiction le rassure, en fin de compte. Parce que, si sa vie est une histoire, cela veut dire que sa maladie est curable ; sinon, cela n'aurait aucun sens.

Dans les histoires, les problèmes n'existent que pour être résolus, de sorte que l'histoire d'un garçon qui est allergique à la lumière du soleil et qui ne peut pas guérir n'aurait aucun intérêt.

21

— Mais qu'est-ce qu'elle vient faire ici ? glisse Leanne à l'oreille de Julie.

La pendaison de crémaillère ne se passe pas aussi bien que prévu. Une des filles qui faisaient le service s'est tordu la cheville et rétamée avec son plateau couvert d'amuse-bouches. Il a fallu l'emmener aux urgences, et la mère de Chantel a dû la remplacer. Le DJ engagé par Leanne leur a fait faux bond, et maintenant voilà que Charlotte débarque dans une jupe longue en dentelle avec un cache-cœur, un blouson en simili serpent et une vieille paire de baskets en toile. Leanne a l'air catastrophée.

Tous les convives sont rassemblés dans le nouveau salon, redécoré par la mère de Chantel et l'homme en costard turquoise qu'on a vu traîner dans Windy Close toute la semaine dernière.

Jadis, dans le séjour, il n'y avait qu'un canapé et deux fauteuils, une cheminée, une stéréo et une télé. Désormais, le sol est recouvert de dalles de cuir ; il y a une pièce d'eau, un coin repas de forme incurvée également en cuir, des étagères suspendues couvertes de bibelots en verre et des plantes dans des pots en verre coloré.

— Salut, Julie, dit Charlotte en s'approchant.

— Yo, dit Julie.

Leanne soupire bruyamment.

— Salut, Leanne, dit Charlotte.

— Comment est-elle au courant pour la soirée ? siffle Leanne entre ses dents.

— Julie m'a invitée, dit Charlotte.

À l'autre bout de la pièce, un grand type est en train d'installer une machine à karaoké. En attendant, quelqu'un a mis *Les plus grands hits de 97* dans le mégalecteur de CD, et une poignée de gamines en robes à paillettes et pendants d'oreilles flashy se trémoussent sur *Wannabe* des Spice Girls, selon une choré qu'elles ont dû répéter pendant des heures.

— C'est qui ? demande Charlotte.

— Des cousines de Dagenham, je crois, dit Julie.

— Tu as intérêt à te tenir à carreau, menace Leanne en s'adressant à Charlotte.

— Laquelle est la mère de Chantel ? demande Charlotte.

Julie regarde autour d'elle.

— Je ne suis pas sûre. En fait, je ne sais pas à quoi elle ressemble.

— C'est elle, dit Leanne en pointant vers une femme blonde, très mince, avec une robe noire. Mais ne va pas...

Charlotte tourne les talons et se dirige vers la mère de Chantel, qui tient une assiette pleine de bouchées à la vapeur.

— Bon Dieu, peste Leanne. Elle va tout fiche en l'air.

Julie sourit.

— Mais non. Elle cherche juste à te taquiner.

— J'espère.

Comme Julie l'a prédit, Charlotte n'adresse pas même la parole à la mère de Chantel. Elle prend un dim sum à la crevette sur le plat en argent et sort directement du salon.

— Tu vois ? Elle s'amuse juste à te mettre les nerfs en pelote.

Leanne prend une gorgée de vin blanc.

— Et comment va Luke ?

— Bien. Enfin, comme d'habitude, quoi.

— Il était déçu de ne pas pouvoir venir à la soirée ?

— Non. Il a l'habitude.

— J'imagine. Tiens, voilà David.

Elle lui fait signe.

— Salut, beau gosse.

David s'approche.

— Où est Chantel ? demande-t-il.

— J'sais pas, dit Leanne. Elle doit être encore en train de se préparer.

— Comment ça va ? demande Julie à David.

Il la foudroie du regard, l'air de dire « Ferme-la ».

— Bien. Et toi ?

— Ah ! Tu vois ! J'étais sûre que vous fricotiez quelque chose, tous les deux ! s'écrie Leanne.

— Leanne ! proteste Julie.

— N'importe quoi, dit David.

— Vous en pincez l'un pour l'autre, non ? dit Leanne.

— Non, dit Julie avant de s'éloigner.

La cuisine, comme tout le reste de la maison, est méconnaissable. Il y a très longtemps, Julie venait ici pour préparer des pancakes Findus avec Charlotte. Elle se faisait toute petite pendant que Charlotte, au contraire, s'étalait et fichait la pagaille, en général exprès pour faire enrager la mère de Mark. Quand Charlotte et Mark habitaient ici, ils payaient un loyer à la mère de Mark, sous forme d'argent liquide, mais surtout de travaux ménagers. Ils devaient préparer eux-mêmes leurs repas, car le couvert n'était pas inclus dans le loyer. Ils disposaient d'une demi-étagère dans le frigo, d'un coin du congélateur, ainsi que de la moitié d'un placard mural pour ranger leurs propres assiettes, tasses et verres.

Ils faisaient eux-mêmes leurs courses, même si Mark était parfois autorisé à ajouter quelques emplettes sur la liste de sa mère. Charlotte, jamais. Si Charlotte était sortie ou au travail, la mère de Mark cuisinait pour son fils un de ses « plats favoris » à base de petits pois nageant dans la sauce, comme s'il venait de revenir à la maison après un long voyage dans la jungle. À cette époque, Charlotte ne mangeait que des plats « micro-ondables » et des pancakes Findus.

Même Julie mangeait des pancakes Findus. Une fois qu'ils étaient prêts, Charlotte et elle les emportaient dans le jardin et s'asseyaient dans l'herbe au bord du bassin. Elles les coupaient en deux et les mangeaient en ouvrant grand la bouche pour rattraper les fils de fromage fondu. Charlotte, comme toujours, était beaucoup plus relaxe que Julie, qui avait peur des guêpes et aurait préféré rester à l'intérieur. Mais c'étaient des bons moments malgré tout, songe-t-elle avec nostalgie. Le passé est toujours plus amusant que le présent pour Julie, car elle est certaine qu'elle survivra toujours dans le passé.

À l'époque, la cuisine était carrelée de dalles de lino vert et dominée par un équipement électroménager plus fonctionnel qu'esthétique : frigo, bouilloire, micro-ondes, friteuse électrique et grille-pain semblaient tous avoir été moulés dans le même plastique bon marché. Ils ont été remplacés par des appareils dernier cri en version chromée. Le frigo a l'air d'une navette spatiale ou d'une ogive nucléaire. Les plans de travail sont en marbre, et le comptoir à petit-déjeuner, servant autrefois à entreposer des pots de fleurs qui voisinaient avec le courrier et les vieux *Daily Mail*, est désormais revêtu d'une élégante mosaïque de tout petits carreaux blancs et argentés.

La mère de Chantel est en train de fouiller dans le réfrigérateur, et un des garçons qui font le service vient de sortir de la cuisine avec un plateau couvert de cocktails. Julie a soudain l'impression que cette cuisine est interdite au public. Ce n'est pas le genre d'endroit où les invités peuvent venir chiper une bière dans le frigo, s'attarder pour parler de drogue et de sexe et dégoiser sur la soirée qu'ils trouvent tellement nulle qu'ils sont obligés de venir se réfugier à la cuisine pour ne pas avoir à subir la musique horrible. Julie sent que la tête commence à lui tourner. Il pleut des cordes.

— Tu te sens bien, ma poulette ? lui demande la mère de Chantel. Tu es perdue ?

— Oh ! désolée... Non, je cherchais, je..., ce n'est pas grave.

La mère de Chantel referme le frigo et s'approche de Julie.

— Tu es sûre que ça va ?

Julie s'agrippe des deux mains au comptoir. Ses doigts laissent des traces sur les petits carreaux, mais quelle importance étant donné qu'elle est en train de mourir. Elle a l'impression que sa tête a doublé de volume. Oh non ! Elle ne sent plus ses mains, ni ses bras ni son cou.

Elle essaie de sourire en faisant mine que tout va bien.

Je ne suis pas en train de mourir. Je peux sourire. Si j'arrive à sauver les apparences, c'est que tout va bien.

— Tu devrais t'asseoir, ma jolie. Viens à la table.

Mais elle pense que je ne vais pas bien. Je dois avoir une sale gueule. Est-ce une hémorragie cérébrale ? Quelle sera ma dernière pensée ?

— Allons, viens.

Je veux ma mère. Je veux ma mère.

— Tu veux un verre d'eau ?

Julie secoue la tête. Elle s'assied à la table et se prend la tête dans les mains en fermant les yeux. Ça continue de tourner et, dans la pièce voisine, la musique résonne comme à travers un tunnel, comme si elle était déformée. Sans relever la tête, elle passe ses doigts moites dans ses cheveux.

— Je vais te préparer une bonne tasse de thé.

La sensation de mort imminente est en train de passer, mais Julie continue de trembler. Maintenant qu'elle sait qu'elle n'est pas en train de mourir, elle réalise qu'elle tremble de tous ses membres et se sent stupide. *Je ne vais pas mourir*, pense-t-elle. Puis : *Touche du bois*. Elle touche le petit lion en bois suspendu à un porte-clés qu'elle possède depuis l'âge de dix ans ou même plus. Elle l'avait déjà quand ses parents sont venus s'installer à Windy Close. Il ne ressemble même plus à un lion tellement elle l'a tripoté.

Julie ne croit pas au destin, mais elle a commencé à toucher du bois depuis longtemps. Et ça a toujours marché, ce qui constitue presque une preuve scientifique. Cependant, Julie est une sceptique depuis qu'elle a lu *La dinde inductiviste*, de Bertrand Russell. Ce n'est pas parce qu'on observe le même phénomène pendant un certain temps qu'il va se reproduire éternellement. La dinde qui était nourrie chaque matin à neuf heures pensait qu'il en serait toujours ainsi. Et ce fut le cas jusqu'au réveillon. N'empêche que Julie continue de toucher du bois parce que ça lui fait du bien et parce que ça l'aide à oublier l'impression qu'elle est en train de mourir. Dans ce sens-là, ça marche.

La mère de Chantel pose une tasse de thé et un bol de sucre devant elle.

— Au fait, moi, c'est Nicky.

— Merci, dit Julie en mettant deux morceaux de sucre dans sa tasse.

— Ça doit vous sembler drôle. La maison doit vous paraître très différente... J'ai appris que vous aviez dû la quitter dans des circonstances difficiles..., enfin, Chantel n'est pas censée savoir, mais moi je sais ce qui s'est passé ici. Ma pauvre petite.

— Oh mon Dieu...

Julie vient de réaliser que Nicky la prend pour Charlotte et croit qu'elle est dans tous ses états – et pour cause. Mais Julie n'est pas Charlotte, et elle n'a aucune raison d'être chamboulée.

— Je..., je suis désolée, mais... je ne suis pas...

Nicky fronce les sourcils.

— C'est bien toi qui vivais ici avec ton petit ami ?...

— Non. C'est Charlotte. Moi, j'habite au 18, un peu plus bas dans la rue. Je m'appelle Julie.

— Oh ?...

— Je suis navrée. J'ai eu un petit malaise. En fait, j'étais à la recherche de Charlotte. Nous sommes amies. J'ai eu une sorte de...

— Tu n'as pas pris de... ?

— … de drogue ? Mais non !

— C'est une crise de panique alors ?

Julie baisse les yeux.

— Peut-être.

— À moins que ce ne soit une carence en fer, dit Nicky. Tu as l'air pâlotte.

— Une carence en fer peut vous faire tourner la tête ?

— Oh ! mais oui. Tu devrais faire un bilan sanguin.

— Je le ferai.

— À moins que... Tu serais pas enceinte, des fois ?

— Je ne crois pas, dit Julie en sirotant son thé. Non. Sûrement pas.

Nicky hausse un sourcil.

— *Sûre, sûre* ?

— Oui, absolument sûre.

Julie sourit.

— Ou alors par l'opération du Saint-Esprit.

Nicky rit.

— Peut-être que, ce qu'il te faudrait, alors, c'est t'envoyer en l'air, ma jolie.

Elle a un rire graillonneux, comme si elle venait de fumer cent cigarettes l'une sur l'autre.

Julie rit à son tour.

— Oui, c'est ce que Leanne me dit toujours.

— Pauvre chou. Elle s'imagine que le sexe et le vernis à ongles sont la réponse à tout.

— Oui, je sais.

— Elle t'a parlé de nous ? Nous n'étions pas riches du tout avant, tu sais. On habitait dans un pavillon en parpaings qui ne valait guère mieux qu'un taudis avant de venir ici. Un jour, Leanne est venue nous rendre visite – elle n'est venue qu'une fois ; personne ne venait jamais plus d'une fois –, elle a jeté un coup d'œil à l'intérieur, vu nos tapis dégueulasses et la chèvre qu'on gardait à l'intérieur, et elle a filé direct chercher son nécessaire à manucure dans sa voiture. « Ça va vous remonter le moral », elle a dit. C'est Leanne tout craché. Elle ne se confie jamais à personne et ne fait jamais rien qui puisse la mettre mal à l'aise. Elle ne fait jamais la vaisselle ou le repassage, mais elle te fait une manucure alors que tu as le moral à plat et que tu te fiches de tes mains comme de ta première chemise. Mais ça m'a fait du bien tout de même. Quoi ? Qu'est-ce que j'ai dit ?

Julie sourit. Elle aime bien Nicky.

— Une chèvre à l'intérieur de la maison ?

— Billie. Oui, elle n'aimait pas le froid. Elle appartenait à Rob, mon ex. Rob vivait dans une caravane, explique-t-elle. Ils avaient tous des chèvres. Billie adorait les mégots de cigarette. Elle les mangeait, même ceux qui n'étaient pas éteints. Elle mangeait les rideaux aussi – ce qui n'était pas plus mal, vu qu'ils étaient pourris – et tout le linge qu'on mettait à sécher dehors. En fait, même quand il faisait chaud, il valait mieux la garder à l'intérieur pour l'empêcher de manger le linge propre. Les jours de lessive, la chèvre restait enfermée. Les jours sans, elle pouvait sortir. Il faut bien s'organiser dans ce genre de situations.

Nicky prend une gorgée de thé.

— Elle me manque, cette fichue chèvre.

— C'est vraiment une jolie maison, commente Julie.

Nicky jette un regard autour d'elle, comme si elle voyait la maison pour la première fois.

— Ah oui ? Elle te plaît ? Je finirai bien par m'y habituer un jour.

— Pourquoi ? Elle ne vous plaît pas ?

— Si, si, bien sûr. Simplement, je me sens un peu dépassée par les événements. C'est presque trop beau. Je veux dire... Quand Chan a gagné au loto, j'ai pensé : *On va pouvoir se payer des nouveaux rideaux !* Mais je ne m'attendais pas à ça. Maintenant, il va falloir que je m'habitue à vivre près de chez ma sœur. Ce qui ne va pas être facile. Michelle et moi, on ne s'entend pas comme cul et chemise.

Dans le salon, le karaoké a commencé. Nicky avale un comprimé avec une gorgée de thé tandis que quelqu'un chante les dernières paroles d'*Angels*, de Robbie Williams. Il y a quelques applaudissements, puis suivent les premières mesures d'une autre chanson. Oh non : c'est *Smells Like Teen Spirit*. Ce qui veut dire..., évidemment.

Julie entend la voix grave, rauque et désespérée de Charlotte, tandis que des gens lui crient de se taire.

On est bien, à la cuisine. Le grand poêle en fonte émaillée rouge est chaud, et le chat légèrement mouillé qui vient du dehors s'y est installé. Il y a de petits spots lumineux au-dessus du plan de travail. On se croirait à Noël. Julie réalise qu'elle est en train de faire perdre son temps à Nicky (qui a poliment engagé la conversation parce qu'elle l'a prise pour Charlotte) et qu'elle devrait retourner dans le salon avec les autres et laisser Nicky à ses obligations de maîtresse de maison.

Julie se lève et va mettre sa tasse dans l'évier. Nicky se lève à son tour.

— Merci pour le thé, lui dit Julie.

— Tu te sens mieux ?

— Oui, merci.

— Parfait. Tu vas pouvoir m'aider à mettre tout ça sous film étirable, dit Nicky en montrant des plats de service où subsistent quelques canapés. Ça fera le dîner de demain. Ensuite, j'aimerais te montrer quelque chose à l'étage.

La chambre à coucher est cosy et bien propre. Ça donne à Julie l'envie de bâiller. Elle s'assied sur le bord du lit pêche, et la courtepointe en coton est si fraîche qu'elle voudrait y enfouir sa tête et en respirer le parfum pour toujours.

— Tiens, regarde, dit Nicky en tendant une photo à Julie. C'est moi.

Julie ne sait que dire.

— Ouah !

La fille sur la photo a l'air d'un monstre gélatineux prêt à dévorer une bourgade entière du Midwest dans un nanar des années 1950. Elle a l'air à peine humain et ne ressemble vraiment pas à Nicky.

Nicky a l'air fière.

— Tu sais quel âge j'avais, à l'époque ?

Julie secoue la tête.

— Non, quel âge ?

— Quinze ans. Deux ans avant la naissance de Chantel.

— Nan ? Vous faites deux fois plus vieille. C'est incroyable.

Julie n'a compris que récemment comment fonctionnait l'étiquette en matière de photo avant-après régime. On a le droit de dire que la personne a l'air d'un hippopotame si la photo remonte à plusieurs années et que la perte de poids est tellement spectaculaire qu'il est impossible qu'elle reprenne les kilos perdus.

— C'est fou, non ? C'est à ça que je ressemblais.

— Ouah !

— Garde-la, dit Nicky.

— Vous voulez que je la garde ? Merci, mais... *pourquoi* ?

Jamais personne n'a demandé à Julie de garder une de ses photos de régime.

Nicky rit.

— Je t'aime bien. Écoute, je te la donne pour que tu te souviennes de ce que je vais te dire maintenant. Voilà ce que j'ai fait : je suis passée de ça à ça, et ça n'a pas été facile, mais j'ai réussi. Et je ne suis pas particulièrement Miss Bonne Volonté. Je bois. Je fume. Je suis sortie avec un pauvre type qui m'a traitée comme de la merde pendant six ans. Je suis loin d'être parfaite, mais j'ai résolu mon plus grand problème dans la vie, parce que je l'ai décidé. Et tu peux le faire aussi.

— Comment savez-vous que..., que je... ?

— Tu as failli tomber dans les pommes à la cuisine, tu te souviens ? Et tu n'es pas malade, n'est-ce pas ?

— Non. Enfin, je ne crois pas, dit Julie. Non, je ne suis pas malade.

— Tu t'en trimballes une sacrée couche, comme moi avant.

Julie regarde ses bras et ses jambes minuscules.

— Merci, dit-elle en riant.

— Non, je ne veux pas dire une couche de graisse, mais une couche de problèmes psychologiques. Tout est là-dedans, dit Nicky en se tapotant le crâne. Alors, tu prends cette photo avec toi pour te rappeler que tu es bourrée d'anxiété. Et tu verras que tu vas réussir à t'en débarrasser, comme moi.

Être normale. Être mince, normale, et séduisante et sans bagages... Pour quoi faire ? Être normale pour pouvoir aller au pub et vivre des expériences normales pour que des abrutis puissent vous sauter et se servir de vous parce que vous êtes jolie et normale et que tout ce qu'ils veulent, c'est vous fiche en l'air ? Nicky a l'air d'une poupée Barbie qu'on aurait passée au barbecue ou au four, légèrement ratatinée et brûlée par quelqu'un qui la haïssait, qui voulait lui faire du mal et faire fondre sa jolie peau de plastique…

Mais Nicky est quelqu'un de bien, et ce qu'elle dit n'est pas idiot ; c'est peut-être même la chose la plus sensée que Julie ait entendue cette année. Mais Nicky aurait été tout aussi gentille si elle avait été grosse.

— Comment tu as fait pour perdre tout ça ? demande Julie.

— Slim-Fast, dit Nicky. Milkshakes protéinés.

— Dommage qu'il n'y en ait pas pour combattre la peur, dit Julie.

Nicky rit.

— Je t'aime bien, répète-t-elle. Tu es marrante. Et maintenant, on va chercher Chantel. Ça fait des heures que je ne l'ai pas vue.

22

Chantel est chez Luke. Elle y a passé toute la soirée.

— Tu veux dire que tu ne vas pas aller du tout à ta pendaison de crémaillère ? lui demande-t-il.

Il est presque dix heures, mais Chantel n'a pas l'air décidée à s'en aller. Elle a ôté ses baskets et s'est lovée sur le lit. Luke, assis dans son fauteuil, se demande si elle va essayer de lui sauter dessus. Il ne sait jamais à quoi s'attendre de la part des femmes. Il n'a aucun mal à deviner ce qui se passe dans la tête des personnages de séries, mais il en va tout autrement avec les gens du monde réel. Il a déjà eu quatre partenaires sexuelles. La première, inévitablement, était sa préceptrice, Violette, une trentenaire douce et sexy. Après lui avoir appris à lire, écrire et compter, elle a eu pitié de lui, en quelque sorte, et lui a appris à faire l'amour. Il avait seize ans.

Après cela, Luke s'est lancé dans une relation à distance par Internet. Il avait plusieurs correspondantes à l'époque, mais toutes s'étaient retrouvées évincées par Chloé. Leur relation s'était terminée dès la première fois où elle était venue lui rendre visite. Après qu'ils eurent fait l'amour, Chloé s'était refermée sur elle-même. Elle était partie sans dire un mot et n'avait plus jamais répondu aux lettres de Luke. Il aurait bien aimé qu'elle lui dise pourquoi, s'il avait fait quelque chose de mal, mais elle n'avait jamais donné suite.

Une année, environ, après Chloé, Luke avait fait la connaissance de Paula sur Internet. Femme mûre qui avait repris les études à la fac de Plaistow, Paula avait trois enfants, une mère malade et un emploi du temps chargé. Elle disait pour plaisanter que Luke était l'amant idéal : « Pas exigeant, localisable à toute heure, jamais au pub. » Mais ce n'était pas quelqu'un de facile. Certains jours, elle débarquait en jupe et talons aiguilles et voulait s'amuser, faire l'amour et parler de ses rêves d'avenir. D'autres jours, elle était renfrognée et ne voulait parler de rien d'autre que de ses gamins qui l'épuisaient, disait-elle. Luke ne savait jamais à quoi s'attendre, car, même quand elle portait une jupe, il lui arrivait de fondre en larmes. Pour lui, Paula était une énigme.

Ils se voyaient fréquemment au cours des quelques mois où ils étaient sortis ensemble, jusqu'au jour où elle en avait eu assez. Leur relation lui pesait, disait-elle. Luke, pour qui la vie s'apparentait à un téléfilm, manquait du recul nécessaire pour comprendre le réalisme brutal de son monde à elle. Et puis elle ne supportait pas la mère de Luke, qui la priait de prendre un bain avant chaque visite. Qui aurait pu tolérer ça ?

Après, il y a eu Leanne. C'est la fille avec laquelle Luke a eu la relation la plus normale, en ce sens qu'ils se voient fréquemment, qu'ils ne font rien d'extravagant au lit et que Leanne ne passe pas son temps à pleurer. Mais leur relation est profondément entachée par le fait qu'il ne l'aime pas vraiment et qu'elle et lui n'ont rien en commun.

Chantel fronce le nez.

— J'irai peut-être. Plus tard.

Elle a des taches de rousseur sur le nez et une voix rauque et éraillée.

— Mais, et ta cousine ? demande Luke.

— Leanne ? Elle n'a pas besoin de moi pour s'éclater.

Chantel a l'air soudain mal à l'aise. Elle se redresse et dit :

— Tu préfères que je m'en aille ?

— Que tu t'en ailles ?

Luke regarde l'écran de télé. Il n'entend pas ce qui se dit et se sent perdu, jusqu'au moment où il se souvient qu'il a coupé le son. Chantel a apporté des bières, et il en a bu une demie pour voir, sur un coup de tête. C'est la première fois qu'il boit de l'alcool.

— Pourquoi voudrais-je que tu t'en ailles ?

— Tu n'arrêtes pas de me parler de ma soirée.

— C'est parce que je ne comprends pas pourquoi tu préfères rester enfermée dans cette piaule plutôt que d'aller faire la fête avec les autres.

Chantel hausse les épaules.

— Parce que tu es plus intéressant qu'eux.

— Comment ça ? s'étonne Luke. Je n'ai jamais rien fait d'autre dans ma vie à part rester ici à lire des livres et regarder la télé.

Luke pense à tous les gens qui ont défilé ici pour voir à quoi ressemble cette bête curieuse – *TV BOY !* – exactement comme on observe un poisson dans un aquarium ou un insecte pris au piège dans un bocal. Il a l'impression d'être une bête de foire, pas spécialement à cause de Chantel (qui a l'air plutôt sympa), mais à cause de tous les inconnus qu'il a reçus ici au fil des ans et devant qui il s'est senti obligé de faire des traits d'esprit tout en expliquant en détail comment il mourrait s'il entrait en contact avec la lumière du soleil, à quelle vitesse sa peau se racornirait et deviendrait rouge ou noire. Ces crétins ne se posaient jamais la question de savoir si Luke en avait assez de toutes ces conneries, car, pour eux, c'était toujours la première fois.

Chantel incline la tête de côté.

— Alors, comme ça, tu es vraiment chiant ?

Luke éclate de rire.

— L'espace d'un instant, j'ai eu l'impression d'être un monstre, mais c'est une longue histoire. Mais oui, dans l'ensemble, je suis plutôt barbant.

— C'est quoi, ta couleur préférée ? demande-t-elle subitement.

— L'orange.

— Tu vois que tu n'es pas barbant. Jamais quelqu'un de chiant ne choisirait l'orange.

— Comment le sais-tu ?

— Je l'ai lu dans un magazine. De toute façon, la moitié des gens que je connais vivent comme toi ; la seule différence, c'est qu'ils vont bosser dans la journée. Je n'arrive pas à comprendre pourquoi tu penses que tu es un monstre. À moi, tu me sembles complètement normal. Et pas particulièrement chiant.

— Merci, Chantel.

— Appelle-moi Chan, s'il te plaît. Sinon, j'ai l'impression d'être une strip-teaseuse.

Luke ricane.

— OK.

Chantel fouille dans son sac.

— De toute façon, je suis mal à l'aise dans les soirées, surtout quand c'est moi qui reçois et que je suis obligée de parler à tout le monde. Je te parie que personne n'aura remarqué que je ne suis pas là. Quoi qu'il en soit, j'ai tenu à faire la connaissance de *tous* mes voisins.

— Je te demande pardon ?

— En fait, tu étais le seul que je n'avais pas encore rencontré. À part Julie.

— Elle va venir ici plus tard.

Chantel est en train de vider complètement son petit sac à dos : gel pailleté pour cheveux, brosse, sparadraps, lingettes déodorantes, un carnet recouvert de petits stickers en fourrure que Luke demande à toucher parce qu'il n'en a jamais vu avant (« Ouah, c'est trop *doux*. Comment font-ils ça ? »), une pochette Salt Rock, un trousseau de clés, un petit éléphant en peluche (« Regarde, il vibre ») et, enfin, un petit agenda et un carnet d'anniversaire, tous deux ornés de photos de nanas en train de surfer. Ce doit être ce qu'elle cherchait, car, une fois qu'elle les a trouvés, elle remet tout le reste de son fourbi dans son sac. Luke se demande si elle a tout sorti pour le lui montrer ou parce qu'il lui aurait été impossible sans cela de retrouver ses deux petits carnets dans un sac de cette taille.

— En fait, je suis content que tu sois venue, dit Luke.

— J'espère bien, surtout maintenant que je t'ai montré mon éléphant vibreur.

Luke rit.

— Les autres n'ont pas cessé de me parler de toi. Leanne est intarissable à ton sujet. Et j'étais impatient de voir à quoi tu ressemblais. Je suis très curieux.

— Leanne t'a parlé de moi ?

— Oui.

Chantel se renfrogne.

— Je vois. Ça veut dire qu'elle n'a plus honte de moi, alors.

— Que veux-tu dire ?

— C'est sans importance. Enfin, disons qu'avant j'étais très grosse et très pauvre. C'est quand, ton anniversaire ?

Luke le lui dit, et elle le note dans son carnet.

— Et ton adresse ? Oh ! mais ça, je le sais déjà. Ton numéro de téléphone ?

Luke le lui donne.

— Il faut que tu saches que je suis toujours sur Internet, explique-t-il. Si bien qu'il est impossible de me joindre par téléphone. Tu veux mon adresse mail ?

— Hum... Vas-y. Je n'ai encore jamais eu de boîte mail, remarque.

Chantel fronce les sourcils, l'air concentré, tandis qu'elle inscrit l'adresse dans son agenda.

— Eh bien, c'est quoi, ton histoire ?

— Quelle histoire ?

— Tout à l'heure, tu as dit que tu te sentais comme un monstre.

— Oui, soupire Luke. L'histoire, c'est qu'il y a des tas de gens qui viennent ici pour me voir, comme ils iraient voir une bestiole au zoo.

Parmi toutes les choses du dehors que Luke n'arrive pas à comprendre, et dont il se sent le plus proche, il y a les animaux des zoos.

— Je ne veux pas parler de toi – tu es ma nouvelle voisine –, mais il y a des gens qui viennent ici rien que pour me bombarder de questions sur ma vie.

— Il y a beaucoup de gens qui viennent ?

— Oui, pas mal. Un peu moins qu'avant, remarque. Mais, il y a quelques années, cette piaule grouillait de...

Luke a l'air de chercher un mot.

— On dit « shiteux », je crois, mais Julie et Charlotte ont une expression pour ça. Ah oui, ça me revient : « défonce-maninov ». Tu sais, tous ces gens qui entendent parler de moi au pub et qui débarquent ici ensuite pour fumer des pétards à la chaîne en regardant *Passe-moi le joint* – ce qui, soit dit en passant, me passe complètement par-dessus la tête –, puis se mettent à discuter du sens de la vie et de moi. C'était rigolo, un peu, au début, mais plus maintenant.

Chantel rit.

— Tu te défonçais avec eux ?

— Non, j'ai pas le droit. À cause des allergies.

— Alors, tu te retrouves piégé chez toi, avec un tas de shiteux qui t'obligent à regarder Cheech & Chong quand t'es pas défoncé ? Dur, dur. Je ne savais pas que les gens regardaient encore les aventures de Cheech & Chong. Je croyais que ces films étaient des antiquités de l'époque de ma mère.

— Malheureusement, si.

— Mon pauvre chou. Il t'arrive..., euh, excuse-moi si ma question te paraît bizarre, et ne te sens surtout pas obligé d'y répondre, mais, ça t'arrive de faire l'amour ? Je veux dire, en étant coincé ici ?

Luke regarde Chantel en se demandant si c'est une question sans arrière-pensée ou une question du style « J'ai envie de te sauter ». Elle a l'air candide.

— Oui, ça m'arrive. Ça n'a jamais été un vrai problème.

Elle ne lui saute pas dessus.

Luke a l'impression qu'elle voudrait lui poser d'autres questions, et, pour tout dire, ça ne le dérangerait pas. Il pourrait y répondre, puis lui en poser à son tour, sur les filles, pour essayer de comprendre en quoi il s'est planté par le passé et comment régler son problème avec Leanne. Mais maintenant qu'il a dit et redit qu'il en avait assez d'être pris pour une bête curieuse, Chantel n'ose probablement plus l'interroger sur sa vie. De toute façon, elle est passée à autre chose. Elle lui demande s'il veut bien lui montrer comment fonctionne Internet.

23

Leanne est en train de chercher un partenaire qui veuille chanter le duo de *Summer Nights*, de *Grease*, avec elle.

— Bon, moi je me casse, dit David.

— Et moi aussi, dit Charlotte. J'en ai plein le dos du karaoké. Julie ?

— Ouais. Je vais juste aller dire au revoir à Nicky. Et après, on va chez Luke ?

— C'est le mec qui est allergique au soleil ? demande David.

— Ouais.

David commence à se diriger vers la porte.

— Ça baigne, dit-il.

Quand Julie, Charlotte et David arrivent chez Luke, Chantel est y est toujours. Elle a l'air de respirer la santé (ce n'est pas un truc que Julie dirait de beaucoup de gens, mais Chantel semble rayonner de santé). Elle est bronzée et bien dans sa peau. Ses cheveux longs chocolat forment deux tresses qui lui arrivent aux épaules. Elle porte une jupe longue, un haut de skate à capuche, et il y a une paire de baskets bleues à rayures blanches qui traînent sur le plancher. Son haut est muni d'une petite poche kangourou dans laquelle Chantel a glissé sa main. Elle est assise, jambes pendantes, au bord du lit de Luke, et en train de boire une bière.

La télé de Luke est allumée, mais sans le son. L'émission *Eurotrash* est en train de passer (ou est-ce *Les folles nuits d'Ibiza* ?). Julie n'arrive pas à savoir. Toujours est-il qu'on voit une énorme paire de seins à l'écran.

— Je suppose que tu es Julie, dit Chantel.

Julie sourit.

— Et tu dois être Chantel

— Ouais, mais je préfère qu'on m'appelle Chan.

— J'aime bien ta jupe, lui dit Charlotte.

— C'est une Hooch. Elle est chouette, non ?

D'un seul coup, Julie se sent dans la peau de la fille qui surprend malgré elle une conversation entre les deux nanas les plus populaires du bahut. Elle ne sait même pas ce que c'est qu'une Hooch, mais elle suppose que ce doit être une collection de fringues pour surfeurs ou skateurs.

— Qu'est-ce que tu en penses, Julie ? demande Charlotte. Elle est chouette, non ?

— Euh, oui. Super.

David sert maladroitement la main de Luke.

— Ça roule, Raoul ?

— Je te présente David, dit Julie.

Luke semble sur le point de dire quelque chose, mais Julie lui fait signe que non.

— Salut, dit-il simplement.

David tourne en rond dans la chambre, à la recherche d'un endroit où s'asseoir. Charlotte s'assied dans le fauteuil, et Julie, sur la chaise de bureau. Pour finir, David s'assied par terre au pied du lit.

— Où est Leanne ? demande Chantel.

— Chez toi, en train de chanter *Summer Nights*, explique Julie.

— C'est pour ça qu'on s'est tirés, ajoute Charlotte.

— Et aussi, elle évite Luke, dit Julie en regardant son ami. Je crois que ta tactique a marché. Elle parle de te laisser tomber tout doucement. Ce doit être à cause des Pink Floyd.

Charlotte rit.

— Oh non ! Je n'arrive toujours pas à comprendre comment tu as pu sortir avec elle.

Elle commence à rouler une cigarette.

— Chan est une fan de surf, dit Luke en changeant rapidement de sujet.

— Luke a toujours rêvé de faire du surf, explique Julie à David.

— C'est quoi, ton spot ? demande-t-elle à Chantel.

— Mes potes vont surfer en Cornouailles, dit David.

— En fait, je n'ai jamais fait de surf, dit Chantel. J'aimerais bien, mais...

— Tu n'en as jamais fait ? s'étonne Charlotte. Comment sais-tu que tu es fan ?

— Parce que je le sais. Sans vouloir frimer, j'ai l'impression que je suis faite pour ça. Je n'ai jamais pu en faire parce que je n'avais pas les moyens, mais maintenant que je les ai, j'ai peur. C'est tellement un truc de mecs. En fait, j'ai juste besoin de quelqu'un qui vienne avec moi. Je sais que ça arrivera un jour. Je n'ai que dix-neuf ans.

— Ce n'est pas compliqué, le surf ? demande Charlotte.

Chantel hausse les épaules.

— Non, pas quand on est fait pour ça.

Elle sourit.

— De toute façon, j'ai lu tous les magazines de surf. Ça ne peut pas être bien difficile.

David rit.

— Saine attitude.

La musique s'arrête, et Julie se lève pour aller la changer.

— Et, donc, qu'est-ce que tu deviens ? demande Luke à Charlotte.

Elle allume sa clope roulée.

— Qu'est-ce que tu veux dire ?

— T'es devenue complètement bab ?

— N'importe quoi. Je suis pas bab du tout.

— Mais tu roules tes cigarettes.

— C'est vrai, dit Julie. Et elle fait du yoga.

— C'est cool, le yoga, arrêtez.

— Quel genre de yoga ? demande Chantel.

Charlotte rallume sa cigarette.

— Ayurvédique.

Chantel approuve d'un hochement de tête.

— Cool.

— Tu fais quoi ? dit David.

— Du yoga ayurvédique, dit Charlotte. C'est indien.

— Et ça marche comment ? demande Julie. C'est juste du yoga, ou plutôt une approche globale du corps et de l'esprit ?

Charlotte replie ses jambes et les ramène sous elle.

— C'est une approche complète.

— Ç'a un rapport avec les *doshas*, non ? demande Chantel.

— Oui. Chacun de nous est né avec une constitution particulière ; ça s'appelle une *dosha.* Il y en a trois : la *vata,* la *pitta* et la *kapha.* Chacune trouve son équilibre dans un certain régime alimentaire, et certaines formes de yoga s'avèrent plus bénéfiques que d'autres.

— Moi, je suis *pitta,* apparemment, dit Chantel. Bouillante comme l'huile et avec l'esprit de compétition.

— Et toi, tu es quoi ? demande Luke à Charlotte.

— *Vata.* Petite, froide et nerveuse. Pourquoi vous riez ?

— Comment sais-tu tout ça ? demande David à Chantel.

— Ma mère en a fait. Elle a fait tous ces trucs-là.

— Et elle continue ? demande Charlotte.

— Non. Ce n'était qu'une lubie.

— Mais toi, tu es vraiment à fond dedans ? demande Julie à Charlotte.

— Ouais, mais, bon, c'est pas non plus la mer à boire. Je ne suis peut-être qu'une fichue végétarienne pacifiste qui ne mange que du riz le midi et qui ne peut rien manger ou boire de froid, mais je ne me suis jamais sentie aussi bien.

— Rien que du riz ? dit Luke. Pourquoi ?

— Ma *vata* est déséquilibrée, explique Charlotte. Je dois manger chaud.

— Je déteste toutes ces conneries New Age, dit David.

— Il y a des New Age qui font de l'ayurvéda, précise Charlotte, mais moi, je ne suis pas New Age.

— Tu sais ce que je ne comprends pas chez les New Age ? dit Chantel.

— Quoi donc ? demande Charlotte.

— Ne le prends pas pour toi, Charlotte, parce que ce que tu fais a l'air cool et que l'ayurvéda, ça marche vraiment, mais tous ces gens, tous les adeptes du New Age, qui ont découvert comment vivre plus longtemps, comment guérir le cancer et tout ça, on se demande pourquoi ils ne sont pas plus heureux. Ils devraient rayonner de bonheur, avoir la banane et chanter et raconter des blagues en permanence, non ? Mais, moi, ils me donnent l'impression d'être constamment en dépression, avec leurs cheveux tout fins et cassants, et leur teint gris. Ils ne sourient jamais, ils ne rient jamais… Qui voudrait leur ressembler ? J'ai payé un stage avec un coach New Age à ma mère ; c'était un cauchemar. Elle avait mauvaise haleine, le cheveu mou et elle bouffait des trucs bizarres...

David rit.

— C'est tout à fait ça.

— Moi, je crois qu'ils sont malheureux parce qu'ils ont arrêté de fumer et de boire de l'alcool et du café, dit Charlotte. Je n'en suis pas là, Dieu merci.

Elle regarde Luke :

— Qu'est-ce que tu as tout d'un coup ?

Julie aussi a remarqué que Luke n'était pas comme d'habitude. Il est plus bavard, plus direct.

— Je lui ai donné de la bière, dit Chantel. Désolée.

— Tu as fait quoi ? s'écrie Julie pivotant brusquement sur la chaise dactylo pour le regarder. Luke, tout va bien ?

— Oui, dit-il.

— Tu n'es pas censé boire d'alcool ? demande David.

— Non, s'esclaffe Luke. Mais j'en suis pas mort, apparemment.

— Mince, dit Julie. Ça ne peut pas continuer comme ça.

Elle sent le feu lui monter aux joues, mais tant pis. Elle se fiche pas mal de ce que les gens peuvent penser d'elle. Luke a pris beaucoup trop de risques, ces derniers temps, et ce n'est pas raisonnable. Depuis qu'il s'est mis en tête de sortir, elle se sent constamment sous pression. Elle ne cesse de se répéter : *Est-ce que mon ami va mourir aujourd'hui ? Est-ce que mon ami va mourir aujourd'hui parce qu'il veut être libre ?*

— T'inquiète, Julie, dit Luke tout doucement en regardant ses mains. Tout va bien.

— Tu es vraiment allergique à tout un tas de trucs ? demande David.

— Oui, dit Luke sans relever les yeux. Depuis que je suis tout petit.

— Je ne savais pas que tu n'avais pas le droit à la bière, dit Chantel. Désolée. Heureusement que j'ai pas roulé un pétard, en plus.

Elle regarde Julie :

— Je suis vraiment désolée. Bon sang ! Il aurait pu faire une crise très grave ?

Julie hausse les épaules.

— On ne sait pas. L'alcool fait partie des choses qu'il n'a jamais essayées, parce qu'il est *probablement* allergique. Lorsqu'il était enfant, il souffrait d'une forme d'asthme très grave et d'une allergie aux arachides, entre autres ; donc, on en est venu à la conclusion qu'il serait intolérant à l'alcool en grandissant. Toutes ces choses sont généralement liées, un peu comme les facteurs déclenchant des migraines.

Julie se lève de sa chaise et s'approche de Luke. Telle une infirmière, elle lui tâte le front, puis le pouls. Elle a du mal à sentir son pouls, et son cœur à elle bat si vite que ses doigts sont tout moites quand elle touche son poignet, puis son cou. Elle lui demande ensuite de tirer la langue et s'il ressent des picotements quelque part. Tandis qu'elle s'affaire, elle sent tous les yeux sur elle. Si seulement les autres pouvaient continuer de parler entre eux au lieu de la regarder.

— Ça va ? demande Chantel.

— Il a l'air d'aller bien, commente Charlotte.

— Il y a quelque chose que je peux faire ? demande Chantel.

— Non, il va bien, dit Julie en jetant un regard à Luke avant de se rasseoir devant l'ordinateur.

Un signal clignote à l'écran, mais elle l'ignore et se connecte à Hotmail, histoire de faire quelque chose. Mais elle n'a pas de nouveaux messages. Ce qui est logique, non, étant donné que tous ses amis sont ici avec elle ?

— Mais alors, explique-moi, Luke, dit David. Ça fait quel effet d'être allergique à tout ?

— Je ne sais pas, répond Luke.

— Hein ? dit Chantel. Comment ça, tu ne sais pas ?

— Je ne sais pas, étant donné que je n'ai aucun point de comparaison. C'est comme si je te demandais ça fait quel effet d'être normal. Si je te le demandais – ou si un extraterrestre te posait la question –, tu répondrais probablement que c'est assez nul, et que tu te sens seule parfois, et que tu désires des choses que tu ne peux pas avoir, plus d'argent, plus de liberté, quelqu'un qui t'aime, ou au moins quelqu'un pour te faire un câlin de temps en temps. Moi, c'est ce que je dirais, mais ta vie et la mienne sont différentes. Quel effet ça fait de rester enfermé tout le temps dans une chambre ? Pour moi, c'est normal, vu que je ne fais que ça depuis toujours. C'est supportable, mais c'est lourdingue aussi. Je m'ennuie, comme tout le monde. Parfois, je suis tout excité quand je sors avec quelqu'un que j'aime bien ou qu'il y a un super programme à la télé.

— Chantel n'a pas ce genre de désirs, fait remarquer David.

Il regarde Chantel.

— C'est bien toi qui as gagné à la loterie ?

Chantel fronce les sourcils.

— Oui.

— Donc, tu as déjà presque tout.

— Non, dit Chantel. Juste de l'argent.

— Tu as coché les six bons numéros ? demande soudain Julie en relevant les yeux de l'ordi.

Chantel hoche la tête.

— Oui.

— C'étaient lesquels ?

— Euh..., 6, 11, 14, 19, 40 et 45.

— Date d'anniversaire ?

— Oui. Le six novembre.

— Et les autres ? demande Charlotte.

Chantel rougit légèrement.

— Quatorze, c'est l'âge que j'avais la première fois que... j'ai fait l'amour. Si on peut appeler ça faire l'amour.

David sourit.

— Comment ça ? demande Charlotte.

Chantel sourit, mais ne répond pas.

— Maintenant, j'en ai dix-neuf.

— Et le 40 et le 45 ? demande Luke.

— Oh !... Je les trouvais classe.

Julie comprend pourquoi Chantel les a choisis parce qu'elle les trouvait classe. Peut-être à cause de leurs couleurs. Julie a toujours vu les nombres en couleur. Mais peut-être qu'elle n'est pas la seule. Le 1 est blanc ; le 2 est jaune, et le 3, bleu ; le 4 est rouge foncé, le 5, orange, le 6, blanc – presque comme le 1, mais légèrement bleuté ; le 7 est rouge ou bleu, selon l'humeur de Julie ; le 8 est orange foncé, et le 9, noir. Parfois, elle se demande si les autres aussi voient les chiffres en couleur, et comment ils se les représentent en général. Pour Julie, ils forment un schéma bien précis qu'elle pourrait dessiner si on le lui demandait : une ligne diagonale s'étirant de moins 100 à partir du coin inférieur gauche de son esprit, jusqu'à plus 100 dans le coin supérieur droit de son esprit. Le 0 au milieu. Quand Julie a besoin de chiffres plus grands ou plus petits, elle les déroule vers le haut ou vers le bas, en partant toujours de la gauche vers la droite, en montant ou en descendant, comme avec un escalator. Au-delà du million, la ligne devient plus floue, la lumière est tamisée à cette hauteur. Quant à l'infini, son point ne réside pas à l'intérieur de son cerveau : l'esprit humain ne peut pas se représenter l'infini, de même qu'il ne peut pas se représenter la taille de l'Univers ou le sens de la vie.

Les nombres à deux chiffres revêtent des couleurs inattendues. Par exemple, le 40 est noir, bien qu'il soit fait du 4 (rouge) et du 0 (translucide) ; le 45 est violacé. C'est tout le problème quand on mélange les numéros. Rien à voir avec le mélange des couleurs en peinture, dont on sait ce qu'il va donner. Le 32 est turquoise, par exemple, et le 17 est rose, comme le 15. Le 28 est marron, et le 37 est bleu. Pi est bleu ciel et e est bleu marine. Le nombre préféré de Julie, i, est crème.

Julie préfère les nombres impairs, et elle se méfie des nombres entiers, mais pas de leur racine carrée. Au final, n'importe quel nombre peut être une racine carrée ; n'importe quel nombre peut être un carré.

Et les nombres entiers sont prétentieux, comme les chanteurs de jazz et les DJ – pas aussi sexy qu'ils se l'imaginent ; pas aussi sexy et mystérieux que les nombres premiers, qui restent mystérieux, même si, en apparence, ils sont les plus nombreux. (En fait, il en existe un nombre infini.)

Luke s'endort tout doucement, sa tête à demi posée sur le genou de Chantel. À mesure qu'il sombre de plus en plus profondément dans le sommeil, tout le monde se tait. Maintenant, il n'y a plus un bruit dans la chambre à part le ronronnement de l'ordinateur et la respiration des gens. Au bout de quelques minutes, Chantel ôte doucement sa jambe, et la tête de Luke s'affaisse sur le lit. David se lève en bâillant.

— On ferait bien de partir, dit-il tout bas.

— Ouais, murmure Chantel. Et désolée pour la bière.

— T'inquiète pas, dit Julie. J'ai paniqué pour rien.

— Si je peux faire quelque chose..., dit Chantel.

Julie sourit.

— Merci, c'est gentil. J'ai été contente de faire ta connaissance.

— Si on allait tous prendre un café ensemble, un de ces quatre ?

— Moi, je suis pour, dit Charlotte.

Julie acquiesce.

— Oui, bonne idée.

David regarde Chantel.

— J'ai cru comprendre que tu avais de la *weed* ?

— Oui, dit-elle. Tu veux venir tirer une latte à la maison ?

— Carrément, dit-il, tout sourire.

Ils sortent ensemble.

Une fois David et Chantel partis, Charlotte et Julie mettent Luke au lit.

— Il est complètement *out*, dit Charlotte.

— Je sais, dit Julie, la gorge serrée.

— Hé ! poulette ? Qu'est-ce qui va pas ?

Julie s'essuie les yeux.

— C'est rien.

Charlotte passe un bras autour des épaules de Julie.

— Allons, ça va passer.

— Tu sais combien je peux être con, parfois, dit Julie.

— Pourquoi ? Allons, viens, on te ramène chez toi.

— Tu vas devoir dormir chez moi, de toute façon, dit Julie. Il est vraiment tard.

— Ouais, et tu vas tout me raconter.

— Je me fais du souci pour lui, dit Julie en regardant Luke.

— Je sais, dit Charlotte en attirant Julie contre elle et en lui caressant tendrement les cheveux.

— Tu m'as manqué, dit Julie.

— Et toi aussi.

Avant de partir, Julie pense à mettre le filtre à air en route pour évacuer la fumée de cigarette de la chambre de Luke.

24

Il est presque six heures, et Julie devrait théoriquement rentrer chez elle, mais quasiment aucun de ses collègues de l'équipe du soir n'est arrivé au restaurant. Les gens n'ont fait que parler de l'accident de train qui s'est produit la veille à Hatfield, mais ils commencent à se demander pourquoi il n'y a personne pour prendre la relève. C'est mercredi, un jour généralement calme chez The Edge, mais, curieusement et sans que personne ne comprenne pourquoi, les réservations n'arrêtent pas de pleuvoir.

— Nom d'un chien, dit Heather.

— C'est vrai. Qu'est-ce qui se passe ? dit Owen.

— J'essaie de rappeler Stewart ? demande Heather.

— Oui, approuve Owen. Dis-lui que, s'il ne vient pas, il est viré.

— Je ne peux pas faire ça. C'est illégal.

— Je m'en tape.

Stewart est le cuistot qui assure les soirées en fin de semaine.

— Pas question que je reste, murmure David à Julie. Ils peuvent aller se faire voir.

Ils sont tous réunis autour du comptoir où on prend les commandes de plats à emporter. Heather retourne dans le bureau, probablement pour passer d'autres coups de fil.

— J'ai bien peur que la soirée ne se prolonge pour vous deux, dit Owen avec un sourire dépité.

David va dans l'arrière-salle. Julie le suit.

— J'en ai ras le bol, dit David.

— Ils ne peuvent pas nous obliger à rester, alors qu'on a passé la journée à bosser, dit Julie.

La journée a été particulièrement pénible pour Julie, qui plus est. Heather n'a pas arrêté de la tarabuster pour qu'elle fasse la formation de cadre. Elle ne comprend pas pourquoi Julie n'est pas plus enthousiaste. Et Luke a appelé pour dire qu'il avait un plan. Charlotte était avec lui, et il a dit qu'ils avaient un plan, sans expliquer de quoi il s'agissait. Julie est lessivée. Elle n'a pas dormi de la nuit. Elle a raconté à Charlotte ses crises de panique, ses phobies, Luke, The Edge. Pendant que Julie se confiait à elle, Charlotte n'a quasiment rien dit d'autre que « Hum », et après coup Julie s'en est voulu de lui avoir dévoilé son côté obscur, douteux. Jusque-là, Charlotte pensait qu'elle était normale, et même cool – si incroyable que cela puisse paraître.

— Je me sens mal, dit David.

— Mal comment ? demande Julie.

— Je sais pas.

Il se laisse tomber sur une chaise en plastique.

— Que disent les médecins ?

— Ils m'ont mis sur une liste d'attente.

— Pour quoi ?

— Je sais pas.

Owen entre à ce moment.

— Bien, vous deux. Vous êtes de service ce soir ! lance-t-il en riant. Allons, ne faites pas cette tête-là. Ce n'est pas la fin du monde. Julie, tu vas te charger des rangs C et D. Fern arrive. Elle s'occupera des rangs A et B. Ce n'est pas idéal, mais nous n'avons pas le choix.

— Fern ne peut pas s'occuper de deux rangs, dit Julie doucement.

En général, il y a deux serveuses par rang, soit environ dix tables, chaque table pouvant accueillir entre deux et dix personnes, qui toutes réclament des boissons, différentes sortes de croûtons ou une fourchette propre en même temps ; ou qui veulent savoir où en est leur pizza et pourquoi les champignons farcis sont encore congelés au milieu. Les soirs d'affluence, une serveuse doit prendre les commandes des apéritifs et des entrées d'un côté, et apporter l'addition à d'autres clients tout en se chargeant de débarrasser et de remettre le couvert pour les clients suivants. Julie est la seule serveuse de The Edge capable de gérer seule un rang.

Mais deux, c'est l'enfer, et, sans même le vouloir, elle commence à mettre au point une stratégie. Elle et David pourraient communiquer par signes au lieu de se servir des tablettes tactiles… et ainsi aller plus vite. Ou bien... Julie est fatiguée. Son cerveau ne fonctionne pas normalement, ce soir. Elle a hâte de rentrer.

— Tu pourras l'aider, dit Owen.

— Julie ne peut pas gérer deux rangs et aider Fern par-dessus le marché, fait remarquer David.

— Elle n'a pas le choix.

— Pourquoi ? demande David en se levant. Pourquoi n'a-t-elle pas le choix ?

L'atmosphère change subitement dans le petit réduit. En principe, on ne tient pas tête à un chef d'équipe ou un manager. Les conversations à The Edge se limitent généralement à des plaisanteries sur soi-même, des ronchonnements bon enfant, des vannes ou des fous rires. *C'est trop bien ici ! Z'êtes en vacances dans le coin ? Si seulement. Y en a qui aiment. Heather ferait bien d'avoir Phil à l'œil quand il garnit le bar à salade : il jette tout à la poubelle. Y en a marre, Owen, je rends mon tablier – nan, j'plaisante ! Quoi ? Vendredi soir ? Ma frangine enterre sa vie de jeune fille. C'est vraiment pour te dépanner, alors.* Chez The Edge, on ne demande jamais pourquoi ci ou ça ; on fait son taf, et si possible dans la bonne humeur. De toute façon, « Pourquoi ? » est une question réservée exclusivement aux enfants, aux babas cool, aux étudiants et aux losers. Tout le monde sait ça.

— Pourquoi ? demande à nouveau David.

— Parce qu'il n'y a personne d'autre pour faire le boulot, répond Owen, confus.

— Pourquoi ne fermes-tu pas carrément, dans ce cas ?

— Parce que c'est impossible.

— Et pourquoi cela ?

— Parce qu'on va perdre de l'argent.

— Et qui va empocher l'argent que nous n'allons pas perdre ? Pas moi, ni Julie, ni toi, Owen. Pourquoi ne paies-tu pas Julie le double dès lors qu'elle va gérer deux rangs ?

— Arrête de dire n'importe quoi, dit Owen. Tu sais très bien que nous n'avons pas les moyens de lui payer le double.

— Mais tu paies bien deux serveuses normalement, non ?

— C'est quoi, ton problème ?

Owen regarde David, puis Julie avec un sourire embarrassé.

— Je vous en ficherais, moi, des étudiants. Toujours à poser des questions idiotes.

Au même instant, David donne un grand coup de poing dans le mur.

— Allez vous faire foutre, toi et ta boîte de merde, dit-il. J'essaie de décrocher mon putain de diplôme tout en travaillant à mi-temps dans ce rade pourri pour pouvoir payer une partie de mon loyer et de mes charges, mais toi, ce que tu veux, c'est m'enchaîner à vie à ce job à la con.

David commence à vider son casier. Il jette pêle-mêle quelques pièces de monnaie, des paquets de clopes et des vieux journaux dans son sac de sport. Son poing saigne là où il a heurté le mur.

— Et l'enchaîner, elle aussi, dit-il en désignant Julie. Et toi aussi, Owen. Et nos pauvres clients. Ils payent trop cher ce qu'on leur sert à bouffer, et nous, on est pas assez payés pour les servir. Et les bénéfices, ils vont où ? Pourquoi est-il interdit d'emporter les restes, dans cette maison ? Pourquoi le personnel doit-il payer ses repas ? Pourquoi ne peut-on pas faire des pizzas à deux garnitures ? Pourquoi ne peut-on pas être plus humains ?

— Tu es viré, dit Owen. Et c'est vraiment le pompon, parce que maintenant, je n'ai plus de chef, juste deux serveuses.

Julie enfile son manteau.

— Julie ? dit Owen.

Julie le regarde.

— Débrouille-toi !

Quand ils sortent, David regarde Owen dans les yeux.

— Au fait, j'ai un cancer, lâche-t-il. Le genre de truc qui te remet les idées en place. Si j'étais toi, je vivrais ma vie avant qu'il soit trop tard.

Il pleut, et les réverbères répandent une lumière orangée sur le parking. La moitié des boutiques sont fermées à cette heure-ci, mais les vitrines sont toujours éclairées et de petits plots lumineux éclairent efficacement les zones de stationnement réparties selon un schéma géométrique parfait. Si vous fermez à demi les paupières et regardez le parking sous un certain angle, vous avez l'impression de voir un vaisseau spatial.

— Bon, cette fois on est grillés pour de bon, dit David.

— N'empêche que tu as dit la vérité, dit Julie. On a bien fait de partir.

Au-delà de The Edge et de Homebase, l'A12 pulse comme un courant électrique à travers un circuit de ronds-points, bretelles d'accès, échangeurs, voies d'accélération. Des lumières jaunes, blanches, bleues, des warnings, des feux antibrouillard, des pare-buffles chromés, du bruit. Un bruit mouillé, insistant et frénétique, ponctué de signaux lumineux.

— De toute façon, je serai bientôt mort, dit David. Et toi, tu vas faire quoi ?

— Non, tu ne seras pas bientôt mort. Et puis, les boulots à la con, c'est pas ce qui manque.

— Où est-ce qu'on va ?

— Quoi ?

— Il faut bien qu'on aille quelque part, non ?

— J'avais oublié que McDo est devenu non-fumeur, dit Julie.

— Dommage, j'ai laissé tous mes cendriers chez The Edge, regrette David.

Ils sont au premier étage de Burger King, en train de fumer et de regarder tomber la pluie. Julie avait suggéré McDonald's, qui lui semblait approprié vu les circonstances. Mais elle avait oublié que David travaillait là-bas avant et que c'était non-fumeur. Si bien qu'ils ont atterri chez Burger King. Il fait nuit, mais il y a de la lumière partout chez Burger King, et Julie a l'impression d'être dans une immense cabine UV.

À part David et Julie, il y a des jeunes à l'autre bout de la salle, qui s'amusent à réduire en miettes les timbales en plastique, les pailles et les emballages en carton.

Parmi eux, une fille trop maquillée est en train de manger un cheeseburger. Les autres s'amusent à lui jeter des morceaux de plastique et de laitue.

— Je me demande comment ils se sont débrouillés chez The Edge, dit Julie.

David hausse les épaules.

— J'en sais rien.

— Ils ont peut-être fermé.

— Je l'espère.

Julie sourit.

— Moi aussi.

David sirote son café.

— Ouch ! Ce truc est brûlant.

— Tu devrais peut-être les attaquer en justice, suggère Julie.

Certains des jeunes assis à l'autre table se lèvent pour partir. L'un d'eux, un maigrichon à la tignasse orange, qui porte une longue chaîne attachée à sa ceinture, salue David au passage.

— Ça roule ? marmonne-t-il.

— Oui, répond David.

— Qui est-ce ? demande Julie, une fois le garçon parti.

— Un mec. Son frère aîné, Anthony, a dû quitter la ville récemment.

— Quitter la ville, comment ça ?

— Pour ne pas se faire descendre.

— Se faire descendre ? Pourquoi ?

— Pour avoir dealé du faux shit.

David rit.

— Et tu sais ce que c'était ?

Julie hausse les épaules.

— Non, quoi donc ?

— Du fertilisant pour bonzaïs.

— Oh non ! s'esclaffe Julie à son tour.

— Tu avoueras, qu'il faut être con, non ? Ces petites boulettes d'engrais ressemblent vraiment à des boulettes de shit..., sauf qu'elles ont un goût de terre. Tu connais Jésus, le mec qui deale au Rising Sun ?

— Qui ça ?

— Jésus ?

— Sérieusement, il s'appelle comme ça ?

— Oui. Tu l'as sûrement déjà vu. Il ressemble à Jésus, d'où son surnom.

— Ah ! ce type-là, dit Julie en se remémorant vaguement un gars aux longs cheveux gris, avec une barbe et des fringues crasseuses, qui fréquente le Rising Sun.

Elle ne savait pas que c'était un dealer.

— Ouais, et alors ?

— Il a acheté du faux shit à Anthony, mais il se trouve qu'il élève des bonzaïs et qu'il a compris que c'était des boulettes d'engrais. Il a dit qu'il allait faire la peau à Anthony, si bien qu'Anthony a pris la tangente. Charlotte connaît Anthony.

— Charlotte connaît tout le monde.

— Elle est cool, non ? Elle m'a fait faire des exercices de yoga, l'autre soir au Rising Sun, pour m'aider à soulager mes migraines.

— Elle n'a pas toujours été comme ça. Luke a raison de dire qu'elle est devenue bab. Elle n'était pas comme ça quand elle vivait dans notre rue. Elle mangeait des pancakes surgelées et s'exerçait au tir à la carabine dans le jardin, à l'arrière de la maison.

Julie réalise qu'elle parle trop précipitamment. Elle demande :

— Tu as souvent des migraines ?

— Oui. Et la nausée. Cette semaine en particulier.

— Ç'a un rapport avec... ?

— Oui.

— Merde.

— Je suis allé à l'hôpital hier. J'ai des complications, apparemment. J'ai pas bien compris quoi. Il existe un traitement, mais il faut être plus malade que moi pour y avoir droit. Il n'y a que deux appareils dans tout le pays, mais il y en a plus en Amérique. Ici, tout ce qu'ils peuvent pour moi, c'est me retirer les couilles en espérant que ça va marcher.

— Et si tu vas en Amérique ?

— Je pourrais peut-être guérir. Je ne le saurai jamais.

— Ça coûte cher ?

— Oui. J'ai absolument pas les moyens. Mais j'ai tout de même fait faire un passeport, au cas où je gagnerais au loto.

— Purée.

— Ouais. Mais ça n'est pas si terrible, au fond. Il me restera ma queue.

David croise le regard de Julie, et, sans raison, ils éclatent de rire.

— On devrait protéger les gens de tous ces trucs-là, dit Julie.

— Comment ça ?

— Avec tout le fric dépensé pour envoyer des trucs dans l'espace, faire des études marketing et tout ça... Ils devraient commencer par essayer de nous rendre immortels, tu ne crois pas ?

— *Nous rendre immortels ?* Non, mais, t'es sérieuse, là ?

— S'ils plaçaient la vie au-dessus de tout, ils trouveraient sûrement un moyen de guérir le cancer au lieu d'envoyer des gens dans la Lune. Ou, au lieu d'inventer des voitures de plus en plus puissantes, ils pourraient en inventer de plus sûres. Au lieu de concevoir des avions, ils feraient bien de commencer par construire des bateaux sûrs à cent pour cent. Je ne sais pas, mais je trouve idiot que les voitures soient faites de tôle si peu résistante que lorsque vous avez un accident vous causez un maximum de dégâts matériels et corporels. C'est carrément stupide. Pourquoi ne pas faire des véhicules en caoutchouc, ou les entourer de champs magnétiques afin qu'ils se repoussent mutuellement ?

David hausse les épaules.

— Les gens ne se soucient pas tant que ça de leur sécurité, apparemment.

— Et tous ces accidents de trains... Ça me met vraiment en colère.

— Ouais. C'est le résultat de la privatisation, non ? Le profit d'abord, la sécurité ensuite. Je suis d'accord avec toi sur ce point. Mais je suis moins sûr pour les voitures en caoutchouc.

David rit.

— T'es bien frappadingue, tout de même.

— Les trains, ça fait peur, dit Julie. Je ne comprends pas pourquoi ils vont si vite. Je suis sûre que les gens préféreraient arriver au boulot entiers plutôt que rapidement.

— Tu crois ?

— Mais bien sûr. Pas toi ?

— Je ne sais pas.

David allume une autre cigarette et prend une profonde bouffée.

— Ce n'est pas aussi simple.

Julie réfléchit une seconde.

— OK, imagine qu'il y a deux lignes de trains. Une qui va tout doucement, qui prend, mettons, une heure pour aller à Londres d'ici, mais dont tu es certain qu'elle ne présente aucun risque. Que tu as cent pour cent de chances de survivre. Et puis, il y en a une deuxième, qui te dépose à Londres en quinze minutes, mais sur laquelle tu n'as que quatre-vingt-seize chances sur cent de survivre. Tu ne penses pas que tous les gens prendraient la ligne la plus lente ? Moi, si.

David rit.

— Julie. Personne ne prendrait cette ligne. Tu serais toute seule dans le train.

— Mais pourquoi ? Je ne comprends pas.

— Les gens prennent des risques tout le temps. Ils ne raisonnent pas en termes de chances de survie. Ils veulent juste arriver au boulot le plus vite possible.

— Mais pourquoi n'y pensent-ils pas ?

— C'est comme ça. Si tu raisonnais constamment en termes de chances de survie, tu..., je crois que tu perdrais complètement les pédales. Le risque zéro n'existe pas et il faut vivre avec.

— Pourquoi ? Admettons que je ne veuille pas vivre avec ?

David hausse les épaules.

— Dans ce cas, tu ne fais plus rien et tu ne vas plus nulle part.

Son téléphone se met à vibrer sur la table en jouant une version électronique de *Guilty Conscience* d'Eminem

— Une seconde, dit-il. Je me demande bien qui c'est.

Il décroche et dit :

— Oh ! Salut ! Comment tu as eu mon numéro ? Hein ? Oui, c'est vrai. Julie ? Ouais, elle est là.

Il couvre le micro.

— C'est Leanne, dit-il à Julie. Burger King, dit-il dans l'appareil. Tu veux parler à Ju… Oh ! d'accord. Ça marche.

Il referme le téléphone.

— Elle arrive, dit-il.

25

Quand Luke se réveille le mercredi matin, il a l'impression d'avoir oublié quelque chose d'important. C'est un sentiment étrange, car Luke n'oublie jamais rien. Pour la bonne raison qu'il n'a pas grand-chose à oublier. Tous ses souvenirs sont ici, enfermés avec lui, dans cette chambre. Luke ne sort jamais ; il est presque toujours joignable. Il se pourrait même qu'il soit la personne la plus organisée du monde. Ou l'était, tout au moins, avant de se mettre à boire de la bière.

Quand un courriel arrive, l'ordinateur émet un bruit d'avertissement. Quand quelqu'un appelle Luke au téléphone, l'ordinateur émet une sonnerie. Quand Wei a essayé de l'appeler hier soir à onze heures – comme convenu –, l'ordinateur n'a pas sonné. Luke avait coupé le son lorsque Chantel était en train de surfer sur Internet, parce qu'elle n'aimait pas la musique. Après, il était saoul et a oublié de remettre le son.

Luke était levé depuis peu quand Charlotte est arrivée, l'air pas très réveillé non plus.

— J'ai merdé, lui dit-il. J'ai pas décroché quand Wei a appelé.

Elle a passé un coup de fil.

— On va aller le voir. Il habite au pays de Galles.

C'était aussi simple que ça.

Puis elle a montré à Luke comment faire le héros, l'arbre, le cobra et le chat, à la place de ses exercices habituels. Tandis que Luke s'exerçait à ces positions, l'idée lui est venue de non seulement quitter la maison, mais d'aller au pays de Galles, où que cela puisse être, et il s'est senti soudain nauséeux.

Il est presque neuf heures quand Julie téléphone. Il fait nuit et il pleut. Charlotte est partie.

— On arrive, dit Julie.

— On ? demande Luke.

— David et moi.

Elle a l'air essoufflée.

— On a quitté The Edge.

— Tu veux dire...

— Je veux dire qu'on a claqué la porte.

— Pourquoi ?

— Parce que le manager est un connard. David lui a dit qu'il nous exploitait.

— Il a bien fait.

— Et Leanne est avec nous aussi.

— Veinards.

Julie ne dit rien, sans doute parce que Leanne est là.

Environ dix minutes plus tard, David entre seul dans la chambre de Luke.

— Ça roule ? demande David.

— Oh !... David. Salut. Où est Julie ?

— Dans la voiture avec Leanne. Leanne a une crise.

— Une quoi ?

— Une crise. Elle a dit qu'elle voulait parler seule avec Julie.

— Elle a dû se casser un ongle ou quelque chose comme ça, dit Luke.

David rit. Luke lui fait signe de s'asseoir.

— J'ai eu une drôle de journée, dit Luke.

— Bienvenue au club.

Luke respire bizarrement. Il y a quelque chose en lui qui tourne en rond, comme le linge dans une machine à laver qu'on voit dans ces pubs pour la lessive. Julie n'est pas là. David est là, et Luke aime bien David, mais il ne le connaît pas très bien. Il ne sait pas quoi lui dire. Julie n'est pas là. Elle est en retard. Elle a plaqué son boulot. Comment va-t-il lui annoncer qu'il veut qu'elle l'accompagne au pays de Galles ? Où est-ce, d'abord ? Luke voit un panneau routier, comme dans les films américains :

VOUS VENEZ DE QUITTER L'ESSEX
– BIENVENUE AU PAYS DE GALLES.

Combien faut-il de temps pour aller là-bas, dix minutes ? Une demi-heure ? Guère plus, s'il faut dix heures pour aller en Californie ; ça ne doit pas prendre bien longtemps pour aller au pays de Galles. Mettons un quart d'heure.

L'une des émissions préférées de Luke est en train de passer sur BBC2. C'est l'histoire d'un groupe de personnes qui se lancent dans la création d'une start-up. Il a trouvé le premier épisode un peu fastidieux, mais ensuite il est devenu accro. Il comprend les éléments de l'intrigue liés à Internet, et le scénario est très prenant.

Il devrait y avoir plus de programmes télé qui parlent d'Internet, ou de gens enfermés dans des maisons. En temps normal, Julie devrait être là, et ils seraient en train de regarder l'émission ensemble, sans parler, ainsi qu'ils le font toujours (depuis dix ans maintenant), car ils ont convenu qu'ils ne discutent d'un programme que lorsqu'il est terminé.

L'une des nombreuses choses sur lesquelles ils sont d'accord est que, si vous parlez pendant que l'émission passe, vous ratez l'essentiel. Luke se demande soudain si les journalistes ont l'impression de passer à côté de l'essentiel quand ils font un reportage. Il songe à en faire la remarque à Julie. Sauf qu'elle n'est pas là. Mais David, si.

— Je hais cette série, dit David. Tous ces troudiucs.

Luke change de chaîne. C'est un film de Will Smith, où il est question d'extraterrestres.

— Ça, j'aime, dit David. Bon sang ! Tue-le, nom de Dieu !

Luke enclenche la fonction vidéo de la télécommande pour enregistrer *Attachments* sur la BBC2.

— C'est où, le pays de Galles ? demande-t-il à David.

— Au bout de la M4, dit David sans décrocher du film. Derrière toi, ducon ! Flingue-le ! Merde !

— C'est quoi, la M4 ?

— Une route.

David a l'air momentanément confus.

— Flûte, j'ai oublié. Tu ne peux pas savoir, évidemment. Je parie que t'es jamais allé sur une route.

— Non.

— Pourquoi tu veux savoir où se trouve le pays de Galles ?

— Parce que je vais y aller.

— Sérieux ?

— Ouais. Mais ne le dis pas à ma mère, surtout.

David rit.

— OK. Mais...

— Quoi ?

— Tu risques pas de..., de mourir si tu sors ?

— Je vais y aller de nuit.

— Oh ! Parce que tu sors la nuit ?

Luke se souvient que, quand il était petit, sa mère s'était inscrite à un groupe de soutien. Une fois, ils avaient envoyé une brochure intitulée *Le Club des enfants de la lune*, où des enfants présentant des problèmes de photosensibilité sortaient pique-niquer et jouer dans des bacs à sable la nuit.

Luke avait tarabusté sa mère pendant des semaines pour qu'elle l'autorise à y aller : il avait essayé d'être le plus gentil possible, mais ça n'avait pas marché, et, pour finir, il avait piqué des crises monstrueuses plusieurs fois par jour. Mais la réponse était toujours la même :

— C'est peut-être sans risque pour ces enfants, lui avait-elle dit. Mais ta maladie à toi est plus compliquée que ça.

Luke regarde David.

— Non, répond-il. Je ne suis jamais sorti la nuit.

— Alors, tu risques de mourir ?

— Oui, mais je ne crois pas. Je vais me fabriquer...

Luke regarde la télé.

— … une combinaison spatiale.

David n'arrive pas à tenir en place. Chaque fois qu'il se passe quelque chose à l'écran, il sursaute, pousse un petit cri ou se penche en avant en s'agrippant aux accoudoirs du fauteuil. Luke l'observe et obverse la télé tour à tour pendant cinq minutes.

— Tu es malade, n'est-ce pas ? finit-il par demander.

— Ouais. J'ai un cancer.

— Je suis désolé.

— Ouais. Bof.

David garde les yeux rivés sur la télé.

— Pourquoi ne viens-tu pas avec nous ?

— Qui ça ?

— Moi, Julie et Charlotte.

— Où ça ?

— Au pays de Galles ?

David réfléchit environ cinq secondes.

— Pourquoi pas ? Puisque je n'ai rien de mieux à faire. Plus de boulot, de toute façon. Et la fac va rester fermée pendant une bonne semaine à cause des inondations. Ouais, ça marche.

— On va voir un guérisseur. Peut-être qu'il pourra t'aider.

— Ça m'étonnerait. Mais c'est pas grave. On va s'éclater.

26

Leanne est dans tous ses états.

— C'est de ma faute, répète-t-elle pour la troisième fois.

— Quoi donc ? demande Julie.

Les vitres de la voiture sont complètement embuées, et ça ne va pas s'arranger, car Leanne pleure presque aussi fort que tombe la pluie. On se croirait dans un nuage. Elle est garée dans la rue devant chez Luke et refuse mordicus de rentrer chez elle ou d'aller chez Julie ou Luke. Si bien qu'elles restent dans la voiture.

— Tout : David, Chantel... et même la pluie, tiens.

— Hein ? Je ne comprends rien. Sois plus claire, s'il te plaît.

— J'ai rendu Luke amoureux de moi. Enfin, pas vraiment amoureux, mais je lui ai donné envie de me sauter.

Julie ne comprend toujours pas où Leanne veut en venir.

— Comment ça ?

Leanne ignore sa question.

— Et c'est à cause de moi que Chantel a gagné au loto et qu'il pleut, que David est malade – mais, jusqu'à ce soir, je ne savais pas qu'il était malade...

— Comment tu l'as su ?

— Owen a fait courir le bruit. Tout le monde est au courant.

— Il n'empêche que je ne vois pas en quoi c'est ta faute.

Leanne se mouche.

— Je ne voulais pas que ça arrive.

— Leanne, pour l'amour du ciel, explique-toi !

— Ça t'arrive de regarder *Sabrina* ? demande Leanne.

— La sorcière ?

— Oui.

— Je l'ai vue une ou deux fois...

— Eh bien, j'ai vu un épisode où elle jetait des sortilèges amoureux, et j'en ai essayé un sur Luke.

— Tu as essayé un sortilège de Sabrina sur Luke ?

— Non. Je l'ai trouvé dans un bouquin.

— Où te l'es-tu procuré, ce bouquin ?

— À La Boule de cristal.

— *Tu* es allée à La Boule de cristal ?

La Boule de cristal est une boutique située dans une petite rue perpendiculaire à la rue principale. On y trouve des CD de chants de baleine, des DVD de feng shui et des livres sur les techniques de visualisation, la psychanalyse jungienne, comment surmonter les abus sexuels, comment discipliner l'enfant en vous, comment équilibrer votre QI et le sexe tantrique. En plus de tout cela, on trouve toutes sortes d'ouvrages de sorcellerie et de paganisme, des coffrets complets des aventures d'Harry Potter, des stickers SORCIÈRE DU QUARTIER, et un caisson de relaxation.

— Je voulais un livre de sortilèges amoureux, explique Leanne.

— D'accord, mais cette boutique est vraiment chelou. Je croyais que tu avais horreur de tous ces trucs.

— J'y suis allée plusieurs fois, dit Leanne, légèrement sur la défensive. Quelqu'un m'a offert une séance de caisson de relaxation pour mon anniversaire, l'année dernière. Ils pratiquent l'hypnose et ce genre de choses – et il y a des CD qu'on se passe la nuit pour arrêter de fumer ou pour devenir plus populaire ou...

Julie se représente soudain Leanne étendue sur son lit au milieu de peluches et s'endormant au son d'une voix apaisante qui lui susurre qu'elle est populaire et que tout le monde l'aime.

Elle doit avoir compris qu'elle a cessé d'être populaire et que, la dernière fois qu'elle l'était vraiment, elle avait onze ans. Pauvre Leanne. Elle doit se sentir terriblement seule. Julie est prête à parier que toutes les peluches de Leanne ont un nom et que Leanne aurait honte que ça se sache.

— Mais, bref, dit Leanne. Toujours est-il que le sortilège a marché.

— Le sortilège amoureux ?

— Ouais.

— Comment le sais-tu ?

— Luke n'a jamais eu l'air de s'intéresser à moi avant cela. Et d'un seul coup, il a eu envie de me sauter.

— Je vois, dit Julie en souriant. Et pour le reste ?

— C'est moi qui ai déclenché le cancer de David. Je ne voulais pas. Je ne savais pas que toutes les mauvaises vibrations que tu répands te reviennent trois fois en pleine gueule… Tu as vu *Dangereuse alliance* ? Mais peu importe. Un jour, j'étais vraiment vénère contre lui. J'étais venue pour te voir chez The Edge, et il a été incroyablement grossier avec moi.

— Grossier comment ?

— J'ai demandé à te voir, et il s'est mis à me chanter un truc, genre : « Si t'aimes pas mon cul, tu peux sucer mon jus. » Je sais bien qu'il le faisait juste pour me chambrer, mais ça m'a horriblement vexée. Il l'a répété quatre fois. Chaque fois que j'ouvrais la bouche, il me chantait son truc. Je crois que ce sont les paroles d'une chanson d'Eminem, et, même si c'était une blague, ça m'a vraiment gonflée. Alors, je suis ressortie en courant, et après le boulot je suis allée à La Boule de cristal et je me suis acheté un livre de sortilèges. Et je lui ai jeté un sort.

— Tu lui as jeté un sort ? Attends une minute… Je croyais qu'ils ne vendaient que des bouquins de magie blanche, là-bas.

— Oui, mais j'ai changé un sortilège. Je ne le voulais pas vraiment. Mais j'étais en colère.

Julie soupire.

— C'était quand ?

— Il y a environ six mois.

— Leanne, je suis sûre que tu n'as rien déclenché du tout. David avait déjà un cancer.

— Tu crois ?

— Je n'en suis pas absolument certaine, mais c'est probable. Le cancer est une maladie qui se développe lentement.

— Oh ! mais, et Chantel, et la pluie ?

— Que veux-tu dire ?

— Tu savais que Chantel m'avait donné de l'argent ?

— Non.

— Elle nous a donné de l'argent. Elle a acheté la maison pour sa mère, bien sûr, mais à maman et moi, elle nous a donné chacune dix mille livres.

— Ouah ! C'est vraiment sympa de sa part.

— Ouais, mais, il y a deux mois, j'ai fait tout un rituel pour obtenir de l'argent. Il faut vraiment faire gaffe avec ces sortilèges, parce que, même si tu obtiens presque toujours ce que tu veux, ce n'est pas forcément de la façon que tu crois. Par exemple, si tu demandes de l'argent, il se peut que tu l'obtiennes suite au décès de quelqu'un que tu aimes. Alors, au lieu de faire le rituel à mon nom, je l'ai fait à celui de Nicky, parce que je savais que, si elle devenait riche, elle me donnerait de l'argent... En fin de compte, elle a eu une maison parce que Chantel a gagné à la loterie, et moi j'ai eu des sous. Donc, ça a marché.

— Et alors, où est le problème ?

— Cela prouve que je suis une sorcière ! Et je trouve ça complètement flippant... Quand tu étais gamine, il t'est arrivé de te demander si Dieu existait ?

— Oui, bien sûr.

— Est-ce que tu disais, par exemple : « Dieu, si tu es là, fais pleuvoir pour prouver que tu existes, et je croirai en toi ? »

Julie sourit.

— Oui. Tout le monde fait ça. Moi, il ne pleuvait pas quand je le demandais.

— Moi non plus. Mais quand les sortilèges ont commencé à faire effet, j'ai décidé de recommencer. J'ai trouvé un sortilège pour la pluie et je l'ai essayé. Et la pluie est tombée et a tout inondé. Maintenant, il n'arrête plus de pleuvoir.

— Leanne, tu n'es pas la cause des inondations.

— Comment le sais-tu ?

— Les gens ordinaires ne contrôlent pas la nature.

— Les sorcières, si.

— Pas à ce point.

Leanne hausse les épaules.

— Peut-être que je suis une sorcière super puissante. En tout cas, j'ai la trouille.

— De quoi ?

— De cette... puissance. Je n'aurais jamais cru que ce genre de trucs pouvait marcher.

Julie a envie de rire. C'est complètement débile.

Elle tripote ses clés de voiture.

— Tu as déjà essayé d'accomplir ces sortilèges à l'envers ?

— C'est impossible. La magie, ça ne marche pas comme ça.

— Tu ne peux pas arrêter la pluie ?

— Non. On n'est pas censé interférer avec le temps.

— Mais...

— Je ne le savais pas quand j'ai accompli le sortilège de la pluie.

— Oh !

— Et puis, je ne connais aucun sortilège pour faire cesser de pleuvoir.

— Tu as cherché sur Internet ?

— Oui. Il faut croire que les gens aiment la pluie, parce que je n'ai rien trouvé pour l'arrêter.

— Les gens ne veulent pas de sécheresse, dit Julie.

— Hé ! C'est vrai. Je n'y avais jamais pensé.

Quand Julie entre dans la chambre de Luke, quelque chose a changé. David est là, mais ce n'est pas la raison. David et Luke sont en train de regarder un film que Julie et Luke ont déjà vu. Qu'est-ce qui cloche ? Une odeur : le patchouli. Mais

Charlotte était là tout à l'heure, non ? Luke le lui a dit quand il l'a appelée. Peut-être est-ce son plan ? Celui dont Julie ne sait encore rien. Elle sait uniquement qu'il a un plan, et, d'une certaine façon, la chambre dégage une atmosphère inhabituelle, comme s'il y avait de l'électricité dans l'air.

— Dis donc, tu en as mis du temps, dit David.

— Qu'est-ce qui n'allait pas avec Leanne ? demande Luke.

Julie s'assied sur la chaise de bureau et se connecte à Hotmail.

— Rien, dit-elle.

Leanne lui a fait promettre de ne rien dire à personne de ses pouvoirs surnaturels.

— Juste des trucs de nana. Rien de grave. Eh bien, qu'est-ce que vous racontez de beau ?

— On part au pays de Galles, dit David.

Julie relève le nez de l'ordi.

— Quoi ? Qui ça ?

— Nous, dit David. Toi, moi, Luke et Charlotte.

— C'était ça, mon plan, explique Luke. Celui dont je t'ai parlé. Et David vient avec nous.

Julie ressent des picotements.

— Je ne comprends pas.

David la regarde, puis il regarde Luke.

— À plus, dit-il en se levant.

— Attends une minute. Comment vas-tu rentrer chez toi ? demande Julie, qui ne sait plus vraiment où elle en est.

— À pied. C'est pas loin.

Il sourit.

— Je crois que je ferais mieux de vous laisser, tous les deux.

Une fois David parti, les épaules de Luke s'affaissent.

— Désolé, dit-il.

— Désolé pour quoi ? Je ne comprends pas ce qui se passe.

Luke ne répond pas.

— Luke ? Est-ce que tu peux m'expliquer ce qui se passe ?

— J'aurais voulu t'en parler moi-même d'abord. Je...

Il se lève et traverse la pièce pour aller se poster une seconde devant les rayonnages, puis il revient sur ses pas et s'assied sur le lit.

— Wei, le guérisseur. C'est Charlotte qui me l'a présenté. Elle va partir en Inde pour faire un stage d'ayurvéda ou je ne sais quoi, et les gens avec qui elle part connaissent ce type. Apparemment, il est très fort... Enfin, bref, il est entré en contact avec moi, m'a posé des tas de questions et dit qu'il pouvait me soigner...

— Il t'a dit qu'il pouvait te soigner ?

Le sang de Julie se glace.

— Bon sang, Luke !

— Ouais. Au début, je n'étais pas très sûr de lui et je ne voulais pas te donner de faux espoirs... Mais ensuite, après avoir parlé avec lui une ou deux fois, il a dit qu'il voulait te parler à toi aussi, et j'ai pensé que...

— À moi ? Mais pourquoi ?

— Je ne sais pas. J'ai dû lui dire que tu n'aimais pas voyager et tout ça. Bref, j'avais convenu de l'appeler hier soir, quand tu serais là – après la soirée – et je voulais avoir ton opinion sur tout ça, mais j'ai bu de la bière et j'ai complètement oublié. Ce matin, je me suis senti vraiment très mal. Charlotte est venue, parce que je me sentais très en dessous de tout à l'idée d'avoir posé un lapin à Wei, qui était mon unique chance de guérir, et d'avoir tout foiré. Alors, Charlotte l'a appelé, et ils ont décidé qu'on irait le voir au pays de Galles. C'est loin, le pays de Galles ?

— Oui. Pourquoi ne peut-il pas venir, lui ?

— Je ne sais pas.

— Charlotte ne le lui a pas demandé ?

— Je ne sais pas. Je crois que...

— Tu as son numéro ?

— À Charlotte ?

— Oui.

Luke s'approche de l'ordi et ouvre son agenda pour récupérer le numéro de Charlotte. Il y a un numéro de Brentwood. Julie le compose. Pas de réponse.

— Elle n'a pas de portable ?

— Elle n'aime pas les portables. Ils sont mauvais pour ses *doshas*. Pourquoi veux-tu lui parler ?

— Je veux savoir ce qui se passe et pourquoi ce type ne peut pas venir te voir ici. Si c'est parce qu'il n'a pas envie de se déplacer, on réussira peut-être à le convaincre. On le payera : j'ai une cagnotte de pourboires.

— Il ne peut pas conduire, dit Luke. J'ai entendu Charlotte dire qu'il ne pouvait pas conduire, et ses amis non plus.

— Merde. Et pas de train.

— Quoi ?

— Il n'y a aucun train. Tu n'es pas au courant qu'il y a eu un déraillement à Hatfield avant-hier ? Les trains ne marchent pas ; donc, il n'y a aucun autre moyen de le faire venir ici. Peut-être qu'on devrait attendre qu'il puisse venir en train.

— Ce n'est pas très cool, dit Luke.

— Ce n'est pas très cool de te demander d'aller au pays de Galles alors que tu n'es pas censé quitter la maison.

Luke contemple le plancher.

— Apparemment, il quitte le pays la semaine prochaine. Il n'est venu que temporairement.

— Oh non !

— Julie ?

Elle se lève, se dirige vers la petite salle de bains de Luke et se regarde dans le miroir. Sa peau est pâle et lisse, ses cheveux, ternes, jamais méchés, colorés ou décolorés. Ses yeux sont grands et bleus, mais voilés par l'angoisse. Elle a l'habitude de se regarder dans cette glace ou celle qu'elle a chez elle, ou celle des toilettes pour dames de The Edge (où elle ne se verra plus jamais).

Elle a l'impression que son visage ne serait à sa place nulle part ailleurs. Elle tire d'un côté une moitié de ses cheveux et commence à la tresser. Puis elle tresse l'autre moitié. C'est comme ça que Chantel était coiffée.

Chantel n'aurait aucun problème à aller quelque part, songe Julie. Peut-être que, si Julie se coiffe comme elle, elle ne se sentira plus elle-même et elle sera capable de faire ce voyage. Oh ! et puis merde !

Elle va devoir le faire de toute façon, puisqu'elle se l'est juré. Il faut qu'elle tire au clair cette histoire de guérisseur, mais, si Charlotte l'a recommandé et qu'il a dit qu'il pouvait aider Luke, il n'y a pas grand-chose à tirer au clair. Il va falloir qu'elle se procure une carte avant toute chose.

Il va falloir qu'elle se procure une carte pour pouvoir se rendre là-bas en évitant les grands axes. Et il va falloir qu'elle explique à Charlotte (et à David) pourquoi elle fait ça. Mais comment se fait-il que David ait été invité à se joindre à eux ? Luke le lui a peut-être proposé par politesse, et David a dit oui parce que les gens comme David sont toujours partants quand il s'agit de s'éclater. Sauf que, pour Julie, c'est tout sauf une partie de plaisir. Mais il y a encore une chose qu'elle peut dire :

— Il va falloir qu'on aille là-bas, si j'ai bien compris, dit-elle en revenant dans la chambre. C'est de la folie.

— Je sais. J'ai peur. Mais tu vas veiller sur moi, hein ?

— Bien sûr. Je...

Julie traverse la pièce et s'assied sur le lit, les coudes sur les genoux et la tête dans les mains.

Luke la regarde.

— Quoi ?

Elle relève la tête et sourit timidement.

— Rien. Tout est différent, c'est tout.

— Tu veux dire qu'il n'y a pas de retour en arrière possible ?

— Oui. Exactement.

— Je me sens tout drôle en dedans, confesse Luke.

Julie voudrait lui dire la même chose, mais elle ne peut pas.

— Drôle comment ? demande-t-elle plutôt.

— Je ne sais pas. Tout est arrivé si vite.

— Ouais.

— Pourquoi ne dis-tu pas qu'on ne peut pas y aller ?

— Que veux-tu dire ?

— Je croyais que tu allais dire que c'était de la folie, qu'on ne pouvait pas y aller.

Julie hausse les épaules.

— C'est différent aujourd'hui. De toute façon, il le faut. Ce type est le seul à t'avoir jamais dit qu'il pouvait t'aider. Et je t'ai promis que, si nous trouvions une façon de te guérir, je ferais n'importe quoi pour que ça arrive.

Le seul problème, c'est que la dernière fois que Julie a quitté l'Essex, sept ans plus tôt, elle est revenue en larmes à la maison. Et il y a un autre problème : qu'est-ce que ce Wei sait plus qu'aucun médecin au monde ? Julie ne croit pas plus aux guérisseurs qu'elle ne croit aux fantômes ou à la magie. Mais Luke veut sortir, il veut tenter sa chance, et du moins Julie peut-elle veiller sur lui si elle l'accompagne.

En revanche, elle ne peut pas lui dire ce qu'elle pense vraiment de la guérison. Car, si elle le faisait, elle ne serait pas capable d'aller là-bas avec Luke, et, si elle n'y va pas, il y a de fortes chances pour qu'il y aille sans elle, avec Charlotte et David. De toute façon, il est peut-être temps que Julie et Luke quittent Windy Close, ne serait-ce que pour un jour ou deux. Et peut-être que ce guérisseur connaît des trucs que personne d'autre ne connaît, et qu'au fond d'elle-même, dans un tout petit recoin, Julie continue de croire qu'à condition de le vouloir vraiment, on peut guérir de n'importe quoi.

27

On entend un bourdonnement sourd, puis le bruit de quelque chose qui tombe du ciel, comme un avion sur le point de se crasher.

Il est environ huit heures du matin. Le bruit s'amplifie jusqu'à ce que la maison tout entière se mette à vibrer. Julie sort de son lit précipitamment en se souvenant de choses vues aux infos : des gens racontant qu'ils ont vu des avions s'écraser dans leur jardin ou dans le champ juste en face de chez eux ; d'autres qu'en rentrant chez eux ils ont découvert qu'une aile d'avion ou un cockpit avait défoncé la toiture de leur pavillon et que le paquet de cigarettes qu'ils étaient sortis acheter leur avait sauvé la vie. Elle a toujours eu horreur du bruit que font les avions (on dirait qu'ils sont à deux doigts de s'écraser, même quand ils ne font que voler), mais celui-là a tout l'air d'être en train de se crasher.

Il n'a pas fallu plus de deux secondes à Julie pour sauter du lit et filer dehors. Elle fait toujours ça quand elle entend un grand bruit dans le ciel, la logique étant qu'on ne peut pas se retrouver enseveli sous les décombres de sa maison si on n'est pas à l'intérieur. De plus, vous avez au moins une chance de voir à quoi ressemble l'appareil et où il va s'écraser, afin de courir dans l'autre direction. Ce sont les consignes à suivre, selon Julie, en cas de chute d'objet volant : rester calme, enfiler des chaussures à semelles en caoutchouc, fermer toutes les fenêtres, ôter tous ses bijoux, couper le courant au compteur, ne pas toucher d'eau, ne pas sortir, se calfeutrer dans un placard, si possible. Rester calme est, de toutes les consignes, la plus difficile à appliquer dans ce genre de situation.

Tremblante, elle scrute le ciel. Ce n'est pas un avion du tout. C'est un énorme hélicoptère militaire qui se trouve presque au-dessus de la maison en vol stationnaire.

Il fait un tel raffut que si Julie se mettait à crier elle n'entendrait pas le son de sa propre voix. Elle a mal aux oreilles et elle est fatiguée, et les vibrations lui donnent le tournis. Il y a une chance pour que l'appareil s'écrase.

— Va-t'en, dit-elle tout bas. La coupe est pleine pour aujourd'hui. Va-t'en.

Au bout de cinq minutes, environ, l'hélico s'éloigne et passe au-dessus de l'A12 en direction de Chelmsford. Mais Julie continue d'entendre le vrombissement du rotor. Il y a une chance pour qu'il revienne et lui déchire les tympans, et s'écrase, ou tout au moins qu'il donne l'impression de s'écraser. Elle reste clouée sur place, transpirant abondamment, s'efforçant de calmer les palpitations dans sa poitrine.

— Qu'est-ce que tu fais ? demande Chantel.

Julie ne l'a pas vue venir.

— Quoi ? Euh, j'attends le facteur, ment Julie.

— Pourquoi ?

— J'attends un paquet.

— Tu es sûre que ça va bien ?

— Oui.

— C'est vrai que tu as besoin d'un camping-car ?

— Un quoi ?

— Pour aller au pays de Galles. Charlotte m'a dit que...

Julie est prise de nausées.

— On peut parler plus tard ? dit-elle. Là, tout de suite, je me sens...

Elle s'élance vers la maison et les W-C du rez-de-chaussée en suffoquant et en suppliant son corps de ne pas vomir. Il y a presque dix ans que Julie n'a pas vomi. Son régime est censé prévenir ce genre de problèmes : pas d'intoxications alimentaires, pas de bactéries, pas de parasites. Elle applique les consignes à suivre en cas de nausées : rester calme, penser à des choses propres, respirer profondément, faire couler l'eau du lavabo. Elle pense à une cascade et une prairie verdoyante, à des glaçons, puis elle ouvre les robinets de la salle de bains. Le malaise s'estompe au bout de quelques minutes, mais Julie continue de transpirer à grosses gouttes, son cœur bat toujours la chamade, et sa respiration est haletante et désordonnée. On ne peut pas faire pire que ce matin. Elle n'a pour ainsi dire pas fermé l'œil de la nuit parce qu'elle n'a pas arrêté de penser au pays de Galles. Elle a besoin d'une bonne tasse de thé.

Son père est à la cuisine, en train de lire le *Guardian.*

— Qu'est-ce qui se passe ? demande-t-il. Pourquoi cours-tu en tous sens ?

— Je... C'est pas grave.

Julie s'agrippe au rebord du plan de travail jusqu'à ce que sa respiration soit redevenue normale. Puis elle met la bouilloire en route en évitant de regarder son père.

— Tu fais la même tête que les filles du manuel de l'héroïne, dit-il.

Le manuel de l'héroïne fait partie d'une série de manuels que les étudiantes en arts de l'université ont publiés sous la supervision du père de Julie. Grâce à leur connaissance des drogues de types B et C, quelques rudiments de PAO (le père de Julie est contre les ordinateurs sous prétexte que les multinationales s'en servent pour conquérir le monde) et l'utilisation maladroite mais enthousiaste de l'aérographe, elles ont produit ce qui pourrait ressembler à un manuel antidrogue, n'eût été le discours prodrogue sous-jacent, imprimé sur du papier juste assez épais pour rouler des joints.

— Merci, papa.

— C'est ça ! Tu es accro à l'héroïne. Ce qui expliquerait beaucoup de choses, dont la présence de l'hélicoptère. Les stups sont à tes trousses ?

— Ah ! ah ! très drôle. Il est huit heures du matin, les camés ne se lèvent jamais à huit heures du matin. Tu peux inscrire ça dans la rubrique « Les signes qui ne trompent pas » de ton manuel de l'héroïne.

— Nous avons supprimé cette rubrique, l'informe-t-il. Nous nous contentons d'expliquer comment stériliser des aiguilles. De toute façon, tu te lèverais probablement à huit heures si la police fédérale était à tes trousses.

— Je suis à peu près certaine que nous n'avons pas de police fédérale en Angleterre.

Le père de Julie dit toujours ça pour désigner les flics. Parce qu'il doit trouver ça drôle ou ironique. Ou, plus probablement, parce que ses étudiantes aux cheveux teints en vert le disent pour se faire remarquer et qu'il les imite. Ce n'est pas, de loin, son tic le plus exaspérant, mais il en fait partie. Les trois pires sont chanter avec les Slipknot et les Limp Bizkit quand ils passent à *Top of the Pops*, et d'emporter son casse-croûte de midi dans une gamelle des Sentinelles de l'air, parce que c'est rétro et qu'il veut à tout prix avoir l'air cool. En fait, c'est plus attendrissant qu'autre chose, songe Julie. Mais c'est tout de même exaspérant.

Il l'ignore.

— Ou bien, si tu étais médecin. Savais-tu que les professions libérales sont les plus grosses consommatrices d'héroïne ?

Julie se fait du thé.

— La fac est toujours inondée ? demande-t-elle.

— Chez nous, pas trop. C'est surtout du côté de London Road. Et chez vous, à The Edge ?

— Chez nous, ça va mieux, j'imagine. Il faut qu'on remplace tout le carrelage.

Julie entend claquer la porte d'entrée, puis Dawn paraît en blouson de satin rose et leggings blancs.

— Salut ! lance-t-elle. Tu es debout de bonne heure, ajoute-t-elle à l'adresse de Julie.

En général, Dawn fait un saut à la maison pour boire une tasse de thé avant de faire sa tournée de la zone industrielle.

— Le manager de The Edge a appelé hier soir, lâche-t-elle.

Il a dit qu'il voulait bien te réintégrer si tu retournais travailler avant sept heures ou quelque chose comme ça.

Doug rit.

— Réintégrée ? dit-il en regardant Julie. Tu t'es fait virer ?

— Je n'ai pas été virée, je suis partie.

Dawn écarquille les yeux.

— Partie ? Mais pourquoi ?

— Parce qu'Owen a passé les bornes. On est deux à être partis, au fait.

— Tu veux dire que tu es sans emploi ? demande Doug.

— Je vais chercher un autre boulot.

— Quand ?

— Je ne sais pas. Ne me regarde pas comme ça, papa. J'ai bien fait. On nous exploitait là-bas.

— On vous exploitait ? répète Doug quand il s'arrête de rire. Tu t'attendais à quoi, en tant que serveuse dans cette putain de boîte ? C'est toi qui n'arrêtais pas de dire que ça te convenait. Tu disais que c'était...

— ... simple, oui, je sais. Et maintenant, arrête. J'ai changé d'avis, c'est tout.

— Saisis les prud'hommes. Ne pars pas comme ça. Demande aux syndicats de négocier ton départ.

— Je vais chercher un autre boulot.

— Tu ne t'imagines pas que tu vas vivre ici pour rien ?

— Je n'ai jamais vécu ici pour rien. Je paie un loyer, mes factures...

— Et avec quoi tu vas les payer, maintenant que tu n'as plus de boulot ?

— Doug, dit Dawn. Arrête ça. Elle va chercher un autre travail. Oh ! Cerise, chez le fabricant de céramique, cherche un employé au conditionnement. Tu veux que j'essaie de t'obtenir un entretien d'embauche ?

— Non, merci, Dawn. Je pense que je vais chercher un emploi de serveuse.

Doug se lève.

— *Serveuse.* Ma fille n'a qu'une ambition dans la vie : être serveuse.

— Et alors ? Il n'y a pas de sots métiers, dit Dawn. Si c'est ce qu'elle veut...

— J'ai mis au monde une demeurée, dit Doug en se dirigeant vers la porte. Nom de Dieu !

Une fois qu'il est sorti, Dawn dit :

— Il ne le pense pas vraiment.

— Bien sûr que si, réplique Julie.

Plus tard, après le déjeuner, Julie va frapper à la porte de Chantel. Nicky lui ouvre. Elle porte un jogging et un tee-shirt légendé *Love is War*[1].

— J'ai mon programme pilâtes en route, dit-elle. Une tasse de thé plus tard ?

— Oui, volontiers. Est-ce que, euh..., est-ce que Chantel est là ?

— En haut, tout au fond du couloir.

— Merci.

La chambre de Chantel est beaucoup plus petite que celle de Nicky. Un mur entier est recouvert de photos d'éléphants, un autre, de posters de surf : des filles blondes en combinaison de surf posant dans des paysages de rêve ; des silhouettes androgynes chevauchant des vagues turquoise. À côté du lit, la photo d'un groupe de jeunes aux cheveux mouillés, assis autour d'un feu de camp sur une plage au coucher du soleil. Un autre mur est couvert d'étagères transparentes avec des bibelots. C'est plus ordonné – et chaleureux – que dans la chambre de Julie avec le méli-mélo de câbles de la stéréo, de l'ordinateur et de la télé, les vêtements entassés et les bouts de papier couverts de chiffres éparpillés sur le plancher. Ici, tout semble avoir une place. Une robe de chambre bleue imprimée de petits éléphants est accrochée proprement derrière la porte, tandis qu'une dizaine de paires de tongs sont alignées sous

1. L'amour, c'est la guerre. (NDT)

le lit. Sur la coiffeuse, quelque cinquante flacons de vernis à ongles forment une palette de couleurs allant du rouge au bleu, les teintes les plus claires au-dessus et les plus sombres en dessous. Autour sont disposés des éléphants en peluche, une brosse à dents électrique toujours dans son emballage et des lettres aux timbres à l'allure exotique. Au milieu de tout, sur le lit, Chantel, en train de ranger des photos dans un album. Elle écoute Radio 1 (Julie reconnaît les voix de Mark et Lard en train de plaisanter à propos du temps).

— Salut ? dit Julie en frappant à la porte entrouverte.

Chantel relève les yeux, surprise.

— Oh ! salut, Julie.

Elle se lève pour baisser la radio et retourne s'asseoir sur son lit avec ses photos et ses albums.

— Désolée pour tout à l'heure, s'empresse de s'excuser Julie en faisant quelques pas dans la chambre. Mais je ne me suis pas levée du bon pied. Je suis venue pour m'excuser. J'imagine que tu t'es demandé pourquoi j'ai filé en courant comme ça.

— Quand ? Ah ! tout à l'heure, dans la rue ? T'inquiète. Tu veux pas t'asseoir ?

Julie s'assied maladroitement au bord du lit. C'est le seul endroit possible.

— Comment va Luke ? demande Chantel.

— Il va bien. Si ce n'est qu'il est complètement paniqué à l'idée d'aller au pays de Galles.

— Il n'est vraiment jamais allé nulle part ?

— Non.

— Charlotte m'a mise au courant pour le pays de Galles, dit Chantel. Mais je n'en ai parlé à personne. Elle m'a demandé de rester discrète.

— Merci. Tu as parlé d'un camping-car, tout à l'heure ?

— Elle m'a dit que tu voulais en emprunter un. Charlotte. Je pensais que tu savais de quoi je voulais parler. C'est-à-dire que je n'ai pas de camping-car, pas encore, mais j'ai dit à Charlotte que j'avais l'intention d'en acheter un pour aller faire du surf, quand j'aurai passé mon permis. Elle a dit que c'était dommage que je n'en aie pas déjà un, parce que, pour aller au pays de Galles, Luke va avoir besoin de plus de place qu'il n'y en a dans ta voiture. Il ne peut pas rester allongé sur la banquette arrière d'une Mini avec une couverture pour le protéger.

— C'est vrai, reconnaît Julie. David vient aussi ; donc, il est clair qu'on va manquer de place.

— David ?

— Oui.

— Il est sympa, non ?

— Oui, dit Julie. Mais quand as-tu parlé avec Charlotte ?

— Elle était ici la nuit dernière. Elle est venue en sortant de chez Luke.

— Oh !

Sans vraiment comprendre pourquoi, la réponse de Chantel met Julie mal à l'aise.

— Pourquoi ?

Chantel a l'air gênée. Julie réalise que sa question est déplacée.

— On a parlé d'un tas de trucs.

— Oui, bien sûr. Je...

Chantel sourit.

— Elle est cool, non ?

— Oui. Très.

— Elle m'a raconté son voyage en Europe et tout.

Julie aurait voulu que Charlotte le lui raconte, mais l'occasion ne s'est jamais présentée. Et maintenant, Chantel sait tout, alors qu'elle ne connaît pour ainsi dire pas Charlotte. Julie se tortille sur le lit pour essayer de trouver une position confortable tout en se demandant ce qu'elle fiche ici.

Le crachin s'est transformé en averse, et la bourrasque projette la pluie sur la fenêtre de Chantel. On dirait qu'un géant est en train d'arroser la maison au karcher.

— J'adore la pluie, dit Chantel. Je parie qu'il y a des vagues énormes sur la côte.

Julie se met à penser à de grosses vagues couronnées d'écume blanche, mais son esprit ne le supporte pas, et les vagues se transforment en gigantesques murs d'eau déchaînée... Un raz-de-marée, un mégatsunami emportant toutes les villes côtières. Son cœur se met à battre violemment tandis que la pluie devient de plus en plus drue. À supposer que l'averse devienne si forte qu'elle emporte tout sur son passage ? Julie veut se sentir à l'abri. La pluie la rend nerveuse.

Chantel continue de mettre en ordre ses albums photos. Elle saisit la photo d'une chèvre.

— Ça, c'est Billie, dit-elle en tendant le cliché à Julie.

Il y a soudain un éclair suivi d'un grand boum. Julie lâche la photo.

— Oh ! mince.

— Julie ?

Julie regarde ses chaussures. Des tennis. Est-ce qu'elle peut demander à Chantel de fermer la fenêtre ? Sans doute pas. La radio ? Chantel va penser qu'elle est complètement siphonnée si elle lui demande de couper la radio, non ? Elle pourrait s'en aller. Sauf qu'elle n'ose pas s'aventurer dehors quand il y a de l'orage. Il faut qu'elle reste à l'intérieur tout en ayant l'air normal. Oh mon Dieu !

— Ça va ? demande Chantel. Tu as peur de la foudre ?

Julie s'oblige à sourire.

— Oui, c'est idiot, n'est-ce pas ? Désolée, j'ai fait tomber la photo.

Elle se baisse pour la ramasser.

— J'ai été légèrement surprise par l'éclair.

— Oui, moi aussi. On aurait dit qu'il était juste au-dessus de la maison.

Il y a un autre éclair et un autre coup de tonnerre. Les lumières clignotent. Le lit se trouve exactement face à la fenêtre qui est toujours ouverte. Julie est beaucoup trop près de l'orage. Elle se lève et s'approche des étagères de Chantel en faisant mine d'admirer ses bibelots. En l'espace d'une journée, Chantel l'a vue perdre complètement la boule à cause d'un hélicoptère, et maintenant d'un orage. C'est ridicule. Elle essaie de se ressaisir, mais, quand un troisième coup de tonnerre éclate, elle est au bord des larmes. Elle voudrait que le monde arrête de la tourmenter. Elle voudrait partir vivre au fond d'un trou, loin de tout ça.

Chantel a l'air soucieuse.

— Julie ?

— Désolée. Je... J'ai du mal avec les orages.

— Tu préfères t'asseoir dans la penderie ?

— Si tu n'y vois pas d'inconvénient, oui.

Chantel rit.

— Non, je plaisante. Mais je reconnais que ça pète, là dehors. Viens, on devrait pouvoir y tenir à deux.

Elle descend du lit et ouvre la porte de l'énorme penderie murale. Un éclair frappe à nouveau, et Chantel pousse Julie à l'intérieur du placard en riant nerveusement.

— Allons, entre, dit-elle. Vite, avant qu'on ne se fasse griller.

Il fait sombre et chaud dans l'armoire, et Julie se sent instantanément en sécurité, de façon presque irrationnelle, comme si elle pouvait être à l'abri ici, même si la foudre s'abattait sur la maison et la réduisait en miettes. Il règne une odeur propre de vêtements et de chaussures en cuir. Pendant quelques secondes, Julie n'entend rien d'autre que sa propre respiration tandis qu'elle se recroqueville entre Chantel et le fond de la penderie. Puis Chantel est à nouveau prise d'un fou rire.

— Non, mais, de quoi on a l'air ? dit-elle.

Julie rit à son tour.

— Je suis vraiment pathétique, gémit-elle.

Dehors, il y a une forte détonation et un éclair beaucoup moins lumineux.

— Je suis contente qu'on soit là, dit Chantel.

— Moi aussi.

— Vu le bruit, l'orage est en train de se rapprocher.

— Oui...

— J'ai de l'électricité statique plein les cheveux.

— Vraiment ? Oh mon Dieu !

— Remarque, ce n'est peut-être qu'une impression, s'esclaffe Chantel. Non, mais, franchement... Heureusement qu'on n'est pas sur un terrain de golf.

— Pourquoi ?

— Parce que c'est là où il y a le plus de gens qui sont frappés par la foudre. Des comptables stressés avec des pacemakers, ce genre de choses. J'ai lu quelque part que, si tu te retrouves dehors et qu'un orage éclate, il faut t'allonger par terre avec les fesses en l'air.

Julie rit, quoiqu'en notant mentalement l'information.

— En quoi est-ce que ça aide ? demande-t-elle.

— Je ne me souviens plus. Pour limiter la surface d'impact, je crois.

Chantel remue légèrement, et sa jambe frôle celle de Julie.

— Je croyais que tu me détestais, au fait.

— Non, bien sûr que non, s'empresse de dire Julie. Qu'est-ce qui te fait penser ça ?

— À cause de Luke et de la bière... Je m'en suis voulu à mort.

— Non, vraiment... Désolée si je t'ai donné cette impression.

— C'est pas grave, dit Chantel. Je suis du genre ultrasensible. C'est peut-être parce que, ce matin, j'ai eu l'impression que tu me fuyais.

— C'est pour ça que je suis venue m'excuser, dit Julie. Ça n'avait rien à voir avec toi.

— Ah, cool.

Chantel a l'air soulagée.

— Pas de problème, dans ce cas.

Julie soupire.

— En fait...

— Ne te sens pas obligée de me le dire.

— Non, non, c'est pas si grave. Comme tu l'auras remarqué, j'ai peur de l'orage.

— Oui. Moi aussi, quand ça pète aussi fort.

— Eh bien, l'hélicoptère, ce matin... Ça m'a fichu une trouille bleue.

— Ouais, tu as vu ça un peu ? Je suis sortie pour voir ce qui se passait, moi aussi.

Julie fronce les sourcils.

— Ah ouais ?

— Ouais. J'avais carrément les boules. Pourquoi ne me l'as-tu pas dit ce matin ?

— Je ne voulais pas passer pour une...

— … une toquée ? suggère Chantel.

Julie rit.

— Oui, je n'aime pas qu'on sache que j'ai peur.

— Je te comprends. Personne n'aime ça.

— J'ai peur de choses tellement idiotes, si tu savais.

— Tout le monde a peur de choses idiotes, dit Chantel. Ma mère a peur des journaux.

— Des journaux ?

— Oui. À cause de l'encre. Quand elle était petite, elle a mis du papier journal dans la cage de son hamster, et il est mort, parce que l'encre était toxique. Toujours est-il que, depuis, elle ne touche plus un seul journal. Elle est persuadée que, si elle lit le journal pendant des années, l'encre finira par la tuer. Si c'est pas une peur idiote...

— Dans un sens, c'est assez logique.

— Oui, mais on ne peut pas pousser la logique aussi loin, non ?

Julie se sent en sécurité, pelotonnée bien au chaud au fond de la penderie.

— Ça va mieux ? demande Chantel.

— Oui, beaucoup mieux.

— Ça continue à tomber dru dehors, n'empêche.

— Dans ce cas, on ferait mieux de rester ici, dit Julie. Sauf si…

— Non, non, pas de problème. Je me sens bien ici. Je ne me suis jamais enfermée dans une penderie avant.

— Moi non plus. Dans des placards, si.

Chantel rit.

— Tu es vraiment spéciale. Tu me rappelles mon grand-père.

— Ton grand-père ? Comment ça ?

— Il avait peur des avions, de l'orage, des bruits qui venaient du ciel. C'était à cause de la guerre. Il est mort il y a cinq ans, mais, quand il y a eu la guerre du Golfe, il insistait pour qu'on éteigne toutes les lumières. Il était persuadé que c'était le couvre-feu, et, même quand on essayait de lui expliquer que ce n'était pas ce genre de guerre, il insistait pour qu'on éteigne toutes les lumières toute la nuit. Non, mais, tu imagines, avoir l'impression que, chaque fois qu'un avion vole au-dessus de ta tête, il va lâcher une bombe ? Il a vécu comme ça pendant environ cinquante ans. Comme si la vie continuait, mais sans lui. Mais je suppose que, si on avait connu ce qu'il a connu, on serait comme lui.

Julie est persuadée que tous les avions qui volent au-dessus de sa tête vont lui tomber dessus. Elle arrive presque à imaginer ce qu'elle ressentirait. Sauf que, contrairement au grand-père de Chantel, elle n'a pas de raison pour cela. Elle ne comprend pas pourquoi elle a aussi peur des avions. Les avions la terrorisent tellement que, si elle a pleuré à la fin de *Casablanca*, c'est parce qu'elle pensait que l'avion de Laszlo allait se crasher. Mais, à l'intérieur de la penderie, c'est un peu comme si les avions n'existaient pas, et comme si c'était la guerre, mais une guerre spéciale, sans avions et sans bombes : un bunker souterrain cosy.

— Moi, je ne remarque même pas quand un avion passe, dit Chantel. Mais lui, aucun ne lui échappait. Je crois qu'à force de s'angoisser, il a failli perdre complètement la boule.

Elle a l'air vraiment triste.

— C'était un bonhomme tellement super. Je l'adorais. Les gens se plaignent parfois que les vieux ne parlent de rien d'autre que de la guerre, l'air de dire « Ils sont casse-pieds ». Je déteste ces gens. Je n'oublierai jamais certaines histoires que m'a racontées mon grand-père. Et puis, si on vit ici, maintenant, en liberté, c'est parce que nos grands-parents se sont battus pour ça. Je ne comprends pas pourquoi les jeunes de notre âge ne sont pas plus respectueux des personnes âgées, ne serait-ce que par égard pour leur courage. Ils ne comprennent pas que, ce qu'ils font quand ils jouent sur leurs PlayStation, nos grands-parents l'ont fait réellement et parce qu'ils défendaient un idéal. Combien de gens de notre génération supporteraient de voir quelqu'un se faire tuer ? Et si c'était le cas, ils seraient automatiquement pris en charge par une cellule psychologique ou autre. Quand c'était la guerre, il fallait s'y faire. Et tu sais ce qui est le plus triste dans tout ça ?

— Quoi donc ? dit Julie.

— Bientôt plus personne ne se souviendra de la guerre. On n'en parlera plus, et les gens ne se plaindront plus que les vieux radotent, car il n'y aura plus personne de cette génération. Tu ne trouves pas ça bizarre ? Toute ma vie, j'ai entendu les personnes âgées me raconter la guerre. Mais j'ai réalisé que bientôt on va avoir une nouvelle génération de vieux qui n'auront rien d'autre à raconter que des histoires de déco d'intérieur et de croisières. Ils auront été trop jeunes pour connaître la guerre. Je suppose que certains d'entre eux auront perdu des parents pendant la guerre et qu'ils continueront d'en parler un peu. Mais ensuite, il y aura nous, et, même si nos parents et grands-parents ont pu en être affectés, nous n'en parlons presque pas. Après quoi, il y aura nos enfants, qui diront : « Quelle guerre ? » C'est triste, non ?

— Oui, vu comme ça..., c'est vraiment triste.

— Ma grand-mère a été lesbienne pendant la guerre, proclame presque fièrement Chantel.

Julie rit.

— Seulement pendant la guerre ?

— Oui. Elle adorait mon grand-père, mais, en ce temps-là, on ne couchait pas avant le mariage, et pour finir ils sont devenus des amis plus qu'autre chose. Je crois qu'elle a toujours été attirée par les femmes. Elle y faisait allusion parfois, mais sans jamais le dire ouvertement. Je n'ai pas envie d'être comme ça.

— Comment ?

— Ne pas pouvoir vivre les choses que j'ai envie de vivre.

— Oh ! s'esclaffe Julie. Je croyais que tu voulais dire ne pas pouvoir être lesbienne si tu en avais envie.

Chantel rit aussi.

— J'ai envie d'essayer, dit-elle. Non, sérieusement.

— Essayer quoi ?

— De le faire avec une fille. Je l'ai dit à Luke l'autre soir. Je parie qu'il a aimé ça.

— Oh ! sûrement.

Elles éclatent de rire.

— Peut-être qu'on est tous bis, en fin de compte, dit Chantel. J'ai lu ça quelque part.

— Oui, moi aussi.

Chantel hausse les épaules.

— C'est bien possible.

— Tu es déjà tombée amoureuse d'une fille ? demande Julie.

Chantel fronce le nez. Julie ne la voit qu'indistinctement dans l'obscurité de la penderie.

— Non, pas vraiment. Je continue de chercher. Drew Barrymore, peut-être ?

— Hum.

Julie ne s'imagine pas tombant amoureuse de Drew Barrymore.

— Et toi, demande Chantel.

— Euh ? Moi quoi ?

— Tu n'as jamais eu le béguin pour une fille ?

— Si. Une fois.

Chantel laisse échapper un couinement.

— Non ? Sérieux ?

— Oui. Et, s'il te plaît, n'en parle à personne...

— Non, promis.

Julie prend une grande inspiration.

— C'était Charlotte.

— Ouah ! Tu le lui as dit ?

— Pas vraiment. Je crois qu'elle avait deviné, mais il ne s'est rien passé.

— Tu penses que c'est mieux comme ça ?

— Peut-être. Je ne suis pas sûre qu'on serait encore amies si...

— Oui, faire ça avec des amis, ce n'est jamais une bonne chose.

— Je sais. Charlotte était pas mal déboussolée, elle aussi, à l'époque. Elle croyait qu'elle était lesbienne parce qu'elle voulait quitter son petit ami. Et puis il est mort. Je ne sais pas ce qu'elle en pense maintenant.

— Elle ne l'est pas. Lesbienne, je veux dire.

— Comment le sais-tu ? Vous en avez parlé ?

— Oui, hier soir. J'ai remis ça sur le tapis. On dirait pas, comme ça, parce que je suis quelqu'un de timide, hein ? Je ne me souviens plus comment c'est arrivé dans la conversation... Ah, si, ça me revient, on disait que tu étais jolie, et on s'est demandé si on n'était pas un peu lesbiennes pour penser des trucs pareils, enfin moi, en tout cas, en espérant que si, en fait. Charlotte m'a raconté sa virée en Europe après son départ de Windy Close. Elle avait besoin de se recentrer ou quelque chose comme ça. Elle ne tenait pas en place et elle s'est retrouvée à faire la route avec une conductrice de poids lourds lesbienne. Je crois que c'est ce qui l'a convaincue que ce n'était pas son truc.

Julie a le feu aux joues à l'idée que deux filles puissent la trouver jolie. Visiblement, Charlotte n'a pas laissé entendre qu'il ait pu y avoir le moindre rapport entre le fait qu'elle trouvait Julie séduisante et son départ pour l'Europe. Mais maintenant qu'elle y pense, Julie pense qu'il n'y en a aucun.

— Dans quel sens ? demande-t-elle.

— Elle a dit qu'elle ne supportait pas l'idée de devoir être complètement féminine ou complètement masculine. Et puis elle a parlé de cette coupe de cheveux, courts sur le dessus et longs derrière. Apparemment toutes les gouines sont coiffées comme ça.

— C'est Charlotte tout craché.

— Ouais.

Chantel rit.

— Et, donc..., tu as déjà été attirée par d'autres filles ?

— Non, pas que je me souvienne. Avec Charlotte, je crois que ça n'était qu'une lubie. Je n'aurais jamais pu avoir une relation sexuelle avec elle.

— C'est tout le problème, n'est-ce pas ? Je veux dire qu'il y a une différence entre trouver une fille attirante et avoir envie de l'embrasser. Peut-être parce que je suis sortie avec trop de garçons. Je n'en sais rien. Il va falloir que je persiste.

— Pourquoi ? Pourquoi est-ce tellement important ?

Chantel soupire.

— Je sais que ça va te paraître idiot.

— Non, vas-y.

— Eh bien, juste avant que je gagne à la loterie, ma grand-mère est morte...

— Je suis désolée, dit Julie.

— Oui, j'étais inconsolable. Je le suis toujours. J'étais beaucoup plus proche d'elle que de ma mère. Ma mère et moi, on s'entend bien, mais on n'est pas toujours d'accord. Elle veut être quelqu'un de normal et pas moi... Ou plutôt, si, sauf que nous n'avons pas la même idée de ce qui est normal. Mais, bref, ma grand-mère était quelqu'un qui avait tout compris. Elle adorait mon grand-père de toute évidence, mais elle avait aussi – ou elle a eu, à un moment donné, en tout cas – des affaires secrètes. Et pas seulement avec des filles. Et moi, j'aurais voulu qu'elle me dise ce que c'était. Quand elle avait un coup de sherry dans le nez, elle se lâchait un petit peu, si tu vois ce que je veux dire... Mais je n'ai jamais su vraiment ce qu'elle avait vécu, quelle sorte de personne elle était quand elle était jeune. J'ai toujours voulu lui ressembler. Pour l'instant, c'est plutôt à ma mère que je ressemble. Je n'ai pas envie d'être une fille ordinaire, qui couche avec des tas de mecs et qui se sert de son fric pour s'acheter un pub et des tas de bijoux. Je sais que ça peut paraître prétentieux, mais... Je veux faire quelque chose de différent ou d'intéressant. Je me suis dit que, si je commençais à coucher avec des filles, ça ferait de moi quelqu'un de différent de ma mère et de plus proche de ma grand-mère. C'est stupide, je sais.

— Peut-être que tu devrais te concentrer sur le surf, dit Julie en souriant.

— Oui, peut-être.

— Au fait, dit Julie. C'est quoi, tous ces éléphants ?

— Hein ?

— J'ai remarqué qu'il y avait plein d'éléphants dans ta chambre.

— Ah oui… C'est mon animal préféré.

— Pourquoi ?

— L'éléphant n'oublie jamais. Et ça ne le dérange pas d'être gros.

L'orage finit par passer, et Julie doit sortir de la penderie, même si elle ne s'était pas sentie aussi bien depuis longtemps quand elle était à l'intérieur. Le soleil brille à travers les nuages bleu foncé, et, bien qu'il continue de pleuvoir, on dirait que le ciel ne va pas tarder à se dégager.

Chantel lisse sa jupe.

— Ça te dirait de venir au pays de Galles ? demande soudain Julie.

— OK ! s'exclame Chantel, ravie. Ça me dirait carrément. J'ai besoin d'aventure. Alors, qu'est-ce qu'on fait pour le camping-car ?

— Je pense qu'on ne pourra jamais tous tenir dans ma voiture...

— On va aller acheter un camping-car demain. C'est moi qui paye.

— Et il faut qu'on fabrique une combinaison spatiale pour Luke, dit Julie.

28

Dans leur entourage, à part Leanne, elles ne voient personne qui sache coudre.

— Non, pitié, dit Charlotte. Pas elle.

— Nous n'avons pas vraiment le choix, objecte Julie.

— Mais je peux peut-être apprendre, suggère Charlotte. On a encore toute la journée d'aujourd'hui et demain.

C'est vendredi, et ils ont prévu de se mettre en route le plus tôt possible le samedi soir, une fois la nuit tombée.

— Il va nous falloir une machine à coudre, de toute façon, remarque Julie. Et Leanne en a une. On va devoir la lui emprunter.

— On ne pourrait pas en acheter une, plutôt ? dit Charlotte.

Chantel secoue la tête.

— Ça nous avancerait à quoi, si on sait pas s'en servir ?

Charlotte, Julie et Chantel sont dans la chambre de Julie. David, qui est parti en quête de papier d'alu peu avant minuit la veille, n'est toujours pas revenu de sa mission. Son plan était d'entrer par effraction chez The Edge, de faire main basse sur tout le papier d'alu, puis d'aller pisser sur le bureau d'Owen. Personne ne sait s'il a réussi, mais Julie espère que oui, car le papier d'alu est l'un des principaux composants de la combinaison spatiale de Luke. David aurait dû être revenu il y a une heure déjà. Il s'agit de la première réunion officielle du Comité de sortie dans l'espace.

Charlotte feuillette *Auto Express.*

— Il y a des tonnes de camping-cars là-dedans, dit-elle. Donc, ça ne devrait pas être bien compliqué.

Elle consulte sa montre.

On ferait bien d'aller en voir quelques-uns sans tarder.

— Qui est-ce qui y va ? C'est quoi le plan ? demande Julie.

— Tu es la seule à savoir conduire, à part David, et il n'est pas là. Tu vas devoir y aller, dit Charlotte. Et moi, il n'est pas question que je reste ici toute seule à coudre avec Leanne, alors, je viens avec toi...

— Hep ! une seconde, dit Chantel. Si on va toutes chercher un camping-car, qui va se charger de la combinaison ?

— Leanne, apparemment, dit Charlotte. Et Luke, quand il sera réveillé.

— Il va tout de même falloir qu'on leur donne un coup de main. Et puis il faut d'abord qu'on aille lui demander si elle est d'accord.

— Bon, mais combien de temps ça va prendre pour acheter un camping-car ? demande Charlotte.

Chantel et Julie ne savent pas.

— Ça ne peut tout de même pas prendre des heures, non ? dit Charlotte. Leanne et Luke peuvent attaquer la combinaison, et on s'y mettra tous ce soir. Et David aussi, s'il revient. Je vais les appeler pendant que vous y allez, et demander à Leanne si elle est OK. Je peux utiliser ton téléphone, Julie ?

— Bien sûr.

Leanne n'est pas chez elle. Elle est au boulot.

— J'espère qu'il n'est rien arrivé à David, s'inquiète Julie lorsqu'elle se gare dans l'aire de stationnement de la zone commerciale.

The Edge lui paraît étrange, maintenant qu'elle sait qu'elle n'y remettra plus jamais les pieds.

— Je suis sûre qu'il va bien, dit Charlotte.

Blockbuster a fait peau neuve. Une longueur de lino à motifs de briques jaunes traverse tout le magasin, reliant la section « sélection du jour » au distributeur de pop-corn, puis se prolongeant jusqu'aux caisses, derrière lesquelles sont exposés divers DVD inspirés du *Magicien d'Oz* : *Sailor et Lula, E.T., My Own Private Idaho*, et *Retour vers le futur.*

— Salut, Chantel, salut, Julie, dit Leanne. Alors, comment vous trouvez notre nouveau chemin de briques ?

— Sympa, dit Chantel, qui n'a pas l'air convaincue. Pourquoi es-tu habillée comme ça ?

En plus de son uniforme Blockbuster habituel, Leanne porte des chaussures rouges, des socquettes bleues et des couettes. Elle porte aussi du fard à paupières bleu et des fausses taches de rousseur sur le nez, dessinées à l'eye-liner.

— Je suis Dorothée, explique-t-elle.

Chantel la regarde de la tête aux pieds.

— Dorothée ?...

— C'est la semaine du *Magicien d'Oz*, andouille.

Julie essaie de ne pas rire.

— On aurait un service à te demander, dit-elle.

— Je me disais bien aussi qu'il y avait quelque chose, répond Leanne. Owen est furieux contre toi. Je ne sais même pas comment tu oses te pointer dans la zone commerciale...

Julie fait la grimace, et Leanne s'interrompt.

— Bon, mais quel genre de service ? demande-t-elle, l'air suspicieux.

— Tu sais coudre, non ? dit Chantel.

— Oui, bien sûr. Tu le sais très bien. Pourquoi ?

— On a un projet de couture et on aurait besoin de ton aide.

Un client s'approche du comptoir avec trois films pour enfants et un jeu de PlayStation. Leanne foudroie Julie du regard, et Chantel et elle se reculent. L'homme, tout guilleret, dépose ses DVD sur le comptoir et tend sa carte de membre bleu et jaune. Leanne scanne sa carte en souriant, puis fait claquer sa langue.

— Oh ! oh ! Vous nous devez des pénalités de retard.

— Oui, je sais, dit l'homme sans cesser de sourire. Je crois que j'ai déposé deux films dans la boîte aux lettres l'autre soir...

Les gosses veulent toujours les regarder au moins trois fois. J'ai hâte que ces inondations soient finies pour qu'ils puissent retourner à l'école. Ils me rendent dingue...

— Vous nous devez douze livres, dit Leanne.

L'homme est abasourdi.

— Douze livres ? Vous êtes sûre ?

— Oui. *Lolita.* Vous avez quatre jours de retard.

— *Lolita* ?

Cette fois, l'homme a l'air complètement largué.

— Vous êtes sûre ?

— Que voulez-vous faire, monsieur ? Vous pouvez payer par carte, chèque et en liquide. Je crains que vous ne puissiez pas emprunter ces films tant que vous n'aurez pas payé l'amende.

— Écoutez, dit-il poliment. L'amende n'est pas un problème, c'est juste que...

— Si vous ne pouvez pas payer, monsieur, je ne peux rien faire tant que votre compte ne sera pas régularisé, insiste Leanne.

Elle enlève les DVD et le jeu, et les range derrière le comptoir, hors de portée du client, comme si elle craignait qu'il ne parte avec en courant.

L'homme est furieux.

— Je n'ai pas dit que je ne pouvais pas payer l'amende, explique-t-il lentement. J'ai simplement dit que je ne comprenais pas comment c'était possible. Bien sûr que je vais la payer, si c'est la mienne, mais je ne le crois pas. Et je n'aime pas qu'on me parle sur ce ton...

— Désolée, monsieur, mais vous devez payer avant de pouvoir emprunter de nouveaux films…

— Je peux la payer, votre putain d'amende, dit-il en haussant le ton, comme si Leanne était sourde. Ce n'est pas le problème. Mais je n'ai jamais emprunté – quoi déjà ? – *Lolita.* Je ne viens ici que pour mes gamins, qui ont six, huit et dix ans. Pourquoi voulez-vous qu'ils regardent un film comme *Lolita* ?

— Je suis désolée, monsieur, mais l'ordinateur est formel...

— Êtes-vous en train de me dire que votre ordinateur sait mieux que moi ce que je fais ?

Leanne ne répond pas.

— Je suis navrée, mais vous allez devoir...

Hors de lui, l'homme sort son portefeuille.

— Vous êtes un robot ou quoi ?

— L'ordinateur...

— Tenez.

Il lui balance des cartes de crédit à la tête.

— Choisissez vous-même.

— Je suis désolée, monsieur, mais je vais être obligée de vous demander de sortir.

L'homme inspire profondément. Il a l'air de quelqu'un qui ne s'est jamais fait virer de nulle part.

— Très bien, je vais la payer, cette amende, mais ensuite, je vous le garantis, vous ne me verrez plus jamais. Je vais aller chez Videoland à partir de maintenant. Et vous allez avoir des nouvelles de mon avocat.

Leanne soupire.

— OK, je vais régulariser votre compte, dit-elle. Mais je vais devoir résilier votre abonnement chez nous. Et je ne pourrai pas vous rendre votre carte.

— Vous êtes sourde en plus d'être idiote ? s'emporte l'homme. Je viens de vous dire que je ne remettrai plus jamais les pieds chez vous. Vous pouvez vous la mettre où je pense, votre carte d'abonnement.

— Quelle carte de crédit voulez-vous que je débite ? demande Leanne.

— N'importe laquelle, répète l'homme.

— Je suis désolée, monsieur, mais c'est à vous de décider. Je ne suis pas autorisée à...

L'homme tend la main, et Leanne lui rend ses cartes de paiement.

— Allez vous faire foutre, dit-il. Et collez-moi un procès pour vos douze livres, si vous voulez, mais j'ai eu ma dose.

Il range ses cartes dans son portefeuille et sort du magasin, la face rouge comme s'il allait pleurer de rage.

— Super, le service clientèle, dit Julie.

— Ferme mais juste, dit Leanne.

— Où est Lloyd ? demande Julie. Tu n'es pas censée lui demander l'autorisation avant de résilier un abonnement ?

— En principe, si. Mais il est parti à la chasse.

— À la chasse ?

Leanne hausse les épaules.

— À la chasse aux bonnes affaires. Lloyd est un accro du shopping.

— C'est incroyable que vous ayez encore des clients dans ce magasin, dit Chantel. Est-ce que ce Lloyd a la main aussi lourde que toi ?

Leanne rit.

— Lloyd ? C'est un agneau. Il aurait non seulement annulé l'amende, mais il lui aurait probablement offert la location des nouveaux films pour se faire pardonner notre « erreur ». Mais il ne faut pas être trop cool avec ces gens-là. On a des clients qui accumulent des pénalités de retard monstrueuses et qui viennent vous raconter ensuite que leur mère est morte, qu'ils se sont fait voler le film dans la voiture, ou que la voiture a été volée avec le film à l'intérieur, ou qu'ils l'ont rangé avec leurs vidéos de mariage et que le coffret s'est retrouvé dans une valise en route pour la Barbade, et que sais-je encore. Ils ne manquent pas d'imagination quand ils vous baratinent pour ne pas avoir à payer les pénalités de retard. Mais c'est du vol, ni plus ni moins, et ce n'est pas tolérable. Nous sommes une boutique de location de vidéos, pas la Croix-Rouge.

Chantel et Julie échangent un regard sans rien dire.

— Mais, bref, c'est quoi, cette histoire de couture ? demande Leanne.

— C'est une...

Julie donne un coup de coude à Chantel.

— On t'expliquera plus tard, dit-elle à Leanne.

— Je vais avoir besoin d'un patron, dit Leanne. Enfin, si j'accepte de vous aider.

Chantel soupire.

— Je crois que nous allons devoir dessiner le patron nous-mêmes. C'est un peu spécial.

— Je pourrais peut-être le dessiner, dit Leanne.

— Tu as suivi des cours de stylisme à la fac, si j'ai bonne mémoire ? dit Julie.

— Oui. Jusqu'à ce que j'abandonne.

— Alors, tu dois sûrement savoir dessiner un patron.

— Un peu. Mais il y avait toujours quelque chose qui clochait avec les miens. C'est pour ça que j'ai décroché.

— Je suis sûre que celui-là sera parfait, dit Julie.

— Je ne sais pas.

Elle soupire.

— Il vous le faut pour quand ?

— Demain après-midi.

— Demain ? répète Leanne en secouant la tête. Impossible, je travaille.

— On pensait le faire ce soir, dit Chantel. Chez Luke.

— Alors là, il n'en est pas question. Je pense qu'il faut qu'on arrête de se voir pendant un certain temps. Vous saviez qu'on avait rompu définitivement ? Je le lui ai dit...

— S'il te plaît, Leanne, dit Julie. On a vraiment besoin que tu nous aides.

— Tu es la seule personne à qui on puisse demander ça, dit Chantel. S'il te plaît ?

— Je ne sais pas. Vous avez le tissu, au moins ?

— Il va y avoir beaucoup d'alu, commence Chantel.

Julie l'interrompt.

— Non, pas encore.

— Il faut aller en acheter, dans ce cas.

— Bien sûr, dit Julie. Combien il en faut ?

— Comment veux-tu que je le sache ? Vous ne m'avez même pas dit ce que c'est.

— C’est une sorte de combinaison intégrale, explique Julie.

— Un peu comme une combinaison de plongée, ajoute Chantel.

— Je ne saurais jamais faire ça. Le tissu est beaucoup trop épais pour ma machine.

— Non, mais ce n’est pas ce genre de tissu qu’il nous faut, dit Chantel. Juste la forme.

— Dans ce cas, achetez-en un bon paquet.

— C’est-à-dire ?

— Dix mètres ? Je sais pas. C’est à vous de voir.

— Dix mètres, ça fait beaucoup, non ?

— Oui, mais il faut prévoir une marge d’erreur.

— Pourquoi ?

— Parce que je n’ai plus trop l’habitude, dit Leanne. Et puis je n’ai jamais fait que des jupes.

— Que des jupes ? dit Julie.

— Oui. Je n’ai jamais réussi à faire des manches.

— Oh non, dit Chantel.

— C’est pas grave, s’empresse d’ajouter Julie. Tout ira bien. On va tous s’y mettre.

— Ça serait bien d’essayer de vous procurer un patron, tout de même, dit Leanne lorsqu’elles s’en vont. Et aussi du fil pour la machine et des épingles. Je n’en ai presque plus. Oh ! Julie, il faut que je te parle plus tard. J’ai besoin d’un service en échange.

— Ce type m’a vraiment fait de la peine, dit Chantel quand elles remontent dans la voiture.

— Tu veux dire le client de Leanne ?

— Oui. Je ne supporte pas la façon dont les vendeurs parlent aux gens. Comme si vous étiez complètement tarés parce que vous avez oublié de rapporter un film dans les temps.

— Je sais, dit Julie. Leanne est un Hitler déguisé en Dorothée.

Chantel rit.

— Elle n'est pas la seule, remarque. Une fois, je venais juste de gagner au loto et j'étais allée faire un grand tour des magasins, pour acheter des surprises à maman, et quelques trucs pour Michelle et Leanne, et Billie. Bref, je me suis arrêtée chez Tesco en chemin, parce que je voulais remplir le frigo de ma mère, qui faisait toujours ses courses dans les hard-discount et n'avait jamais de quoi se payer de bonnes choses, et que je voulais acheter des fraises et du champagne, des chocolats et du bain moussant, enfin, tout ça, quoi. Je suis allée à la caisse avec mon panier rempli à ras bords, et j'ai commencé à tout mettre dans des sacs, de ceux garantis à vie qui coûtent dix pence pièce. Au moment de payer, j'ai sorti ma carte de crédit que j'avais utilisée toute la journée. La fille l'a passée dans le lecteur, et je suis tombée des nues quand elle m'a dit que le paiement était refusé. Je lui ai dit d'essayer à nouveau, en lui assurant que mon compte était largement alimenté, et j'ai même ri en disant qu'il fut un temps où j'avais toujours peur que ma carte soit refusée parce que j'étais toujours à la limite du découvert autorisé, mais que, cette fois, je n'étais pas du tout inquiète parce que j'avais plein d'argent sur mon compte. Elle a essayé à nouveau trois fois, et, comme le paiement était toujours refusé, elle m'a suggéré d'aller retirer de l'argent liquide au distributeur...

— Tu n'avais pas d'argent liquide sur toi ? demande Julie.

— Non, jamais. Parce que j'ai toujours peur de perdre mon porte-monnaie. Je crois que c'est depuis que j'étais gamine et que j'étais allée faire des courses avec les vingt livres que j'avais mis un an à mettre de côté et que je les ai perdues. Comme maman n'avait pas les moyens de m'en donner d'autres, j'ai dû recommencer à économiser. Je crois bien que, ce jour-là, je l'ai passé à pleurer et à scruter tous les trottoirs de Basildon. Et même encore aujourd'hui, quand j'emporte de l'argent liquide, je vérifie toutes les cinq minutes que je n'ai pas perdu mon portefeuille. C'est une obsession.

Julie sourit.

— Tu n'as pas expliqué tout ça à la fille de chez Tesco, j'imagine ?

Chantel rit.

— Non, je lui ai juste dit que je n'avais pas de liquide. Mais je n'ai pas de code pour ma carte de crédit. À quoi ça sert quand tu peux tout payer par carte ? En plus, je n'arrive jamais à me souvenir de ces codes secrets. Si bien que j'étais coincée. J'ai refait une plaisanterie sur le fait que je venais de gagner au loto et que toute cette histoire était complètement grotesque, dans la mesure où, sur ce compte-là, je devais avoir quelque chose comme deux cent mille livres, mais elle m'a regardée comme si j'étais complètement à la masse et m'a répondu qu'elle ne pouvait rien pour moi. Quand je lui ai demandé si je pouvais parler à la responsable du magasin, elle a, genre, soupiré avant de l'appeler. Pendant ce temps-là, tous les gens qui faisaient la queue commençaient à en avoir marre d'attendre. La responsable a fait la même chose que Leanne. Elle ne m'a pas écoutée et n'a fait que répéter : « Désolée, madame, mais nous n'avons aucun autre moyen de paiement à vous proposer. Le problème ne vient pas de nous, mais de votre banque. Si leur terminal dit que vous n'avez pas l'argent nécessaire, nous n'avons pas le droit d'effectuer un retrait... » Et blablabla. J'ai essayé de rester aimable, même si je savais que j'allais devoir quitter le magasin, parce que je me suis sentie horriblement humiliée et que je voulais qu'elle se mette à ma place. Mais chaque fois que je disais quelque chose comme « Oh ! je suppose que ça doit arriver tout le temps » ou bien « Je suis idiote, je n'ai pas pensé à emporter mes autres cartes de crédit », elle répétait la même chose, comme si j'avais essayé de la persuader de me laisser emporter toutes mes courses sans payer. J'étais tellement mal que je suis sortie en larmes. C'était son attitude rigide – comme si j'avais parlé à un mur – qui m'a fait craquer. Ma journée était fichue, après ça. Ensuite, la banque m'a dit qu'il n'y avait rien d'anormal avec ma carte et que ce devait être le lecteur de Tesco qui ne marchait pas et qu'il aurait suffi que la fille tape manuellement le numéro sur son clavier, sauf qu'elle ne l'a pas fait et qu'elle s'est contentée de passer la carte dans le lecteur. Quand j'ai appelé le service clientèle de Tesco, ils m'ont répondu qu'il y avait des gens qui passaient leur temps à essayer de les arnaquer et que c'était pour ça qu'ils avaient adopté cette politique du refus catégorique. Je leur ai tout de même dit que c'était stupide. Si la responsable avait été moins bornée, elle aurait fait l'effort de taper mon numéro de carte sur le clavier, mais elle ne s'en est même pas donné la peine. Les gens du service clientèle se sont excusés, mais je n'y suis plus jamais retournée.

Julie augmente la cadence des essuie-glaces, car il se met soudain à pleuvoir à verse. Il faut qu'elles aillent en ville pour acheter du tissu.

Comme il n'y a pas de places libres dans High Street, Julie va se garer sur le parking qui se trouve derrière le Rising Sun.

29

Il est sept heures du soir, et la chambre de Luke est jonchée d'épingles, de bouts de tissu et de papier à patron. Leanne est sous le choc en apprenant quel est leur plan et n'arrête pas de répéter :

— Je n'arrive pas à y croire. Jean va péter un câble, c'est sûr.

— Je me demande où en sont Julie et Charlotte, commente Chantel.

Julie et Charlotte sont parties acheter un camping-car avec de l'argent que Chantel a retiré à la banque. Elle a déjà expliqué à Luke ce qui s'était passé chez Blockbuster et son expédition en ville avec Julie : impossible de trouver un patron de combinaison intégrale (à part des grenouillères) ; aucune idée du genre et de la quantité de tissu nécessaire ; Julie se rongeant les sangs au sujet de David ; l'angoisse de devoir faire appel à Leanne. Pour finir, Chantel a décidé qu'il valait mieux qu'elle aille donner un coup de main chez Luke et a laissé Julie et Charlotte se débrouiller pour le camping-car. Luke était content de l'apprendre, parce qu'il n'avait pas la moindre idée de ce qu'elles étaient en train de préparer. Surtout, il n'avait aucune envie de se retrouver seul en tête-à-tête avec Leanne.

Entre-temps, David est revenu avec une cinquantaine de rouleaux de papier d'alu, un casque de moto et un drôle d'air, genre « Ne me demandez pas ce qui s'est passé ». Leanne a débarqué avec sa machine à coudre et une attitude que Luke a du mal à décrypter, mais qui a probablement un rapport avec le fait qu'elle a été la dernière à être mise au courant et uniquement parce qu'elle est la seule à savoir coudre.

— Je n'arrive pas à croire que vous n'avez pas pu vous procurer un patron de combinaison, ronchonne-t-elle.

— Il n'y en avait que pour des grenouillères, explique Chantel.

— Vous auriez dû en acheter un et on l'aurait mis à sa taille.

— Oui, je sais. Tu l'as déjà dit.

— Bon, dit David. Je propose que Luke s'allonge sur le tissu étalé par terre et qu'on trace le contour de sa silhouette. Après, on coupe deux parties identiques et on les coud ensemble.

— Et les fermetures éclair et tout ça ? demande Leanne. Comment va-t-il l'enfiler ?

Ils sont tous assis par terre et contemplent le tissu d'un air sceptique. Luke est devant son ordi, en train de chercher sur Internet à quoi ressemble une combinaison spatiale. Il se sent excité comme jamais auparavant, et cela le rend joyeux. Plus il a l'air joyeux, plus Leanne a l'air de mauvais poil.

— Hé ! Regardez ça, dit-il. SpaceProps.com. On aurait pu louer une combinaison chez eux. Sauf qu'il aurait fallu s'y prendre un mois à l'avance.

— La ferme, Luke, dit Leanne.

— Je plaisantais, dit-il. Ce ne sont pas des vraies. Je suppose que ça ne marcherait pas.

— Voyons ça, dit Chantel.

Elle se lève et jette un coup d'œil à l'écran par-dessus l'épaule de Luke.

— Ça a l'air rudement compliqué.

David s'approche, lui aussi.

— On n'est pas obligés de faire un truc aussi sophistiqué, dit-il. Il suffit que la combinaison remplisse sa fonction. On n'a qu'à faire une combinaison et de la recouvrir de papier d'alu pour réfléchir la lumière du soleil.

— Trouvez-moi un patron, dit Leanne.

C'est ce que Luke est en train d'essayer de faire. Il cherche à nouveau en tapant « fabriquer une combinaison spatiale » et se retrouve sur le site de la NASA, qui propose divers projets de fabrication de combinaisons pour les écoles, avec des ballons, des scies, des tuyaux, des gants.

— Des gants ! s'écrie-t-il soudain. Nous allons avoir besoin de gants, non, dans le prolongement des manches ? Sauf si tu sais les faire.

— Je ne vais pas en plus faire des gants, proteste Leanne.

— Je vais appeler Julie et lui dire d'en acheter, dit Chantel.

— Où va-t-elle trouver des gants à cette heure-ci ? demande David.

— Au supermarché ? Je sais pas.

— Il y a d'autres trucs ici, dit Luke, mais je ne sais pas à quoi ça sert.

David jette un œil.

— Oh ! je vois. Ce truc-là, qui ressemble à un tuyau, c'est pour la flexibilité. Il faudrait s'en procurer. Et du ruban adhésif aussi, pour pouvoir raccorder tous ces machins... Mais où vont-elles se procurer tout ça ? On aurait dû y penser avant.

— Il n'y a pas un magasin de bricolage dans la zone commerciale ? demande Chantel tout en composant le numéro de Julie. Salut, dit-elle dans l'appareil. Comment ça se passe pour vous ? Oh ! cool. Ici on est en plein débat shopping… Ouais, je sais.

Elle rit.

— Oui, un peu. Bon, est-ce que je peux te lire la liste ? Comment ? Oh ! un magasin de bricolage. Celui de la zone commerciale ? Je comprends. Désolée. Je te reparle plus tard.

Elle referme son téléphone.

— Elles ne vont rien acheter ? demande David.

— Si, si, mais elles n'ont rien pour écrire et elles vont me rappeler quand elles seront au magasin.

— Imprime ça, dit David à Luke. Et on va regarder si on a besoin d'autre chose en attendant qu'elles rappellent.

— Est-ce que l'un de vous ne pourrait pas prendre les mesures de Luke ? dit Leanne. On est en train de perdre du temps, là.

— Fais-le, toi, dit David.

— Moi, je ne le touche pas, dit-elle. Ça risquerait de l'échauffer.

— Bon, je m'en charge, soupire Chantel en saisissant le mètre à ruban.

Luke se lève.

— Ça fait un bail qu'on m'a pas mesuré, dit-il.

— Hé ! regardez, dit David en s'asseyant devant l'ordinateur. Il y a une liste des tailles ici. De la plus grande à la plus petite. On pourrait taper entre les deux. Luke est de taille moyenne.

— Il faut qu'elle soit à ses mesures, insiste Chantel.

— Ouais, mais il y a quelque chose comme une centaine de mesures à prendre dans ce cas.

Chantel jette un coup d'œil à l'écran.

— Bla-bla... Distance de coude à coude, bla, bla... Largeur du pied, longueur du pied... Merde ! Qu'est-ce qu'on va lui mettre aux pieds ?

— Des Moon Boots ? suggère Leanne, sarcastique.

— Des bottes en caoutchouc, dit Chantel. On n'a pas le choix. Et il faudra les rattacher à la combinaison, comme les gants. Puis les envelopper dans du papier d'alu.

— Hé ! tu sais que t'es pas bête ? dit David.

— Haut les cœurs !

Ils échangent un sourire et recommencent à scruter l'écran.

— De la colle ! s'écrie soudain Chantel.

Son téléphone sonne. Elle pose le mètre à ruban et décroche.

— Oui, salut, dit-elle dans l'appareil. C'est Julie et Charlotte, explique-t-elle aux autres. Elles sont chez Homebase.

Elle se bouche l'oreille avec un doigt.

— Quoi ? Oh ! cool, tu as de quoi noter ? OK. Il nous faut une paire de bottes en caoutchouc... Vos gueules ! Arrêtez de rire, sinon on va jamais y arriver. Une paire de bottes, des tas de ruban adhésif, trois mètres de tuyau. C'est ce qu'il y a écrit ici. Je sais pas, moi, genre tube flexible en plastique. On a aussi besoin de colle forte. Non, pardon, de la superglu. Oh ! attends. David dit qu'ils vont refuser de vous en vendre avec vos gueules de sniffeuses de colle… Quoi ?

David rit tellement qu'il ne peut plus parler.

— C'est vrai qu'elles ont des gueules de sniffeuses, dit Leanne le plus sérieusement du monde. J'ai travaillé chez Homebase, et on n'avait pas le droit de vendre de solvants aux gens louches.

— Bon sang, dit Chantel. Vous avez entendu ça ? Hitler-Dorothée a travaillé chez Homebase, et ils refusaient de vendre des solvants aux gens louches. Non, mais, tu y crois ?

Elle rit, mais, quand Leanne la foudroie du regard, elle s'arrête net.

— OK, désolée, Leanne. Des gants. Je sais pas. Quelle sorte de gants, David ?

— En caoutchouc ? Je ne sais pas quel genre de gants ils vendent chez Homebase.

— Des gants de jardinage, dit Leanne.

— Des gants en caoutchouc, donc, dit David. Il faut qu'ils soient complètement étanches.

— Tu as entendu ? demande Chantel dans le téléphone. Bien. Donc, il nous faut aussi... Attends. Ça dit ici un flexible d'aspirateur. David a tout mélangé.

Elle sourit. David fait semblant de la frapper, et elle se baisse précipitamment pour l'esquiver.

— Oui, je sais. David, est-ce qu'on a aussi besoin d'un tube en plastique flexible, du coup ? Il dit oui, mais je ne sais pas pourquoi. Non, je croyais que le flexible pour aspirateur, c'était la même chose... Demande à un vendeur. Mais il faut un tuyau, ça, c'est sûr. Et aussi des limes, du papier de verre, des ciseaux… Attends. Non, on a des ciseaux. Attends, s'il te plaît... Leanne dit que les ciseaux qu'on a ne servent que pour couper le tissu. Achètes-en une paire pour le ruban adhésif et tout ça. Tu as tout noté ? Super. Je te rappelle si je pense à autre chose. OK. À plus.

— Elles ont trouvé un camping-car ? demande Luke.

— Oui, dit Chantel. Un Volkswagen. Elles vont le ramener ici quand elles auront tout acheté chez Homebase.

— Cool, dit Luke.

— Vous êtes tous complètement ravagés, dit Leanne en secouant la tête.

— Pourquoi ? dit David. On va juste faire une virée au pays de Galles.

— Et les inondations ? demande-t-elle.

— On se débrouillera, dit Luke. Il va bien falloir.

— On n'est pas censé prendre la route, remarque-t-elle.

— Sauf en cas d'urgence, souligne Chantel.

— Et ?

— Et il s'agit d'une urgence, dit Luke. Une question de vie ou de mort.

30

Charlotte n'arrête pas de chanter la chanson de Scooby-Doo, comme si elle trouvait ça drôle. Julie essaie de se souvenir de tout ce que lui a dit le vendeur concernant les clignotants, les phares et les freins qui sont mous (« Il faut y aller franco sur la pédale de frein, mais ça marche »). Toujours est-il qu'elle ne l'a pas encore bien en main et que, chaque fois qu'elle prend un tournant, elle met les essuie-glaces en marche.

Chaque fois qu'elle veut s'arrêter, elle doit s'y prendre plusieurs secondes à l'avance. Elle n'arrête pas de penser à ces affiches qui incitent les conducteurs à la prudence, où l'on voit un gamin se faire renverser par une voiture, et au temps qu'il faut pour freiner en fonction de la vitesse à laquelle on roule.

— Je ne suis pas sûre que cette fourgonnette soit très fiable, dit-elle.

— Je suppose qu'il faut un temps d'acclimatation.

— Tu es sûre que ce n'est pas une arnaque ?

— Oui. Ces gens avaient l'air tout à fait cool.

Julie pense au couple qui leur a vendu le camper VW. La femme, pâle et maigre, avec un bébé et un torchon dans les bras. Le mec pas rasé depuis au moins trois jours, un bide de buveur de bière et un téléphone portable clipsé à sa ceinture. Il leur a dit que, si elles ne se décidaient pas tout de suite, il la vendrait à une femme de Maldon qui a dit qu'elle repasserait le demain après être allée chercher de l'argent à la banque.

— Comment sais-tu qu'ils étaient honnêtes ? demande Julie.

— Mark retapait des voitures, tu te souviens ? On passait notre temps à racheter des vieux clous. On finit par avoir le nez pour ce genre de choses.

— Les vieux clous ?

— Mais non, andouille, pour repérer les gens honnêtes.

— Tu crois que Chantel va apprécier ?

— Hein ?

— C'est son camper, après tout.

— Elle va l'adorer. Enfin, si elle aime Scooby-Doo.

— Tu es sûre que la Machine mystérieuse était orange ? Je ne crois pas.

Charlotte réfléchit une minute.

— Peut-être qu'elle était bleu et orange.

Elles n'ont fait que rigoler toute la journée. Ç'a commencé avec le Comité de sortie dans l'espace, puis la virée avec Chantel, et maintenant les emplettes avec Charlotte. Elles ont failli se faire virer de chez Homebase parce qu'elles riaient comme des baleines et qu'elles essayaient de faire du gymkhana avec leur caddy. Il fait maintenant nuit et il pleut. Un sentiment de tristesse et de solitude étreint soudain Julie. Elle voudrait rentrer à la maison, mais n'est plus certaine de savoir où est son chez-soi. Et puis il y a autre chose qui la turlupine.

— Au fait, il est comment, ce Wei ? demande-t-elle à Charlotte.

Charlotte hausse les épaules.

— Super sympa. C'est un copain du mari de Jemima.

— Du mari de qui ?

— Jemima... Une copine à moi. On se marre bien ensemble. Je l'ai rencontrée quand j'ai fait ma retraite de yoga.

Julie rit.

— Je n'arrive pas à t'imaginer faisant une retraite de yoga.

— Pourquoi ?

— Je ne sais pas, à cause du mot « retraite ».

— Comment ça ?

— Je sais pas. Pour moi, une retraite, c'est un repli sur soi. Je ne t'imagine pas dans ce genre de situation.

Julie sent que son cerveau recommence à verser dans la rationalité : les liens logiques et les équations fusent dans sa tête, transformant le monde en un problème mathématique.

— C'est une faiblesse, dit-elle. Cette mode du New Age, ç'a à voir avec la faiblesse, non ? Les retraites, les victimes – du harcèlement, de la pollution, des produits chimiques, etc. La dépendance. Et puis, la façon de réagir de tous ces babas quand ils se retrouvent exposés à de la fumée de cigarette ou aux ondes d'un téléphone portable ou d'un micro-ondes. Et puis toutes ces expressions comme « médecine douce ». Pourquoi ne peuvent-ils pas dire « médecine » comme tout le monde ? Il y a trop de douceur dans tout ça, comme si ces gens étaient trop délicats pour pouvoir affronter le réel.

Charlotte rit.

— Ce n'est pas faux, dit-elle. Mais tu peux faire du yoga et ne pas être comme ça. C'est d'ailleurs pour ça que Jemima et moi, on est devenues copines. Il y avait des ravagés totaux à la retraite, mais nous, on allait tirer des lattes en douce dans notre coin pour ne pas avoir à les supporter. Mais pourquoi es-tu tellement remontée contre le New Age, dis-moi ?

— Je ne sais pas vraiment, dit Julie en mettant son clignotant pour tourner à droite en direction de High Street.

— Tu n'es pas du genre à exprimer une opinion, en général.

— C'est vrai, parce que je n'en ai pas, généralement.

— N'empêche que tu n'as pas répondu à ma question, dit Charlotte en roulant une cigarette.

— Je me fais du souci pour Luke. Je n'ai pas envie qu'il se retrouve sous l'influence d'un taré.

Quand elle passe les vitesses, les pignons craquent et il y a un grincement terrible.

— Nom d'un chien ! s'exclame Julie.

— Cool, ma douce. Tout va bien se passer.

La fourgonnette repart, et Julie espère que ce n'était qu'une fausse manœuvre.

— Donc, cette Jemima, tu dis que c'est quelqu'un de bien ?

— Oui. Vraiment une nana avec les pieds sur terre. Pas du tout une illuminée.

— Et vous allez en Inde ensemble.

— Oui. En fait, je vais aller vivre avec elle et son mari au pays de Galles jusqu'à ce qu'on soit prêts à partir. Donc, je ne vais pas revenir avec vous.

Julie se souvient de quel côté se trouve le clignotant et signale qu'elle va tourner à gauche. Ça lui fait drôle de se retrouver dans une position dominante, où elle voit le toit et non pas simplement l'arrière des voitures.

— Et ce Wei, il fait de l'ayurvéda, lui aussi ?

— Non. C'est un taoïste.

— Un quoi ?

— Un taoïste. Ça vient de « tao ». Un truc chinois.

Ces gens donnent à Julie l'impression de se rendre à l'épicerie du coin pour acheter leur religion. Tout cela a l'air beaucoup trop baba à son goût. Le problème de ces gens, c'est qu'ils sont tellement occupés à bouffer des racines de luzerne et à boire du jus de carotte, pour soigner leurs allergies bizarres et leurs phobies, qu'ils ne s'en rendraient même pas compte s'ils tombaient vraiment malades et risquaient d'y laisser leur peau. Du moins, Julie, elle, reconnaît – fût-ce secrètement – qu'elle a peur. Mais, si effrayant que soit le monde, elle sait que le jus de carotte ne résoudra aucun problème. La seule fois où elle est allée à La Boule de cristal, on lui a demandé d'éteindre son portable. Elle était allée là-bas pour voir s'il existait un livre pour combattre sa peur (à une époque où elle avait décidé d'essayer de s'attaquer au problème). Puis son téléphone avait sonné, comme par hasard (c'était Luke qui avait besoin d'elle), et le responsable du magasin l'avait accusée de propager des ondes nocives et l'avait priée de sortir.

— Wei n'est pas un illuminé, dit Charlotte en regardant Julie. Il est tout ce qu'il y a d'authentique.

— Dans quel sens ?

— Eh bien, déjà, il est vraiment chinois.

— Et ?

— Et il y a des tas de gens qui pratiquent le tao, le zen ou le bouddhisme et qui sont juste des mecs à barbe du Surrey qui veulent s'ouvrir l'esprit, et tout ça. Ils sont bien gentils, mais on ne peut pas leur faire confiance. J'ai entendu parler d'un type qui s'est proclamé herboriste chinois juste parce qu'il avait lu un livre sur la question et qu'il voulait monter un business après avoir fait une dépression nerveuse qui l'avait obligé à quitter son boulot…

Julie l'interrompt.

— Ça aussi, c'est un trait dominant chez les adeptes du New Age. Ils sont tous à leur compte. Comment ça se fait ?

— Parce qu'ils sont infichus d'avoir un vrai boulot, dit Charlotte.

Julie rit.

— J'ai cru que tu étais devenue comme eux.

— Arrête. Je fais juste du yoga. Il faudra t'inquiéter quand j'arrêterai de fumer. Mais, bref, toujours est-il que ce gars qui a perdu son boulot, il a failli tuer un de ses clients avec ses herbes chinoises. Il avait mal lu le bouquin – à moins qu'une erreur ne se soit glissée dans la traduction – et il a complètement merdé.

— Bon Dieu. Ça ne me rassure pas, ce que tu me dis là. Et en quoi Wei est-il différent ?

— Il est totalement... Comment dire ? Il est totalement authentique.

— Attends… Je croyais que tu ne l'avais jamais rencontré ?

— Je ne le connais pas bien, c'est ce que j'ai dit. Je ne l'ai rencontré qu'une fois, très brièvement.

— Et ?

— C'était comme si quelqu'un avait allumé alors que je ne m'étais pas rendu compte que j'étais dans le noir. Non, sérieux, Julie. Je ne l'aurais jamais mis en contact avec Luke si je n'étais pas certaine qu'il peut quelque chose pour lui. Il est vraiment à part.

— Et comment ton amie a-t-elle fait sa connaissance ?

— Son mari, Walter, est en train d'écrire un livre intitulé *Méditation au volant,* ou *Le Karma au jour le jour* ou un truc comme ça. C'est un truc qui explique comment utiliser l'esprit New Age pour évacuer le stress de la vie moderne. Wei a écrit un chapitre. C'est comme ça que j'ai entendu parler de lui.

— Il est écrivain ? demande Julie.

— Non, je ne crois pas. Il est plutôt connu pour ses enseignements. Walter lui a demandé s'il voulait collaborer au bouquin, et je crois qu'il a refusé dans un premier temps, parce qu'il trouvait ça trop commercial. Mais quand Walter lui a dit qu'il allait reverser une grande partie des bénéfices à l'association Free Tibet ou un truc du genre, Wei a accepté. Ils l'ont fait venir exprès. C'est assez incroyable que Luke puisse le voir juste quand il est là. Il est célèbre, tu sais.

— Ils l'ont fait venir d'où ? demande Julie. De Chine ?

— Non, des États-Unis. Il s'est fait expulser de Chine.

— C'est toujours mieux qu'un charlatan anglais à locks.

— Tu les aimes vraiment pas, les babas, hein ?

— Non.

— Pourquoi ?

— On voit que tu n'as jamais connu ma mère.

— Non, je l'ai jamais connue. Elle est partie, c'est ça ?

— Ouais. Et elle s'est lancée à corps perdu dans le New Age, sauf qu'à l'époque, ça s'appelait pas comme ça. Bref, j'en pouvais plus des haricots mungo, des graines de tournesol et des pois chiches, le tout assaisonné de coriandre...

— J'aime la coriandre.

— Pas moi. Rien que l'odeur, ça me soulève le cœur.

— Tu en veux vraiment à ta mère, on dirait ?

Julie soupire.

— Excuse-moi, je n'ai pas vraiment envie d'en parler.

— Tu ne veux pas essayer de canaliser ta colère ?

Julie rit.

— Désolée. Je préfère arrêter.

— T'inquiète, ma douce, je comprends.

— Parle-moi plutôt de l'ayurvéda.

— Pas si tu m'accuses d'être une baba cool.

— Je ne le ferai pas. Je sais que tu n'en es pas une.

— OK. Je ne crois pas te l'avoir dit, mais, quand j'ai quitté Windy Close je me suis défoncée grave. Coke, bibine et même smack...

— Charlotte !

— Je sais... Bref, il a fallu que je trouve un moyen de m'en sortir. C'était ça ou mourir.

— Bon sang ! Et comment tu as fait ?

— J'ai appelé SOS dépression.

— À cause de la drogue ?

— Non, pas vraiment. Parce que j'avais l'impression que ma maison était envahie par les mouches.

Julie ne peut s'empêcher de rire.

— Les mouches ?

— Ouais. La femme m'a dit que j'étais stressée et m'a suggéré de faire de la méditation.

— Je croyais qu'ils n'étaient pas censés suggérer quoi que ce soit.

— Je ne pense pas qu'il y ait de contre-indications à la méditation, Julie, dit Charlotte en souriant. Toujours est-il que l'épisode des mouches a été la goutte d'eau qui a fait déborder le vase. J'ai compris que j'étais à la limite de perdre complètement les pédales. Si bien que je me suis inscrite à un cours de méditation dans un centre pour adultes, puis un cours de yoga après ça – surtout parce qu'après la méditation, je me sentais bizarre et que le prof était plutôt sexy. Et puis voilà qu'au bout de deux séances, j'ai commencé à me sentir mieux. J'ai demandé au prof si changer mon mode d'alimentation serait bénéfique – je ne sais pas vraiment pourquoi, parce que je savais qu'il allait me répondre que je devais arrêter l'alcool, le café, les cigarettes, le chocolat et les médicaments, mais ce type m'a toisée de la tête aux pieds et m'a dit : « Essaie le porridge le matin, le riz au lait le midi, et le riz au beurre le soir pendant une semaine, ainsi qu'une sélection de fruits et de miel comme dessert, et ne regarde pas la télé en mangeant. » J'ai cru qu'il délirait, mais, comme ça n'avait pas l'air mauvais, j'ai essayé. Au bout de quelques semaines, je me suis sentie tellement mieux que je lui ai demandé pourquoi. C'est alors qu'il m'a expliqué les principes de l'ayurvéda. Après cela, j'ai fait la retraite de yoga, où j'ai fait la connaissance de Jemima, et c'est elle qui m'a parlé de ce truc en Inde. L'enseignement est gratuit, et, à ton retour, tu dois transmettre ce que tu as appris. C'est cool.

— Tu es devenue une vraie baba, dit Julie en secouant la tête.

— C'est cool, non ? La nouvelle moi est infiniment mieux dans sa peau que l'ancienne.

Il est trois heures du matin, et la combinaison est pratiquement terminée.

— Je n'en reviens pas qu'on ait réussi, dit Charlotte.

— Toi, tu n'as rien fait ! proteste Chantel. À part rouler des cigarettes et fumer toute la nuit.

— Oui, enfin, j'ai donné mon avis, dit Charlotte.

David est en train d'isoler les bottes avec du papier d'alu et du ruban adhésif.

— Ça y est, marmonne-t-il.

— Alors, quand va-t-on le voir, ce camper ? demande Leanne.

Julie et Charlotte l'ont garé sur l'aire de stationnement de la zone industrielle pour ne pas éveiller les soupçons dans Windy Close. Une fois chez Luke, Julie s'est mise à étudier une carte routière tandis que Charlotte, assise dans un coin de la chambre, a fait des suggestions pas toujours très futées sur la combinaison. Leanne a cousu en silence toutes les pièces qu'on lui a données à coudre, et il est difficile de savoir si elle fait la tête ou pas. Chantel et David se sont tapé presque tout le boulot, tandis que Luke est de plus en plus excité à l'idée de quitter la maison.

— Vous pouvez tous venir voir la fourgonnette, si vous voulez, quand on aura fini, dit Charlotte.

— Luke pourrait tester sa combinaison, suggère Chantel.

— Non, dit Julie. Sans quoi Jean va savoir que quelque chose se prépare. On ne peut pas prendre le risque de faire sortir Luke avant demain.

— Et quel est le plan ? demande Chantel. Comment est-on censés mettre les bouts, demain ?

Julie relève le nez de sa carte.

— Il faut qu'on en parle. Maintenant, dit-elle. Ça ne devrait pas être trop difficile dans la mesure où Jean se rend au bingo demain soir, avec Dawn et Michelle. On pourrait filer quand elles seront parties.

— Tu vas laisser un mot ? demande Charlotte.

Luke a l'air soudain contrarié.

— Je n'en sais rien, dit-il. Maman me dit toujours... Oh ! peu importe.

— Elle dit toujours quoi ? demande Chantel.

— Elle dit toujours qu'elle va se tuer si je sors.

— Quoi ? Mais c'est n'importe quoi ! s'exclame Charlotte. C'est carrément du chantage.

— Enfin, c'était il y a longtemps, explique Luke. Elle le disait pour mon bien...

— Je ne vois pas en quoi c'est pour ton bien, l'interrompt Charlotte.

— Attends, objecte-t-il. Tu n'étais pas là.

— Tu ne me l'avais jamais dit, intervient soudain Julie.

— C'était avant que tu viennes t'installer ici. Parce qu'à l'époque, je cherchais tout le temps à m'évader. Je devais avoir sept ou huit ans, et j'imaginais toutes sortes de plans pour pouvoir sortir. Je ne comprenais pas ce que mourir voulait dire, et, donc, ça m'était égal de mourir. Tout ce que je voulais, c'était découvrir le monde du dehors et ne pas rester enfermé.

— Ça se comprend, dit Charlotte.

— Ta mère devait vraiment se faire du mauvais sang, dit Chantel.

— Oui, dit Luke. C'est pour ça qu'elle m'a dit ça.

Charlotte semble sur le point d'ajouter quelque chose, puis elle se ravise.

— C'est tout de même un peu radical, dit David en ajoutant un dernier morceau de ruban adhésif sur les bottes en caoutchouc.

— C'est vrai, mais c'était nécessaire, parce que sans ça je me serais fichu en l'air.

— Elle l'a fait parce qu'elle s'est dit qu'elle était la seule personne à qui tu tenais plus qu'à toi, dit Chantel.

— Exactement, approuve Luke. Moi, je crois qu'elle a eu beaucoup de courage.

— Et ton vieux, il était où ? demande David.

— Dans le Yorkshire. Il travaillait là-bas

— Il travaille toujours là-bas ? demande Chantel.

Luke hausse les épaules.

— Je sais pas. Avant, il revenait tous les week-ends, et puis, un jour, il n'est plus revenu.

Le silence se fait pendant quelques minutes. Personne n'a l'air de savoir quoi dire.

— Eh bien, quel est le plan ? demande enfin Luke.

— Je peux dire quelque chose ? demande David.

— Bien sûr, dit Charlotte. Quoi ?

— À propos du plan. Demain soir, la mère de Luke va jouer au bingo, d'accord ? Donc, Luke enfile sa combinaison et on met les bouts.

— Très inspiré, commente Chantel.

— Merci, dit David en lui souriant.

— Et les inondations ? remarque Leanne.

— On va se débrouiller, dit Charlotte. Ce n'est que de l'eau

— Et *elle* ? demande Chantel en désignant Leanne.

— Quoi ? dit Leanne. Moi quoi ?

— Il va falloir qu'on l'emmène, souligne Chantel. On ne peut pas la laisser derrière nous alors qu'elle sait où nous allons, surtout si c'est top secret et que la maman de Luke n'est pas censée savoir.

— Oui, c'est vrai, dit Charlotte. Jean va l'interroger.

— Je viens de toute façon, dit Leanne. J'ai besoin de faire un break. Je vais prendre deux jours de congé. Lloyd sera d'accord.

— Un break ? dit Charlotte. Oh ! c'est pas grave. Bon. Quoi d'autre ?

— L'itinéraire ? suggère Chantel.

— L'A12, puis la M25. Ensuite, on trace sur la M4, dit David. Rien de plus simple.

— Ça risque d'être un tout petit peu plus compliqué que ça, lâche Julie.

31

— Les routes jaunes ? dit David en étudiant la carte que Julie lui a donnée.

— Oui, dit Julie. On va emprunter les routes secondaires.

— On peut savoir pourquoi ? Ça va nous prendre des semaines à ce train-là.

— On va se marrer, dit Chantel. Fais pas cette tête, David.

C'est samedi soir. Tout le monde se prépare à partir, et David rend la carte en secouant la tête, puis Chantel et lui sortent de la fourgonnette pour vérifier le niveau d'huile. Leanne et Luke sont dans le camper, à l'abri de la pluie, et attendent Charlotte. Luke est assis sur le lit à l'arrière, Julie est assise dans le fauteuil qui se trouve derrière le siège passager, et Leanne, sur la banquette canapé.

Le fourgon est plus petit que Luke ne se l'était imaginé et il a les pieds coincés entre les sacs de voyage des uns et des autres.

— Où est passée Charlotte ? demande Julie en consultant sa montre. Il faut qu'on soit partis dans une minute.

— Elle a probablement fumé trop de pétards et oublié, dit Leanne.

Quand Luke et Julie avaient environ quinze ans, ils jouaient à un jeu appelé Confiance. Julie tombait à la renverse, et Luke était censé la rattraper, et vice versa, ou bien l'un bandait les yeux de l'autre, puis lui donnait des instructions sur la façon de marcher en évitant les obstacles qu'ils avaient placés dans la chambre de Luke.

Quitter la maison, c'était comme de jouer à Confiance puissance mille. Quand Julie a mené Luke vers la porte par laquelle il avait essayé de s'échapper quand il était petit, il a eu brutalement l'impression qu'il ne pouvait plus respirer. Il s'est imaginé s'évanouissant, comme lorsqu'il avait sept ans, comme dans une scène tournée sous différents angles. Tandis qu'ils approchaient de la porte, Julie le tenant par le bras, il n'arrivait à penser à rien d'autre qu'à ce jour-là, au gravier, à l'air froid, puis lui se réveillant dans son lit.

Lorsqu'il a réussi à respirer normalement à nouveau (ils ont dû faire une pause de quelques minutes dans la cuisine, le temps que Luke se prépare psychologiquement), il ne savait plus s'il avait plus peur de se retrouver en train de revenir à lui dans son lit comme la dernière fois ou pas.

Il n'avait jamais réalisé que cela pouvait arriver un jour. Sortir était impensable. Luke avait passé des années à fantasmer sur ce qui se trouvait derrière la porte de la cuisine, et maintenant il allait enfin le découvrir pour de vrai. Il avait entraperçu le ciel bleu une fois, et c'était comme s'il avait reçu un cadeau de Noël qu'il n'avait jamais pu ouvrir.

La mère de Luke mettait toujours ses cadeaux sous le sapin le soir de Noël. Et Luke n'avait pas le droit de les prendre dans ses mains, de les secouer ou même de les toucher. Seulement de les regarder. Mais, une fois, il n'avait pas pu résister. Il s'était faufilé sous le sapin pour toucher un petit paquet à la forme bizarre. Il était mou. Un joujou ! Ce devait être une peluche ! Une peluche douce à caresser. Il n'en avait jamais reçu pour Noël. En général, on lui offrait des jeux électriques ou des vêtements. Toute la nuit, Luke avait fantasmé sur sa peluche. Le lendemain matin, il avait eu le droit d'ouvrir un de ses cadeaux avant le petit-déjeuner. Il avait choisi le petit paquet, bien sûr. C'était une paire de chaussettes.

Pour l'instant, sortir, pour Luke, c'est comme de trouver des chaussettes à la place d'une peluche.

Il a franchi la porte, Julie le poussant légèrement dans le dos, et n'a ressenti aucune magie. Ce n'était pas un vaste monde en Technicolor dans lequel il pouvait danser tout nu. Juste le bruit de la pluie, des odeurs de dîner en train de cuire, et une grisaille indiscernable.

Julie l'entraîne en hâte vers la camionnette qui est garée dans l'allée gravillonnée, quasiment devant la porte. Elle a un parapluie. Il n'a même pas pu sentir la pluie sur son visage, à cause du casque intégral. Dommage. Il a toujours rêvé de sentir la pluie sur ses joues.

Il est assis dans la fourgonnette pendant que tous les autres s'affairent, entrent et sortent, discutent de l'itinéraire, ronchonnent parce que Charlotte est en retard. À travers la vitre embuée, Luke regarde la maison. Il a l'impression d'être en dehors de son corps ; un escargot sorti de sa coquille.

C'est une étrange sensation totalement inédite. Jamais il ne se serait imaginé se retrouver ici dans cette camionnette, hors de chez lui et en route pour autre part. Maintenant qu'il est ici, sa vie lui semble incolore, parce qu'il n'a aucun scénario quant à ce qui va se passer ensuite. Luke a peur. Il ferme les yeux. À l'intérieur du fourgon règne une odeur de moisi ; une odeur humide de mort, un peu comme une tasse de café qu'on aurait oubliée sous son lit pendant une semaine.

À l'arrière, Leanne est en train de parler à Julie à voix basse.

— Tu avais dit que tu ferais quelque chose, siffle-t-elle entre ses dents.

— J'ai fait ce que j'ai pu, siffle Julie en retour.

— Quoi donc ?

— Je ne sais pas. Je veux dire que... Bon, j'ai été obligée d'en parler à Charlotte.

— Tu as fait *ça* ?

— Juste le strict minimum, ne t'inquiète pas.

— Tu en as parlé à Charlotte derrière mon dos ?

— Calme-toi, Leanne. Ce n'est pas la fin du monde.

— C'est facile pour toi de dire ça. Mais moi, je ne suis pas près de le digérer.

— Elle n'est pas comme ça. Elle sait que c'est un secret. Ne t'en fais pas pour ça.

— Elle va se foutre de moi.

— Elle se fout toujours de toi de toute façon. Écoute, je crois bien qu'elle a trouvé ça plutôt cool.

— Vraiment ?

— Oui.

Luke n'a pas la moindre idée de quoi il s'agit. Il ferme les yeux. Tous les sons sont différents. Peut-être est-ce à cause du vent, de la pluie ou de la température, ou juste l'infinité de l'espace extérieur. Peut-être bien. Le monde de Luke était calfeutré, pris entre des murs et fermé par des rideaux. Maintenant, il ne sait pas ce que c'est, mais il a l'impression que le temps s'est arrêté. Il s'allonge sur l'étroite banquette et ramène sur lui les énormes couvertures que Chantel et Julie ont rapportées. Il vaut probablement mieux qu'il reste caché. Ou tout au moins qu'il ne regarde pas sa maison à travers la vitre.

David est en train de trifouiller dans le moteur, et les bruits métalliques qu'il produit (les couinements et les crissements du capot qu'on ouvre, puis le bruit circulaire d'un truc que l'on dévisse, puis que l'on revisse) sont si clairs et pointus qu'ils s'immiscent jusque sous le casque intégral de Luke et les couvertures. En plus des sons métalliques lui parviennent la voix de Julie et les ricanements occasionnels de Chantel. Luke entend le martèlement de la pluie qui tambourine sur le toit du fourgon et, en bruit de fond, les dernières mesures de la musique de *Coronation Street*, qui devient soudain plus forte quand la porte d'entrée d'une maison s'ouvre.

Des pas crissent sur le gravier.

Puis la voix du père de Julie.

— Nom d'un chien, mais qu'est-ce que vous faites ?

On dirait qu'il rit.

Julie répond :

— Rien, on déménage un truc pour Luke.

— Et qui est l'heureux propriétaire de ce tas de boue ?

Chantel dit :

— Moi, monsieur King.

Le gravier crisse à nouveau. On dirait que Leanne sort du camion.

La voix du père de Julie retentit à nouveau :

— Vous êtes en train de préparer un mauvais coup ou quoi ?

Chantel répond :

— Mais non, monsieur King. On déménage des trucs dont Luke veut se débarrasser.

Le père de Julie rit, puis dit :

— Vous croyez que ça me préoccupe ? Il serait temps que ma fille fasse enfin quelque chose d'intéressant. Mais, la connaissant comme je la connais, vous n'êtes sûrement pas sur un mauvais coup. Juste sur un truc bien plan-plan et chiant comme la pluie.

Il y a encore un crissement de gravier. Une porte d'entrée claque, et le son de la télé reflue.

Luke n'arrive pas à ouvrir les yeux. Il n'arrive pas à repousser la couverture. Il préfère mettre des images sur les bruits dans sa tête. Et recréer des scènes entières. Il imagine David s'élançant derrière le père de Julie et le plaquant contre le mur de sa maison en lui disant de ne plus jamais parler à sa fille sur ce ton. Puis il voit le père de Julie se laissant tomber à terre, comme dans un film, avec sa chemise toute fripée et sa cravate défaite. C'est une image gratifiante. Si Luke ne peut pas ouvrir les yeux, c'est parce qu'il ne pourra pas se jouer de film. Donc, il reste sous la couverture.

— Mais que fiche Charlotte, nom d'un chien ? dit Julie.

— Elle prend son temps, on dirait, dit David.

— Il faut qu'on y aille. Luke est tout seul dans le camion.

— Je vais aller le rejoindre, dit Chantel. Il pleut de plus en plus fort.

— Moi aussi, dit Leanne. Je vais avoir les cheveux tout frisottés.

À l'intérieur de la camionnette, on entend un bruit sourd comme si quelqu'un jetait de petits objets durs sur le toit.

— Merde, voilà qu'il grêle maintenant, dit David.

Et tout le monde s'engouffre à l'intérieur du fourgon.

32

Charlotte arrive en taxi avec une femme qui a l'air d'une sorcière.

— Je vous présente Sophie, dit-elle. Elle est sorcière.

— Salut, dit Sophie.

— Je lui ai dit qu'on pourrait la déposer à la forêt d'Epping, dit Charlotte en s'installant sur la banquette avant, à côté de Julie, tandis que Sophie monte à l'arrière avec les autres.

— Alors, où est le gars à la combinaison spatiale ? demande-t-elle.

Luke est toujours planqué sous la couverture ; Julie ne comprend pas pourquoi.

Leanne, légèrement abasourdie et empourprée, regarde tour à tour Julie et Charlotte qui ne disent rien. Chantel a l'air un peu nerveuse, et même David semble dans ses petits souliers. Peut-être parce que Sophie a vraiment l'air d'une sorcière. Vêtue entièrement de noir, avec un châle noir et des gants de dentelle assortis, elle porte un pendentif en forme de pentagramme autour du cou.

Elle a des yeux noirs perçants et une grosse verrue sur le front. Sans ce trait distinctif et le pentagramme, elle pourrait passer pour une gothique ordinaire.

Mais elle a vraiment l'air d'une sorcière. La seule chose qui dépare avec son accoutrement est son sac de sport Reebok qu'elle balance sur le tas de bagages à l'arrière avant de s'asseoir à côté de David et Chantel.

Julie met le contact et passe la marche arrière pour sortir de l'allée privative de Luke.

— David ? dit-elle.

— Oui ?

— Tu as la carte avec toi ?

— Oui.

— Oh ! attends une seconde...

Julie augmente l'allure des essuie-glaces et passe un coup de chiffon sur le pare-brise. Les vitres sont embuées à cause de la pluie et de la respiration de tout le monde. Elle n'y voit presque rien quand elle fait demi-tour dans le cul-de-sac pour sortir de Windy Close et prendre la direction du centre-ville.

— Ça va aller ? lui demande David au bout de quelques minutes.

— Ouais. Il faut que tu me trouves la route de la forêt d'Epping.

— En empruntant des axes secondaires ?

— Oui.

— Nom de Dieu !

— Arrête de ronchonner, dit Chantel. Julie a peur, OK ? Et, vu qu'elle est la seule à pouvoir conduire, c'est elle qui décide.

— Tu as peur des routes ? demande Sophie. Et tu veux aller au pays de Galles ?

— Oui, dit Julie. Il faut qu'on y aille pour notre ami. C'est important.

Ils débouchent dans High Street et dépassent le McDonald's. Luke n'a pas dit un mot depuis le début et, quand Julie jette un coup d'œil dans le rétroviseur, elle ne voit qu'une masse informe sous une couverture à l'arrière du fourgon. Il ne doit pas en mener large.

— Comment sais-tu qu'elle a peur ? demande David à Chantel.

— J'ai eu un accident de voiture très grave, une fois, dit brusquement Julie. Sur une autoroute.

— Mince. Pourquoi tu l'as pas dit ? demande David.

— Je ne savais pas, commente Charlotte. Mon pauvre chat, t'as dû flipper.

— Je n'ai pas envie d'en parler, dit Julie.

Elle a horreur de mentir, mais peut-être que les autres vont lui fiche la paix après ça.

— Je peux jeter un charme à la camionnette, si tu veux, dit Sophie.

— Cool, dit Charlotte. Tu peux le faire maintenant ?

Sophie secoue la tête.

— Quand on sera à Epping. Il n'y a pas assez d'énergie ici.

David pouffe de rire, Chantel lui donne un coup de coude.

— Toi, tu lis la carte, lui ordonne-t-elle.

Il retourne la carte plusieurs fois vers le bas, vers le haut, et déclare :

— Il n'y a pas de routes secondaires qui vont à Epping.

— C'est impossible, dit Julie. Il doit y en avoir.

— Non. Rien à part des sentiers qui ne sont même pas en couleur...

— Et tu ne vois pas une seule route qui mène à Epping, David ? Parmi ces sentiers.

Il soupire.

— Si, vaguement.

— Parfait, c'est par là qu'on va.

Le cœur de Julie bat d'une drôle de façon. Ce serait terrible si elle faisait une crise cardiaque juste maintenant, avec tous ces gens dans la voiture. Mais, si elle roule doucement sur les routes de campagne, tout ira bien. Du moins, si elle a un accident, ça ne devrait pas être trop grave.

— Et qu'est-ce qu'il y a donc dans la forêt d'Epping ? demande Chantel à Sophie tandis que la voiture longe High Street.

— Mon clan.

— Tu as un clan ?

— Bien sûr. On ne peut pas être une sorcière si on n'a pas un clan. Enfin, si, on peut, mais la plupart des sorcières ont un clan.

— C'est quoi ? demande David.

— Une assemblée de sorcières, andouille, dit Leanne. Tout le monde sait ça.

— Il y a combien de sorcières dans un clan ? demande-t-il à Sophie.

— Treize. Mais nous ne sommes que douze.

À l'arrière de la fourgonnette, la conversation sur les assemblées de sorcières va bon train. À l'avant, Julie continue de batailler avec la boîte de vitesses, les freins, le volant et son cœur qui bat d'une drôle de façon. Charlotte a trouvé une position confortable, les pieds posés sur le tableau de bord, chevilles croisées. Elle fume et propose vaguement de chercher une station de radio sur l'autoradio qui ne fonctionne pas bien.

— Où l'as-tu dégotée ? lui murmure Julie.

— Sophie ?

— Oui.

— Au Rising Sun.

— Tu la connais ?

— Non, mais Jésus, si.

— Le dealer ?

— Ouais. C'est lui qui leur fournit la came.

— À qui ?

— À elle et son clan.

— Parce qu'elles se droguent ?

— Évidemment. Enfin, elles fument, tout au moins.

— Et tu crois qu'elle peut aider Leanne comment ?

— Attends de voir.

La voiture qui précède Julie s'arrête à un petit carrefour alors que la voie est complètement libre. Julie, qui ne s'y attendait pas, écrase la pédale de frein, mais rien ne se passe. Les pneus n'ont pas l'air de bien adhérer sur la chaussée trempée. Le fourgon s'arrête enfin à un poil de la voiture de devant. Puis le moteur cale, et Julie doit le redémarrer.

— Super conduite, mon chou, dit Charlotte.

— C'est à cause de ces fichus freins, dit Julie en passant la première pour s'engager sur le rond-point.

Elle baisse à nouveau la voix :

— Mais c'est une vraie sorcière ? demande-t-elle à Charlotte. Ou juste une nana qui se shoote à l'héro ?

— Les sorcières ne se shootent pas, voyons.

— Non, mais...

— C'est une vraie sorcière. Je pourrais te raconter des histoires...

Il y a un autre rond-point une centaine de mètres plus loin. C'est un gros carrefour, cette fois, avec plusieurs panneaux de signalisation : M25 Est, M25 Ouest, Colchester A12, Londres A12. La forêt d'Epping n'est indiquée nulle part.

— Attendez un peu, dit Julie. David ? Par où je vais, maintenant ? Quelle sortie ?

— Tu tournes et tu prends sur ta droite. Je crois... Attends voir.

Il demande à Sophie de lui indiquer l'emplacement où se réunit son clan, sur la carte.

— Je ne peux pas, dit-elle. C'est un secret.

— Non, mais je rêve, peste-t-il.

— Il faut bien qu'on sache où aller, intervient Julie.

David brandit la carte sous le nez de Sophie.

— Je peux seulement vous dire là où vous devez me laisser, dit-elle.

— Vite, si possible, insiste Julie.

Il y a un bruit d'empoignade à l'arrière. Julie jette un coup d'œil dans le rétroviseur et voit David qui essaie d'échapper à Sophie qui lui sourit étrangement en agitant son index en l'air.

— Arrête ça ! s'écrie David. C'est complètement tordu.

— Qu'est-ce qui se passe ? demande Chantel.

Julie fait le tour du rond-point pour la deuxième fois. Il n'y a toujours que quatre sorties possibles : deux pour la M25 et deux pour l'A12.

Comme elle ne peut en emprunter aucune, elle reprend la route par laquelle elle est venue, en direction du centre-ville. Charlotte trifouille les boutons de l'autoradio sans succès. Elle n'arrive à capter que des grésillements.

— Lâche-moi, tu veux ? dit David en manquant presque de s'affaler sur Leanne.

— Attention, dit Julie. Qu'est-ce qui se passe ? Qu'est-ce qui ne va pas ?

— Oui, au fait, qu'est-ce qui ne va pas ? demande Sophie, l'air innocent.

— Tu sais parfaitement ce qui ne va pas, merde.

— David ? demande Chantel.

Dans le rétroviseur, Julie surprend Leanne et Sophie en train d'échanger un sourire complice.

— Qu'est-ce qui se passe, putain ? demande Charlotte en éteignant la radio.

— Sophie a fait... Elle a..., commence David.

— Elle a quoi ?

— Elle a fait luire la carte.

— Ne sois pas bête, dit Sophie. Pourquoi ferais-je une chose pareille ?

— Je t'ai vue, espèce de cinglée !

— C'était sûrement la lumière des réverbères, dit Sophie.

— Ou de la pluie, dit Leanne.

— Allez vous faire foutre, dit David. Que quelqu'un d'autre se charge de lire la carte.

— Moi, dit Chantel en soupirant. Désolée, Julie.

David pointe du doigt sur la carte.

— Si la partie qui s'est illuminée est la bonne, c'est ici que nous allons.

Chantel relève les yeux.

— Pourquoi reprend-on la même route qu'à l'aller ?

Julie soupire.

— Parce que personne ne me dit où aller.

— Oh ! OK. Il faut que tu tournes à gauche dès que tu le peux.

Au coin de la première route à gauche, il y a un panneau indiquant des endroits dont Julie a entendu parler, mais où elle n'est jamais allée.

— Ici ? demande Julie.

— Oui. Parfait.

Quelques minutes plus tard, Julie se retrouve sur une petite route de campagne. La chaussée est trempée, couverte de boue et juste assez large pour une seule voiture. Elle ne savait même pas qu'il existait des routes comme celle-là dans l'Essex.

À mesure que la lueur des réverbères reflue dans le rétroviseur, elle se sent gagnée par la peur, puis l'euphorie. Ni elle ni personne ne peut foncer sur une route comme celle-là.

33

— La route risque d'être inondée par ici, fait remarquer Leanne.

— Je ne savais pas qu'il y avait une vraie campagne dans le coin, dit David.

— Qu'est-ce que tu veux dire par « vraie campagne » ? demande Charlotte.

— Eh bien, une campagne avec des sentiers et tout ça.

— Par opposition à quoi ?

— Je sais pas. Les champs de colza bien glauques en bordure de l'A12.

— Super poétique.

— Haut les cœurs.

— Je parie qu'il y a des gens qui montent à cheval par ici, dit Leanne.

— Ça fait peur, vous ne trouvez pas ? dit Charlotte.

— C'est juste parce qu'il fait nuit, dit Chantel. Je parie que c'est super beau le jour.

— Pas aussi peur que la forêt d'Epping, dit David. J'ai entendu raconter des tas de trucs pas cool sur Epping. Comme cette route que les bagnoles dévalent en montant, ou le fantôme de la femme sans tête – vous connaissez ? Mes potes de Londres y sont allés une fois qu'ils étaient complètement défoncés pour rigoler, mais ils ont pas rigolé longtemps parce que l'un d'eux s'est perdu et qu'il a vu une espèce de fantôme.

Depuis, il ne parle plus. C'était un peu comme Blair Witch. Le prends pas mal, Sophie, surtout.

— Non, ce n'est tout de même pas à ce point, dit Leanne. Tu en rajoutes, là.

— Mais non, je t'assure.

— Il y a beaucoup de flux énergétiques dans la forêt, remarque Sophie.

— Ça vous ennuierait d'arrêter de parler de femmes sans tête et de fantômes ? lance Charlotte.

— Quelle heure est-il ? demande Chantel.

— Huit heures et demie, dit David.

— On dirait qu'il est minuit.

Luke essaie de comprendre de quoi ils parlent. C'est vraiment trop bizarre. Il pourrait s'asseoir, mais il a mal au cœur. Il ne sait pas si c'est à cause du mouvement de la voiture ou de l'odeur de moisi, ou parce que l'extérieur transperce sa combinaison et qu'il est en train de mourir. Il n'arrive pas à penser normalement. Cette sensation que la terre bouge sous lui est trop étrange. Il n'arrive pas à contrôler ses pensées.

Au début, il a eu une impression de précipitation, une impression complètement nouvelle, et il n'a pas compris pourquoi tous les gens qu'il connaît ne lui ont jamais dit combien c'était grisant de se retrouver à l'intérieur d'un engin roulant. Durant les cinq premières minutes, le mouvement lui a procuré une sensation délicieuse et excitante, mais, maintenant, il a envie de vomir. Et puis cette Sophie… Qui est-ce et qu'est-ce qu'elle fiche ici ? Il espère qu'une fois qu'elle sera descendue, il pourra s'asseoir et que sa nausée disparaîtra.

Le mouvement devient de plus en plus lent.

— La première à gauche, puis la seconde à droite, dit Chantel.

— Je ne vois pas les intersections, dit Julie. Il pleut trop fort.

La pauvre Julie, elle doit être mal, elle qui déteste voyager. Luke regrette qu'ils ne soient pas que tous les deux. Il pourrait l'aider à se sentir mieux. Il pourrait ouvrir les yeux, aller s'asseoir à l'avant et lui dire de conduire aussi lentement qu'elle le veut et prendre n'importe quelle route tandis qu'il lui lirait la carte. Et elle pourrait lui parler de toutes les choses qu'ils voient dehors. Mais là, tout de suite, Luke n'a pas envie de savoir ce qu'il y a dehors. Son cerveau n'est pas capable de l'assimiler. Il est encore en train de penser à sa maison vue de l'extérieur. Il a l'impression d'avoir été débranché. Il se sent bizarre. Il n'arrête pas de penser qu'il a laissé quelque chose derrière lui. C'est alors qu'il réalise que cette chose, c'est toute sa vie. Tout ce qu'il peut faire, c'est rester allonger ici et prier pour que tout aille bien et écouter les voix autour de lui.

— *À gauche*, je t'ai dit.

— Oh ! flûte.

— Il faut que tu fasses demi-tour.

— Je ne peux pas. La route est trop étroite.

— OK. Prends la suivante, alors... Euh, à gauche, et à nouveau à gauche.

— OK, dit Julie d'une voix tremblante.

— Ça va, Julie ? demande Charlotte.

— Oui. Je me sens juste un peu claustrophobe.

— Ça, c'est la faute aux routes secondaires, dit David.

— Ce ne sont même pas des routes secondaires, non ? Elles sont trop petites.

— Tu es comme Boucle d'or.

— Hein ?

— Rien ne te va. Trop grand, trop petit ; trop fréquenté, trop calme...

— Oui, bon. Les routes secondaires seraient idéales, merci.

Personne ne dit rien pendant quelques minutes, à part Chantel qui dit « gauche » ou « droite ».

— Il y a eu de grosses inondations à Epping ? demande Charlotte à Sophie.

— Non, pas vraiment. Pour l'instant, ça va.

— À gauche, dit Chantel. Et maintenant, c'est tout droit pendant un bon moment.

— Tant mieux, dit Julie.

Luke sent que la camionnette tangue d'un côté et de l'autre, et se demande pourquoi. Tout est maintenant plus lent, et le bruit de la pluie sur le toit est presque agréable, comme le clapotis de la boue sous les pneus.

Le chauffage ronronne, et l'odeur froide de la fumée de cigarette est réconfortante. Chaque fois que la voiture roule dans une grosse flaque d'eau, Luke pense à une publicité pour les boissons gazeuses. La camionnette tangue à nouveau, semble dévaler une pente, puis monter une côte escarpée.

— La municipalité devrait vraiment faire quelque chose à propos de cette route, dit Julie.

— Ce n'est pas une vraie route, dit David. C'est un sentier.

— Ne t'inquiète pas, Julie, dit Charlotte. On est presque arrivés.

— Merci, en tout cas, dit Sophie. Je vous ai fait faire un détour.

— Ce n'est pas grave, dit Julie.

— Au fait, dans ton clan, il n'y a que des filles ? demande David à Sophie.

— Oui. Des filles et des femmes. La plus vieille a soixante ans et quelques, et la plus jeune vient d'en avoir dix-sept. Il n'y a pas d'hommes chez nous. Nous sommes un clan dianique...

— C'est quoi, un clan dianique ? demande David.

— Que des femmes. Dévouées à la déesse...

— Vous êtes toutes lesbiennes ?

— Non.

— Vous courez dans les bois toutes nues ?

— Ça nous arrive.

— Dommage que je sois un mec. Ça me plairait bien.

Il rit, puis Luke entend Chantel crier « David ! » en faisant semblant de le taper.

— Tu ne pourrais pas entrer dans le clan de toute façon, dit Sophie. Même si les hommes étaient admis.

— Ah non ? Et pourquoi ? demande David, déçu.

— Parce que tu n'es pas un sorcier.

— Tu veux dire un magicien ?

— Non. Un sorcier.

— Oh ! Et je n'en suis pas un ?

— Non.

— Et comment le sais-tu ?

— Je le sais.

— Et c'est important ?

— Bien sûr. Tu ne peux pas faire partie d'un clan si tu n'es pas sorcier.

Luke se retourne sur sa couchette. La sensation de nausée commence à passer maintenant que la voiture roule tout doucement. Il se sent perdu. Il n'a pas la moindre idée de l'endroit où il se trouve et serait incapable de rentrer chez lui s'il le fallait. Personne ne lui a jamais expliqué comment traverser une rue ou acheter un ticket d'autobus ou lire une carte.

En cas de problème, il ne saurait pas comment trouver une cabine téléphonique ou s'en servir. Il est beaucoup plus loin de chez lui qu'il ne l'aurait imaginé, si loin que c'est comme s'il était dans un autre monde et sa maison avait cessé d'exister.

34

— Ici, c'est très bien, merci, dit Sophie.

Il fut un temps où il n'y avait que des bois ici. Maintenant, il y a une petite aire de stationnement à côté des restes d'une vieille église et ce qui ressemble à une vieille souche. Julie s'arrête. Il ne semble y avoir aucune maison dans les parages.

Sophie extirpe son sac de la pile de bagages.

— Je vais bénir la fourgonnette, dit-elle.

Elle fouille à l'intérieur de sa sacoche et en retire un petit objet en forme de coussin à aiguilles auquel elle attache une cordelette. Tout le monde la regarde tandis qu'elle sort du camion et le tient brandi vers le ciel.

Elle se tourne vers le nord, puis le sud, puis l'est et l'ouest, demandant à chaque élément de se connecter avec son amulette. Enfin, elle se tourne à nouveau vers l'est et dit :

— J'ai créé ce charme pour qu'il protège cette voiture contre tous les maléfices. Qu'il répande sa puissance, son énergie et accomplisse son devoir.

Puis elle remonte dans le camion et accroche le charme au rétroviseur.

— Vous êtes protégés, dit-elle. Merci pour la promenade.

— De rien, dit Julie avec un regard suspicieux au porte-bonheur.

— Leanne, dit Sophie. Je peux te parler deux minutes en privé ?

— Euh, oui, bien sûr, dit Leanne en prenant son petit sac à dos sur la banquette.

Elles sortent toutes les deux de la voiture. Julie les regarde s'approcher de l'arbre mort. Elle n'a aucune envie de s'aventurer dehors dans ce drôle d'endroit. Il fait trop sombre pour voir quoi que ce soit, et n'importe qui pourrait être en train de rôder dans la forêt ou cette horrible église. Charlotte et elle échangent malgré tout un regard et descendent tout doucement de la fourgonnette. À l'orée du bois, Sophie a posé sa main sur l'épaule de Leanne et semble être en train de lui murmurer quelque chose d'une voix précipitée. Leanne hoche la tête. Puis, apercevant Julie et Charlotte, elle leur dit :

— Je pars avec Sophie.

— C'est ce qu'on a pensé, dit Charlotte.

— Je...

Leanne se mord la lèvre.

— Il le faut.

Julie ne sait pas si elle doit éclater de rire (Leanne a décidément un sens inné du mélodrame) ou la serrer dans ses bras tant elle a l'air petite et apeurée. Cet endroit est inquiétant. Il est plein de sorcières, de fantômes sans tête et d'autres choses auxquelles Julie ne croit pas, mais qu'elle peut sentir malgré tout ; et Leanne s'apprête à suivre on ne sait où une femme qui n'a pas l'air d'avoir toute sa tête. En même temps, Leanne est chiante, et elle pense que c'est une vraie sorcière et que les clients de Blockbuster pourront se passer d'elle. Elle a vraiment l'air décidée à suivre Sophie, et Julie, réalisant qu'elle ne peut rien y faire, décide d'arrêter de se prendre la tête avec ça.

Sophie regarde Charlotte.

— Merci, dit-elle.

— Pour quoi ?

— Pour me l'avoir amenée.

— Je te demande pardon ? dit Charlotte, mais Sophie a déjà tourné les talons et commence à se diriger vers la forêt.

— Bénie sois-tu ! lance-t-elle par-dessus son épaule, au lieu d'« au revoir ».

— À plus, dit Leanne en la suivant. Et merci.

— Prends soin de toi, dit Julie.

Leanne se retourne et s'arrête une seconde.

— Je vais tout remettre d'aplomb, dit-elle. La pluie, David, enfin tout, quoi... Et je vais aider Luke aussi. J'ai emporté une mèche de ses cheveux. Je vais l'aider à guérir. Et je vais t'aider aussi, Julie, et toi, Charlotte. Je ne sais pas encore comment, mais je vais le faire. Je vous remercie du fond du cœur d'avoir fait ça pour moi.

— Qu'est-ce que c'est que ce délire ? dit Charlotte après le départ de Leanne.

— Oh ! c'est vrai, je ne t'ai pas raconté toute l'histoire, dit Julie.

— Je ne suis pas sûre d'avoir envie de savoir.

— Charlotte ?

— Oui ?

— Tu peux me dire ce qu'on est venus fiche ici ? Je veux dire...

— Tu veux dire qu'est-ce qu'on fiche à l'orée de la forêt d'Epping dans ce fichu VW Scooby-Doo, avec une nana qui a gagné au loto, un mec qui a le cancer et un autre qui porte une combinaison de l'espace qu'on a fabriquée nous-mêmes, et qu'on vient de faire nos adieux larmoyants à une vendeuse tyrannique qui vient de partir dans les bois pour « accomplir son destin » et apprendre à maîtriser ses pouvoirs surnaturels de sorcière ?

— Oui, dit Julie.

Son regard accroche un instant celui de Charlotte, et toutes les deux se mettent à rire si fort que Julie en a le souffle coupé et des crampes à l'estomac.

— Non, mais, franchement, dit Julie.

— De quoi on a l'air ? ajoute Charlotte. Allez, viens. Il faut prévenir les autres.

David et Chantel ont l'air inquiets.

— Qu'est-ce qu'elles sont allées foutre là-bas ? demande David.

— Où est ma cousine ? demande Chantel.

— Vous n'allez pas y croire..., dit Charlotte.

— Euh... Leanne a rejoint la congrégation des sorcières, dit Julie.

— Elle a dit qu'elle voulait être avec des gens comme elle, dit Charlotte.

Une sorte de reniflement jaillit de dessous la couverture qui recouvre la couchette.

— Luke ? dit Julie.

On dirait qu'il rit.

— Elle pense qu'elle est une sorcière, explique Charlotte.

— Doux Jésus, dit Chantel. Il ne va rien lui arriver, au moins ?

— Non, t'inquiète, dit Charlotte. Allez, on y go.

Julie se faufile à l'arrière de la camionnette et jette un coup d'œil sous la couverture.

— Tout va bien ? demande-t-elle à Luke.

— C'est vrai pour Leanne ? demande-t-il dans un murmure.

— Oui, ricane Julie. J'ai l'impression d'avoir relâché un animal dans la nature.

Luke rit aussi. Puis il s'arrête et attrape le bras de Julie.

— Tu crois que ça va bien se passer pour moi ? demande-t-il.

— Bien sûr. Tu n'es pas obligé de rester sous les couvertures.

— Je sais, mais ça me rassure.

Julie retourne s'asseoir derrière le volant et, après deux tentatives infructueuses, réussit à démarrer la voiture.

— Où on va maintenant ?

— Au pays de Galles ! s'écrie David. Et en avant pour de nouvelles aventures !

— Est-ce que quelqu'un peut lire la carte ?

— Je m'en charge, dit Charlotte.

— Tu sais lire une carte ? demande Julie.

— Bien sûr, mon chou. Je suis les routes jaunes.

— Ouais, les routes secondaires.

— Dans Londres ou autour ?

— Hein ?

— Il n'y a pas de routes jaunes qui traversent Londres, précise David. J'ai regardé.

— Oui, mais ces routes-là ne sont pas des autoroutes ou autres, remarque Charlotte.

— Mais, et le trafic ? s'inquiète Chantel.

— Le trafic ne me dérange pas, dit Julie.

Le trafic a tendance à ralentir la circulation, et elle aime ça.

— Et les contrôles de police ? dit David.

— Quoi ? Quels contrôles de police ? demande Chantel.

— Ils contrôlent toutes les voitures qui entrent et qui sortent de la ville, non ? À cause des attentats ?

— Ah ouais, c'est vrai, dit Charlotte. C'est peut-être pas une bonne idée.

— Si jamais ils demandent à examiner Luke, dit Chantel.

— On n'est pas obligés de passer par le centre-ville, dit Charlotte. D'ailleurs, je ne vois pas comment on pourrait traverser Londres en venant d'ici. La route normale serait l'A12. En fait...

Elle consulte la carte.

— ... il faudrait faire un grand crochet par le nord. Traverser Walthamstow, puis Islinton, et ensuite...

Elle tourne la page.

— Flûte, on sera obligés soit de traverser la City, soit de couper en longeant les bords de la Tamise pour atteindre l'ouest de Londres. Une minute... Non, il n'y a pas de routes jaunes dans ce coin-là, que l'A4 et la M4.

— Tu te sens de prendre l'A4 ? demande David.

— Je ne sais pas, dit Julie.

— Oh non. Il n'y a que des autoroutes et des voies rapides pour entrer dans Londres de là aussi.

— Passer par Londres n'est peut-être pas une bonne idée, dit Chantel.

— Sans parler des gaz d'échappement, dit soudain Julie. Il ne faut pas que Luke respire des gaz d'échappement.

— On fait quoi, alors ? demande Charlotte. On contourne Londres par le sud ou par le nord ?

— On va pas passer par le sud, dit David. On n'a pas pris la bonne direction pour ça. On n'est pas déjà dans le Hertfordshire ? Et puis il y a tous ces putains de tunnels.

— OK. Par le nord, alors ?

— Ouais, dit Julie. Il y a une route.

— Plus ou moins, dit Charlotte en scrutant à nouveau la carte. Non, en fait. Il n'y en a pas.

— Je peux jeter un coup d'œil, dit Julie en coupant le moteur.

Charlotte a raison. Les seuls axes secondaires depuis Epping vont en direction de Harlow.

— Oh ! mais attendez... L'un d'eux contourne Harlow et bifurque ensuite sur la gauche. C'est grosso modo la direction. Regarde, dit Julie à Charlotte. On remonte par là, puis on longe cette route, et...

— C'est une autoroute, fait remarquer Charlotte.

— Ouais, mais la route jaune passe dessous. Il doit y avoir un pont ou quelque chose comme ça. Il faut juste faire attention à ne pas se retrouver accidentellement sur une autoroute.

— Je vais essayer. Ce n'est pas très clair.

— Tu y verras plus clair quand on va se mettre à rouler, dit David. À la..., euh, non, j'allais dire à la lumière des réverbères, mais il n'y en aura pas, je suppose ?

Il rit.

— On devrait s'arrêter dans une station-service et acheter une lampe de poche, suggère Chantel.

— Et des sandwiches, dit Charlotte. J'ai la dalle.

— Je peux jeter un coup d'œil à la carte ? demande David.

Charlotte la lui tend.

— Je pense que tu vas devoir la lire toi-même, lui dit-elle. J'y vois mal dans le noir.

— Donc, nous allons ici, ici, ici et..., murmure David. Putain. South Mimms.

— Quoi ?

— South Mimms. La station-service des teufeurs. Allez, mesdames – et monsieur l'astronaute –, en route pour la plus grande station-service de tous les temps.

— Mais South Mimms n'est pas sur la M25 ? demande Charlotte.

— Si, mais il y a une petite route jaune qui colle l'autoroute et c'est justement celle qu'on doit prendre.

— Et qu'est-ce qu'il y a de tellement excitant à propos de cette station-service ? demande Julie.

— Je te raconterai ça pendant qu'on roule.

35

David en est à sa troisième anecdote à propos de South Mimms, et la bagnole empeste le sconse.

— Alors, cette nana vraiment incroyable, que j'allais embrasser sous les arcades de South Mimms, me dit qu'elle va aller à une rave partie qui doit avoir lieu la semaine suivante, quelque part à la sortie de la M 25, et, donc, j'ai compris qu'il fallait que j'y aille moi aussi, si je voulais la revoir, même si c'était à Pétaouchnock et que des rave parties au bord de la M 25 y en a des tonnes. Mais qu'est-ce que vous voulez que je vous dise ? Je la kiffais grave, cette nana. Et voilà que, le samedi après-midi, avec des potes, on était dans un pub au nord de Londres, et personne ne savait où la rave allait avoir lieu. La radio pirate avait brusquement arrêté de diffuser, et on avait un numéro de téléphone qui ne répondait jamais. Comme si la ligne était coupée. Alors, on décide de prendre l'A10, puis la M25 et de tracer jusqu'à South Mimms, vu que n'importe qui à notre place aurait fait la même chose.

Et on avait raison. Dès qu'on a atteint le carrefour, on a vu des keufs partout qui bloquaient tous les accès. Ça devait être en 1991, et il y avait déjà eu tellement d'émeutes et de pillages à South Mimms qu'ils avaient décidé de ne prendre aucun risque. Du coup, tout le monde s'est retrouvé à la station BP. Il y avait une telle quantité de raveurs que c'était le chaos. Tous les gens piquaient des trucs dans la station-service sans que personne puisse les arrêter.

— Et toi aussi ? l'interrompt Chantel.

— Tu es de la police ? On était des gamins, à l'époque. Et puis tout le monde le faisait. Bref, on a fait des provisions de chewing-gums, d'eau minérale et de biscuits, pendant que le pauvre mec derrière le comptoir nous regardait en souriant presque. Et voilà que, brusquement, je vois la nana, puis elle disparaît. Au même moment, quelqu'un mentionne l'A1. Alors, on retourne dare-dare à la bagnole et on enfile l'A1. Et, pendant que je suis en train de foncer sur l'autoroute, un copain me dit : « Hé ! Dave, regarde un peu derrière toi ! » Et là, je vois genre une cinquantaine de bagnoles qui tracent derrière nous, persuadées qu'on sait où on va. Et puis je réalise que les flics font pareil parce que j'aperçois des tas de gyrophares bleus dans le rétroviseur. Alors, je me dis, merde, et je décide de faire demi-tour, et je passe par-dessus le terre-plein, et repars en sens inverse. Mais, évidemment, tous les autres font la même chose. C'était vraiment du délire.

— Pourquoi te suivaient-ils ? demande Chantel.

— La culture rave, dit David. Tu vois une bande de raveurs dans une bagnole et, comme tu es paumé, tu les suis. Et tu te retrouves avec deux bagnoles de raveurs qui se suivent, puis trois et, pour finir, tout un convoi. Sauf qu'en réalité, tout le monde est paumé.

— J'ai manqué tout ça, dit Chantel. En 88, j'avais sept ans.

— Tu as quel âge, David ? demande Charlotte.

— En 88, j'avais quinze ans, dit-il. Mais, quand cette histoire est arrivée, j'en avais dix-huit ou dix-neuf. Je venais de passer mon permis l'année d'avant.

— Mon père fait la même chose, dit soudain Julie.

— Quoi donc ?

— Il suit des bagnoles sans raison. S'il se retrouve pris dans les embouteillages et qu'une voiture fait demi-tour, il s'imagine que le conducteur connaît un raccourci et il le suit, parce qu'il est persuadé qu'il va au même endroit que lui. C'est vraiment n'importe quoi.

— Ton père, c'est un drôle de type, dis donc, remarque Chantel.

— Et alors, cette rave, vous l'avez trouvée ? demande Charlotte.

— Bien sûr. On est retournés à South Mimms, on a suivi une autre caisse et on s'est retrouvés là-bas. C'est justement là le plus incroyable. C'est que, d'une façon ou d'une autre – chance, instinct, coïncidence, hasard, ou volonté divine..., j'sais pas, mais on s'est retrouvés au bon endroit au bon moment. C'est fou quand on y pense, parce que juste au bon moment tu es branché sur la station pirate qui donne les instructions, ou tu files le train à la bonne bagnole, ou tu croises quelqu'un qui connaît celui qui organise, ou tu procèdes par déduction logique, ce qui est un tour de force vu la quantité de cachetons qu'on s'enfilait à l'époque. Toujours est-il qu'on mettait dans le mille chaque fois. Ou qu'on trouvait mieux.

— Il doit y avoir une morale à cette histoire, dit Charlotte. Mais je vois pas trop quoi. Donne-nous la réponse, s'il te plaît, Dave.

Luke est toujours sous la couverture. Il avait bien pensé à sortir de son trou une fois Sophie partie, mais il a renoncé. Il est trop bien là où il est, et puis il a sommeil, et le monde du dehors a l'air terrifiant. S'il reste sur sa couchette, il peut faire semblant d'être chez lui, dans sa chambre. Le problème de Luke, c'est que, ce qu'on voit à la télé (et pourtant, il en a déjà vu, des routes et des camping-cars et des road-trips, à la télé) n'est pas réel. Quand on regarde la télé, on est chez soi. Mais cette expédition lui donne l'impression de se trouver à l'intérieur du poste de télévision. Ce n'est pas ce qu'il voulait. Luke voulait connaître le vrai monde – celui que tout le monde connaît –, mais il a simplement l'impression d'être dans une télé, comme si l'écran de verre l'avait happé, et maintenant il se sent pris au piège, comme s'il était dans un aquarium. Ou pire, comme s'il s'était échappé de la télé, tel un rayon lumineux intrépide, et ne savait plus comment y rentrer à nouveau. Mais, que ce soit l'un ou l'autre, c'est pareil. Il veut revenir à son point de départ. Et, tant qu'il reste sous la couverture, il peut faire comme si rien ne s'était passé. Il a essayé de penser à Wei, de se dire qu'il allait guérir, mais son imagination est en panne. Il a du mal à penser à quoi que ce soit hormis qu'il est perdu et paniqué.

— On est arrivés ? plaisante Chantel.

— Ouais, on y est presque, dit David. Arrête de geindre.

— Et maintenant, c'est par où ? demande Julie.

— La première à gauche.

— Tu es sûr ? On dirait une autoroute.

— Oui, c'est l'A1. Mais t'inquiète, on va la shunter.

Charlotte a réussi à trouver une fréquence qui diffuse de la musique country.

— J'adore ça, dit-elle. C'est tellement ringard.

Elle se met à chanter.

— Dépêche, Julie, dit Chantel. C'est un supplice.

— Salope, dit Charlotte.

— Pétasse, dit Chantel.

— Mesdames, on se calme, dit David.

— On plaisante, dit Chantel. On est bientôt arrivés ?

— Non, dit David.

Environ dix secondes passent.

— Ça y est ? répète-t-elle.

— Non, ferme-la.

— Ça y est ? demande Julie.

— Oh oui, ça y est. Trop bien.

Luke sent que la voiture ralentit, puis tourne une fois, deux fois. Elle recule et avance encore deux fois avant de s'immobiliser. Le moteur est éteint, mais le corps de Luke vibre comme si la camionnette était encore en train de rouler. Il entend les autres qui s'agitent autour de lui, une portière qui claque, puis une qui s'ouvre et sent un courant d'air froid.

— Luke ? dit Julie.

Elle passe la tête sous la couverture.

— Salut. On est où ?

— South Mimms. On va acheter des sandwiches.

— OK. Je vous attends ici.
— Tu es sûr ?
— Oui. Je ne peux pas venir avec vous, non ?
— Je pense que non. Tu es sûr que ça va aller ?
— Oui. Julie ?
— Ouais ?
— Je fais comment si j'ai envie de pisser ?
Elle a l'air paniquée.
— Tu as envie ?
— Non, pas encore.
— Oh ! Eh bien, on s'arrêtera quelque part.
— Il faudra que je sorte du camion ?
Elle fronce les sourcils.
— Peut-être. Je sais pas.
— Je pourrais faire dans une bouteille, par exemple.
— T'inquiète. On trouvera une solution.

Tout est silencieux maintenant que Julie et les autres sont partis. Si c'était la fin du monde, Luke n'en saurait rien. Si Luke était l'unique survivant, est-ce que sa vie changerait ? Si Julie et lui étaient les deux seuls survivants, est-ce qu'il s'en rendrait compte ?

Il s'assied. La tête lui tourne et il a envie de vomir. Les lumières du dehors illuminent brillamment l'intérieur du camion. C'est quoi, toutes ces lumières ? Quel est cet endroit ? Luke pense à sa chambre et à l'espace. Est-ce que cet endroit se trouve à mi-chemin des deux ? Est-ce comme cet endroit qu'il a vu à la télé : un no man's land entre la réalité et la fiction ; entre sa chambre et la lune ? Ou simplement le monde du dehors, un lieu où tout le monde va et à l'intérieur duquel Luke a voulu s'échapper toute sa vie durant ?

Une fois, Luke s'est blessé à la main gauche avec un couteau. Dès qu'il a senti la douleur et vu le sang couler, il a serré son doigt coupé avec sa main droite, pour ne pas le voir. Jusqu'au moment où il n'a plus pu résister. Il fallait qu'il regarde. Exactement comme maintenant. Luke ne peut pas ne pas regarder. Il a besoin de savoir et il espère qu'il va trouver quelque chose de réconfortant dans le monde extérieur et qu'il va pouvoir sortir de dessous la couverture au moins pendant quelques instants et se comporter normalement, même s'il est obligé de porter une combinaison spatiale, et même s'il risque d'expirer à tout moment. Il ouvre la porte et jette un coup d'œil au dehors. Merde. Il n'aurait pas dû – il est dans l'espace.

Dans l'imagination de Luke, le monde extérieur se résume en gros à un champ avec un arbre et une montagne à l'arrière-plan ; et peut-être un cours d'eau, un ruisseau, une rivière ou un lac. Mais ce n'est pas ça. Luke a la tête qui tourne. Peut-être est-ce à cause du casque ou de la pluie (qui fait que tout ce qui n'est pas orange a l'air noir et mouillé). Peut-être est-ce une plaisanterie. Il ne voit que des voitures, des lumières et du béton, et, comme il n'a aucun sens de l'espace ou des paysages, pour lui, les voitures, les réverbères et le béton s'étendent à l'infini. Il essayerait bien de sortir de la fourgonnette et de faire quelques pas, mais il ne peut pas bouger. C'est le genre d'endroit où on risque de croiser des extraterrestres, de gros hommes armés de fusils et des enfants vêtus de haillons graisseux qui errent sous la pluie, exclus du paradis rutilant, nimbé de vapeur de mercure qu'on aperçoit là-bas.

Si Luke était obligé de retrouver sa maison, comment ferait-il ? Il ne pourrait rien faire, car sa maison ne fait pas partie de ce monde, ou alors, si elle en fait partie, elle doit être aussi éloignée que la Terre de la Lune. Si vous vouliez aller dans la Lune, comment feriez-vous ? Un être humain pourrait imaginer qu'il fabrique une fusée. Un papillon de nuit volerait jusqu'à une lampe électrique. Luke a envie que les autres reviennent, car il a l'impression qu'il va mourir ici s'il y reste tout seul. Mais, à supposer qu'ils ne reviennent jamais ? Luke sent d'instinct que, s'il se retrouvait seul dans cet environnement hostile, sans ordinateur et sans téléphone, la seule chose qu'il pourrait faire serait de se débarrasser de sa combinaison et de courir vers la lumière la plus éclatante en espérant qu'elle le tuerait instantanément, comme le soleil. Ce serait mieux que de mourir étouffé par les tentacules des créatures qui peuvent rôder dans ce genre d'endroit ou de tomber d'épuisement et de faim sur une route poussiéreuse, à mille lieues de tout endroit habité, parce que vous connaissez votre adresse, mais ne savez pas lire une carte.

Luke remet la tête sous la couverture.

Il pense : *Peut-être que les papillons de nuit savent que les ampoules électriques ne sont pas la lune. Peut-être ont-ils découvert que la lune était très éloignée et qu'ils ont choisi de se suicider plutôt que d'échouer. Et toi ?*

36

— On a vraiment besoin de tous ces sandwiches ? demande Julie.

— Je ne savais pas ce que voulait Luke, explique Chantel. Et David a une faim de loup.

— Il faut bien grignoter, dit-il.

La fille derrière le comptoir lui sourit de toutes ses dents.

— Quel genre de torche il nous faut ? leur crie Charlotte depuis le rayon des lampes électriques.

— Une grosse, dit Julie. Dépêche.

Charlotte fait la grimace et en prend une au hasard.

— Ça fera cinquante et une livres quatre-vingt-dix-huit, dit la caissière après avoir scanné la torche.

— Bon Dieu, dit Chantel. Cinquante-deux billets rien qu'en bouffe ? Et on n'a même pas encore fait le plein.

Elle sort sa carte de crédit malgré tout.

Il pleut toujours.

— On ferait bien de retourner au camion pour voir comment va Luke, dit Julie. Il est peut-être inquiet.

— Pourquoi ça ? demande David.

— On est restés, quoi, quarante minutes à l'intérieur ? dit Chantel en pouffant de rire.

— Bon Dieu, c'est vrai, dit David. Il est déjà onze heures.

Chantel relève le bas de sa jupe longue pour ne pas qu'elle

trempe dans les flaques orange. Charlotte marche à côté de Julie.

— Ça va ? lui demande-t-elle.

— Oui. Je n'avais pas réalisé qu'il était aussi tard.

— On va y arriver. T'inquiète. Ça va être cool.

— Je ne suis pas inquiète, dit Julie, mais elle sent les larmes lui monter aux yeux.

Luke ne dit rien quand ils remontent dans la fourgonnette. Il est toujours sous sa couverture. David et Chantel montent par l'arrière, et Chantel tapote la couverture de Luke pour lui proposer des sandwiches et des boissons, mais il ne dit rien. Elle n'insiste pas et sort des bières de son sac. Julie se demande si elle ne devrait pas aller s'assurer que Luke va bien, mais, maintenant qu'ils sont tous à bord, ils veulent qu'on reparte.

Il est tard. Elle prend une bouchée de son sandwich au fromage et cornichons. En général, elle n'achète pas de sandwiches, mais ce soir, elle a décidé de se lancer. Dans sa tête, elle voit l'image familière d'une nana qui fait des sandwiches en pressant deux tranches de pain ensemble dans une immense usine où il y a des mouches mortes et de la crasse partout et où les gens sont si mal payés qu'ils se torchent peut-être le cul avec leurs gants en caoutchouc bleus.

Elle s'arrête de mâcher. C'est pour cela qu'elle n'achète pas de sandwiches. À supposer qu'un employé taré ait mis de l'acide dedans ? L'acide, de nos jours, ça ne coûte qu'une livre et demie la dose. Julie doit absolument virer ce truc empoisonné de sa bouche. Elle ouvre la portière, sort du camion, va cracher dans le caniveau, puis jette le reste de son sandwich. De retour à sa place, elle se rince la bouche avec du jus de cassis et allume une cigarette.

— Qu'est-ce que tu fiches ? demande Charlotte.

— Rien. Je suis allée jeter l'emballage, répond Julie.

— Tu ne vas rien manger ?

— Non. Peut-être plus tard. Je n'ai pas aussi faim que je le croyais, dit-elle.

— Pas étonnant que tu sois aussi maigre, dit David.

— Bon, où vais-je maintenant ? demande Julie.

Durant la demi-heure suivante, elle se concentre, tandis que David lui indique comment traverser Radlett pour rattraper Watford pendant que lui et Chantel s'envoient chacun trois sandwiches et que Charlotte recommence à trifouiller la radio. Luke ne dit rien, ce qui donne à Julie envie de pleurer.

— Roule un pétard, dit David à Charlotte.

Charlotte choisit une fréquence radio locale et saisit son sac en tissu brodé.

— Je croyais que c'était toi qui roulais, bougonne-t-elle. Je n'ai plus envie de fumer. Le spliff que t'as roulé à Epping m'a complètement défoncée. Il faut que j'arrête là.

— J'en ai plus, de toute façon, dit David. Vous avez liquidé mon stock, bande d'affamées.

— Je vais en rouler un, dit Chantel. Mais il faut que quelqu'un tienne ma bière.

Il y a un bruit à l'arrière du camion. Luke s'est assis.

— Je vais la tenir, dit-il. Du moment que je peux la finir.

Il rit d'une façon étrange.

— Hé ! mec, dit David en lui donnant une tape dans le dos. On commençait à se faire du souci pour toi. Content de voir que tu as repris connaissance.

Chantel tend sa bière à Luke. Il cherche dans son sac les pailles que Julie lui a données pour qu'il puisse boire à travers son casque. Il en glisse une dans la cannette et aspire frénétiquement.

— Ah ! ça fait du bien, dit-il une fois qu'il a terminé. Chantel, il est où, ce joint ?

— Euh, oui..., ça vient.

— Luke ? dit Julie.

Il ne répond pas.

— Luke ?

— J'ai tellement envie de me défoncer, dit-il à Chantel et David.

Charlotte regarde Julie et hausse les sourcils. Julie hausse les épaules tristement. Elle ne sait plus où elle en est. Pourquoi Luke se conduit-il comme ça avec elle ? Pourquoi l'ignore-t-il ? Pourquoi emploie-t-il des mots comme « défoncé » ? Et pourquoi la fourgonnette empeste-t-elle l'herbe, l'oignon et la bière ? Pourquoi est-elle au volant, et où vont-ils comme ça, nom d'un chien ?

À la radio, il y a des gens qui demandent qu'on leur passe tel ou tel air de musique. Il y a un pompier qui veut écouter *The Look of Love* par le groupe ABC.

— J'adore cet air, dit Charlotte en montant le volume.

Bientôt, tout le monde sauf Julie est en train de chanter.

— Ça faisait un bail que je l'avais pas entendu, dit Chantel. Ils le passaient tout le temps dans la boutique où je bossais. C'est un vieux truc, non ?

— Je me souviens qu'ils le passaient à *Top of the Pops*, dit Charlotte. Ce qui est plutôt déprimant.

— Chez The Edge aussi, ils le passaient tout le temps, hein ? dit David à Julie.

— Je crois que c'est comme ça dans tous les commerces.

— Tu travaillais où ? demande David à Chantel.

— Chez Surf & Skate à Basildon. Pourquoi ?

— J'imagine que t'étais pas millionnaire, à l'époque.

Chantel rit.

— Non, j'étais fauchée comme les blés et je vivais dans une baraque de prolo avec une chèvre.

— Oh ! mais oui. Leanne m'en a vaguement parlé, dit David. C'est quoi, l'histoire ?

Chantel est en train de rouler un carton pour le spliff.

— Je sais pas. C'était la maison où ma grand-mère s'était installée juste après la guerre. Ma mère, son copain Rob et moi, on vivait tous chez mamie, dans sa maison minuscule. Rob était un vrai barjot, persuadé qu'il allait réussir comme compositeur, et, donc, qui ne voyait pas pourquoi il aurait cherché du boulot, tandis que ma mère et moi on bossait dans une animalerie à côté du marché. Mais elle a fermé, et ma mère a commencé à déprimer. Rob lui pompait toutes ses allocations chômage en plus des siennes, et elle n'avait pas assez d'argent pour pouvoir se présenter à des entretiens d'embauche. Et, quand elle y allait, ils trouvaient toujours quelqu'un de plus jeune qu'ils pouvaient payer moins, et elle ne décrochait jamais rien.

» Donc, pour résumer, on était toutes les deux sans travail. Maman en avait ras le bol de Rob et elle essayait de le faire partir. Alors, il partait vivre pendant quelques jours chez un pote, et ma grand-mère était contente, parce qu'elle aimait pas Rob, mais maman se mettait à bouffer des Mars à tire-larigot et à faire le ménage à fond en se plaignant de l'état du jardin, de la maison et de sa vie et en pleurant parce qu'elle avait délaissé mamie et qu'elle ne faisait même pas l'effort de nettoyer la maison pour elle, et qu'il allait falloir qu'on aille vivre ailleurs bientôt – même si à cette époque-là ma grand-mère était déjà très malade et qu'on aurait pas pu la laisser seule –, jusqu'à ce que Rob revienne et qu'ils « repartent de zéro ». Il trouvait normal de vivre comme nous le faisions, mais maman, elle, lisait des magazines comme *Hello !* et *Maison et jardin* en rêvant d'une vie meilleure, et elle essayait toujours de faire des trucs comme des arrangements floraux ou du tricot en s'aidant de bouquins qu'elle empruntait à la bibliothèque. Rob finissait toujours par piétiner son tricot quand il était de mauvais poil, et Billie mangeait toutes ses fleurs.

» Je suis contente qu'on ait laissé Rob derrière nous, même si je ne serais pas étonnée de le voir rappliquer bientôt à Windy Close pour vivre à nos crochets. Ce mec est un vrai cauchemar. Il a bouffé toutes les économies de mamie juste avant qu'elle meure et il m'a emprunté des sous qu'il ne m'a jamais rendus. J'étais la seule, à part ma grand-mère, à avoir un peu d'argent dans cette fichue maison. Je travaillais chez Surf & Skate six jours par semaine pendant les vacances. À l'époque, je faisais un BTS et, l'année dernière, j'avais réussi à mettre de l'argent de côté pour aller en Espagne avec des copines, mais Rob me l'a « emprunté » sans me demander la permission. Comme il ne me l'a jamais rendu, je ne suis jamais partie.

— C'est vraiment pas cool, dit David. Quel connard !

— Il était pas méchant ; juste irresponsable. Il a jamais grandi.

— N'empêche que c'est pas cool du tout. Et puis, de toute façon, pourquoi il avait besoin de tout ce fric ?

— Pour la *weed*, les fringues, ses billets de train pour Londres, où il allait rencontrer des « agents artistiques », pour la came. Je sais pas. Il ne raisonnait pas comme ma mère et moi. Nous, on était habituées à être pauvres et on se débrouillait avec ce qu'on avait. On n'achetait jamais rien de superflu et on ne pensait pas pouvoir le faire un jour. Quand j'étais môme, on avait une tirelire de Noël, où on mettait la ferraille, à laquelle ma grand-mère ajoutait quelques pièces, et chaque Noël on se faisait un bon repas et on décorait la table plusieurs jours à l'avance pour pouvoir l'admirer. L'année où Rob est venu vivre avec nous, il a instauré un système pour qu'on puisse taper dans la tirelire de Noël à condition de glisser un ticket à l'intérieur indiquant qu'on s'engageait à rembourser la somme empruntée. Au bout d'un an, il y avait quarante tickets pour un total de cent livres, mais pas l'ombre d'une pièce. Bon sang, vous savez ce qui m'a le plus marqué dans le fait d'être pauvre ? dit Chantel en passant le spliff à David. Ce sont les barrières invisibles : les boutiques dans lesquelles on ne va jamais parce qu'on sait qu'on n'a pas les moyens, les épiceries fines, les grands magasins, les mégamagasins de jouets comme ceux qu'on voit dans les films de Noël et dans lesquels tu sais que tu n'iras jamais parce que, ton lot à toi, c'est les bazars à deux balles et les étals du marché... Même WHSmith[1], c'était trop chic pour nous. Quand je suis entrée au collège et que tout le monde écrivait au feutre, ma mère, toute contente, m'a rapporté un lot de stylos à bille publicitaires récupérés chez Argos. Mais, au bahut, tout le monde se payait ma tête et me traitait de romanichelle.

— Moi, c'était mon grand-père qui me fournissait en sty-

1. Célèbre chaîne de librairies-papeteries anglaise. (NDT)

los récupérés aux paris mutuels, dit David en souriant. Il trouvait ça original. Je crois me souvenir que, quand j'étais tout petit, je dessinais sur des bulletins de paris sportifs, qui étaient gratuits contrairement au papier normal, et que j'aimais pas ça parce que les quadrillages et le texte gâchaient mes dessins.

Chantel rit.

— Et je me souviens que faire ses courses chez Top Shop ou Miss Selfridge me semblait le comble du raffinement. Toutes mes fringues et mes uniformes venaient de chez Jackson Warehouse, où un pull coûtait environ deux livres, et une jupe, une livre cinquante.

— Je me souviens de Jackson Warehouse, dit David. Moi aussi, j'achetais mes uniformes là-bas.

Il rit.

— Et ma première montre, je l'ai achetée au marché. C'était un cadeau de mon grand-père, et elle avait dû coûter trois livres. J'adorais cette montre. Dans ma famille, c'était pareil : on n'avait vraiment pas d'argent. Mais mon vieux mettait des sous de côté et nous emmenait une ou deux fois par an au surplus militaire parce qu'il pensait qu'on allait tous faire carrière dans l'armée, même ma sœur. On avait des petits uniformes et d'énormes godillots, des kits de peinture faciale et des canifs, des torches et des treillis. Tous les samedis, on avait droit à un Wimpy, on regardait *The A Team* et ensuite on montait une tente dans le salon et on jouait à l'Irlande du Nord.

— *L'Irlande du Nord* ? dit Charlotte.

David est plié en deux.

— Oui, on avait deux chats. Ils étaient l'IRA. Ma mère avait horreur de ça. Mon vieux passait tout le week-end à nous enseigner des techniques de combat, des trucs qu'il avait appris chez les marines, genre la façon la plus efficace de trancher la gorge de l'adversaire, comment ramper dans les fourrés, comment faire du feu sans allumettes et ouvert une boîte de fayots sans ouvre-boîte. On connaissait les signaux radio et les grades militaires, et on savait comment se foutre en l'air pour éviter de parler sous la torture quand on est fait prisonnier...

— Et maintenant, tu fais des études de droit, dit Charlotte.

— Mon vieux est dégoûté. Ma mère est fière de moi, mais mon père n'a jamais pu accepter que je ne sois pas entré dans l'armée comme lui.

— Mais il n'était pas à l'armée quand tu étais petit ? demande Charlotte. Je veux dire, pourquoi était-il à la maison à jouer à la guerre avec vous ? Ou était-ce uniquement quand il était en permission ?

— Il était paralysé des deux jambes, explique David. Une balle dans la moelle épinière. On n'avait que sa pension pour vivre.

— Il ne pouvait pas marcher du tout ?

— Non. Mais ça ne l'empêchait pas d'aller au pub tous les soirs avec ses potes, rit David. Dans son fauteuil roulant électrique. Il allait partout avec ça.

— Il était paralysé, mais il continuait de faire une fixation sur l'armée ?

Charlotte a l'air confuse.

— Totalement. Ma mère était obligée de l'habiller et de lui faire sa toilette, mais il ne pensait qu'au close-combat, comme un expert. Si vous l'aviez vu au moment de la guerre du Golfe. Il ne parlait que de ça.

Chantel et Charlotte éclatent de rire.

— Tu faisais quoi, pour ton anniversaire, quand t'étais môme ? demande Chantel.

— On achetait une forêt-noire hard-discount, et je recevais un Action Man de mon père et un bon d'achat pour un livre de mon grand-père. Ma mère me laissait le choisir dans le catalogue une ou deux semaines à l'avance. La veille de mon anniv, elle faisait comme s'il n'était pas arrivé, mais il finissait toujours par apparaître miraculeusement dans un paquet-cadeau sur la table de la cuisine le lendemain matin. Et toi ?

— Une virée chez McDo et une cassette vidéo. On ne

mangeait jamais de gâteau à la maison, à cause du régime de maman.

— Une virée chez McDo ? dit Charlotte.

— C'étaient les seules fois où on y allait. C'était, genre, un super cadeau. Jusqu'à ce que Rob arrive, bien sûr. Là, c'était McDo trois soirs d'affilée et puis plus un rond pour bouffer autre chose que du pain périmé pendant tout le week-end. Parfois, on n'avait même pas de quoi se payer des tampons et on devait s'en fabriquer nous-mêmes. Ah ! les tampons faits maison… Je vous raconte pas.

— Je déteste ce mot : « romanichel », dit David tout bas.

— Ouais, et moi aussi, dit Chantel. J'essaie juste de l'anoblir. Bref, et toi, Charlotte, t'as grandi où ?

— À Cambridge. Enfin, dans un village à côté.

— Un village, répète Chantel sur un ton qui confère au mot « village » un côté mystérieux et exotique, comme « château » ou « île paradisiaque ». Ça doit être trop bien d'habiter dans un village.

— Pas plus que ça, dit Charlotte. Ça craignait carrément.

— Pourquoi ? demande Chantel. Il était pas beau, ton village ?

— Si, mais il était petit et c'étaient des commérages à longueur de temps. On n'avait pas le droit d'être différent. Et puis il fallait prendre le bus pour aller en ville..., enfin, je ne sais pas, mais c'était vraiment pas le pied.

— Tu avais une jolie maison ?

— Ouais.

— Alors, ça ne devait pas être si mal.

— Peut-être pas, reconnaît Charlotte.

Il y a un croisement un peu plus loin, et Julie ne sait quelle route prendre ensuite.

— Qu'est-ce que je dois faire une fois au carrefour ? demande-t-elle.

— Tu le traverses et tu files tout droit, dit David en se concentrant à nouveau sur la carte. Et ensuite… Oh non, merde !

— Quoi ?

— Il n'y a plus de route jaune après le deuxième carrefour.

Julie se met à paniquer.

— Mais je vais où, du coup ?

— Il faut longer la route rouge pendant environ deux minutes.

— Quel genre de route ?

— Juste un axe principal. Mais pas une voie rapide ou autre.

— Oh non !

— Cool, mon chou, dit Charlotte.

Tout le monde se tait tandis que Julie s'engage dans le premier carrefour et, de là, sur une petite route bordée d'arbres mouillés de pluie qui mène à un deuxième carrefour avec de grands panneaux verts et des lumières blanches.

— Alors, elle est où, cette route principale ? demande Julie.

Elle continue de s'angoisser pour le sandwich. À supposer qu'une fois qu'elle sera engagée sur la voie rapide, l'acide se mette à faire effet ? Dans sa tête, elle imagine la fourgonnette faisant des tête-à-queue avant d'atterrir sur la voie opposée. Ou bien qu'elle croise des chauffards ivres qui rentrent du pub en fonçant comme des malades et que l'un d'eux lui rentre dedans ? Elle a la tête qui flotte. C'est l'acide, elle le savait. Voilà qu'elle n'arrive plus à respirer.

— Calme-toi, Julie, tout va bien, lui dit Charlotte.

— Il faut que tu prennes à droite, dit David. L'A408… C'est ça. Puis, sur ta droite, tu vas voir une sortie pour la B470 direction, hum, Datchet ou Eton. Ne la loupe pas, surtout, parce que la suivante est beaucoup plus loin.

L'A408 n'est guère différente des routes secondaires qu'ils ont empruntées jusque-là, mais Julie transpire à grosses gouttes. Elle ne veut pas provoquer un accident ; elle ne veut pas mourir. Elle réalise qu'elle roule à soixante-quinze à l'heure et se souvient qu'un type lui a dit une fois qu'à cette vitesse-là un choc peut être fatal. Elle ralentit à soixante.

— On pourrait pas se magner un peu ? demande Luke.

Julie se cramponne au volant. Jusqu'ici, il n'a fait que boire de la bière à la paille en regardant par la fenêtre. Il n'a pas dit un mot ou demandé qu'on lui explique quoi que ce soit. De toute façon, il n'y a pas grand-chose à voir à part des arbres, la nuit, la pluie et des silhouettes noires d'usines. Il n'a fait aucun commentaire sur le monde extérieur. Et voilà qu'il veut qu'on aille plus vite ? Qu'est-ce qui lui prend ?

— Pourquoi roule-t-on aussi lentement ? demande-t-il.

Charlotte se retourne pour le foudroyer du regard.

— Quoi ? dit-il. J'ai juste envie d'un peu plus d'action.

— Tu n'as pas entendu, mec ? demande David.

— Quoi donc ? dit Luke.

— Ton amie te fait une grosse faveur. Alors, un peu de respect, s'il te plaît.

— Laisse tomber, Dave, dit Chantel.

Luke est déjà retourné sous sa couverture.

37

— Ce patelin est pourri, dit David.

Chantel s'est endormie, et Luke est toujours sous sa couverture. Il est presque quatre heures du matin, et voilà deux heures que Julie essaye de quitter le Berkshire pour entrer dans le Wiltshire.

Ici, les crues sont impressionnantes. Tout ce qu'elle voit, c'est le reflet des phares dans les flaques d'eau et un kaléidoscope de routes qui luisent comme des miroirs tachés de boue. Toutes les routes se ressemblent, à présent : arbres mouillés, feuilles mortes, branches cassées, champs noirs, haies détrempées et secouées par le vent.

— Complètement nul, dit-il. Pas de trains. Pas de routes.

Charlotte bâille.

— Je suis crevée, dit-elle.

Il y a environ trois heures, elle a commencé à en avoir assez d'écouter la radio, et maintenant on n'entend plus que le bruit des voix et de l'eau qui gicle sous les pneus, le ronron des essuie-glaces et de la ventilation.

Il y a à nouveau une énorme branche en travers de la route un peu plus loin.

— David, dit Julie en ralentissant. Branche.

Ils ont une stratégie dans ces cas-là. Soit ils contournent l'obstacle en empruntant un autre chemin, soit, si la branche n'est pas trop grosse, David se charge de la déplacer.

Il étudie la carte.

— Fais demi-tour, dit-il. Ensuite, tu prends la première à gauche.

— OK.

Ce n'est pas facile de faire demi-tour avec un camper VW sur une route secondaire. Julie finit par renoncer et remonter presque tout le segment en marche arrière jusqu'à l'intersection que lui a indiquée David. Cette route-là est encore plus petite, mais elle est moins inondée.

Tout au moins sur les premiers cent mètres, parce qu'ensuite il y a une pente au bout de laquelle Julie aperçoit une mare d'eau noire et brillante qui s'est accumulée là où la route cesse de descendre, probablement, avant de remonter à nouveau. Malheureusement, la côte à l'autre bout est invisible, et la flaque semble s'étendre à l'infini.

— Est-ce que je continue ? demande Julie.

Charlotte hausse les épaules.

— Tu en penses quoi ? demande-t-elle à David.

— Je sais pas trop. Difficile de savoir si c'est profond et où ça finit.

— Profond comment, d'après toi ? demande Julie.

Curieusement, toute cette eau laisse Julie indifférente, ou plutôt elle la rassure, car ainsi il y a moins de monde sur les routes, et les gens roulent lentement. Le bon côté de l'eau, c'est qu'en cas de problème, il est toujours possible de se laisser flotter. De manière totalement irrationnelle, Julie n'est pas concernée par les inondations. Après tout, elle sait nager, non ?

— Je vais continuer, dit-elle.

— Tu risques de niquer les freins si c'est profond, dit David.

— Ou de te retrouver coincée, dit Charlotte.

Julie commence à s'approcher tout doucement de l'immense flaque.

— Je me demande si c'est bien raisonnable, dit Charlotte. Qu'est-ce qu'on fait avec Luke et Chantel ?

— C'est-à-dire ? s'enquiert Julie.

— Imagine qu'on se retrouve coincés...

— Eh bien, il faudra qu'ils sortent du camion et nous aident à pousser. Ça ne peut pas être bien profond, dit Julie.

Elle s'arrête juste devant l'immense mare d'eau et la contemple.

— Passe la première, conseille David. Et roule lentement, mais sans t'arrêter. Si tu t'arrêtes, on ne pourra plus redémarrer. Alors, une fois lancée, continue non-stop. Tu devrais peut-être même reculer pour prendre un peu d'élan.

— OK, dit Julie en reculant sur une vingtaine de mètres. C'est parti.

— Et n'oublie pas que tu ne dois pas caler, dit David. Passe la seconde.

Julie a l'impression d'être Evel Knievel, le cascadeur qui saute à moto par-dessus une rangée d'autobus à impériale. Elle jette un coup d'œil au porte-bonheur de Sophie accroché au rétroviseur, puis commence à avancer, un peu plus vite qu'elle ne le voudrait, compte tenu des circonstances, et la fourgonnette entre en contact avec l'eau. La pente est beaucoup plus raide qu'elle ne se l'imaginait et elle a l'impression que les roues sont complètement immergées.

— Ne t'arrête pas, surtout, répète David. Maintenant que tu es lancée, il faut que tu arrives de l'autre côté.

Le pied solidement posé sur l'accélérateur, Julie continue d'avancer en priant pour ne pas faire de fausse manœuvre qui ferait caler le moteur. Le segment de route inondé est encore plus long qu'elle ne le pensait. Une minute environ s'est écoulée, et elle n'en voit toujours pas le bout. Elle essaye d'empêcher ses mains de trembler tout en gardant les yeux sur la mare qui s'étend devant elle. Elle réalise qu'elle retient son souffle et s'efforce de recommencer à respirer normalement tout en continuant d'avancer.

— Oh non, dit Charlotte. C'est une rivière ou quoi ? Je ne peux pas regarder.

— La ferme, dit David. Continue, Julie.

Julie est tellement concentrée que leurs voix lui parviennent comme s'ils étaient à un kilomètre. Il faut qu'elle franchisse ce truc, sinon ils ne pourront plus revenir en arrière ou aller de l'avant. Ils se retrouveraient complètement bloqués. Elle enfonce un peu plus la pédale de l'accélérateur, mais le camion n'avance pas vraiment plus vite. Julie a l'impression qu'ils sont emportés par leur propre élan, et cette pensée lui procure une sensation d'excitation, comme de la peur, mais en plus agréable. C'est une des expériences les plus exaltantes qu'elle ait jamais connues.

— J'aime pas ça, dit Charlotte.

— Tout va bien se passer, s'entend lui dire Julie.

Puis elle réalise : *Charlotte a peur et pas moi.*

— Bien joué, la félicite David quand ils sont à nouveau sur la route. T'assures grave, Julie.

— Nom de Dieu ! dit Charlotte. J'ai eu la peur de ma vie.

Julie tremble de tous ses membres, mais elle sourit.

— En fait, j'ai trouvé ça plutôt rigolo.

C'était rigolo, mais elle s'arrête quelques minutes pour fumer une cigarette. Elle plante une paille dans une briquette de jus de fruits et prend plusieurs gorgées. David lui passe la carte.

— On est là, explique-t-il en se penchant au-dessus du siège conducteur.

Il pointe du doigt une route qui semble vaguement mener à Swindon.

— Tu vois, c'est là qu'on s'est retrouvés coincés, et il faut qu'on passe par là pour pouvoir rattraper cette route.

— Mais ce n'est pas celle qui était inondée avec cette énorme branche en travers ? demande Julie.

— Si, mais on va la rattraper plus loin. Tu vois ?

La seule chose que Julie voit sur la carte, c'est l'indication Vallée du cheval blanc. Et là, presque au milieu : le nom du petit village où habite sa mère. Julie réalise qu'ils ont dû passer juste à côté, il y a un moment déjà, avant que la grosse branche ne leur barre la route.

— Oui, bon, dit-elle en se demandant à quoi peut bien ressembler la maison de sa mère – et sa mère – au jour d'aujourd'hui.

Elle ressent comme une pointe de nostalgie quand elle pose son jus de fruits pour redémarrer la voiture.

— OK, on y va.

Deux ou trois kilomètres plus loin, il y a un barrage à l'entrée d'un village. Deux policiers en parka fluo sont en train de discuter avec une équipe de sauvetage. L'un des flics fait signe à Julie de s'arrêter.

— Merde. Les flics, dit David, instantanément pris de panique.

— Planque ton attirail, Dave, lui dit Charlotte.

— C'est ce que je fais. Bon Dieu. Dans mon caleçon.

— Je ne pense pas que ce soit leur problème, dit Julie. Regardez.

Plus loin, on dirait que le village est entièrement inondé.

— Oh non, peste David.

Julie arrête la voiture, et l'un des policiers s'approche. Elle abaisse la vitre pour lui parler.

— Vous ne pouvez pas passer, dit l'officier.

Son collègue s'approche à son tour.

— D'où venez-vous ? demande-t-il.

— De l'Essex, explique Julie. On va au pays de Galles.

— Un voyage capital, dit le premier en riant.

— Justement, oui, répond Julie en souriant.

— Oui, je comprends, dit le flic en riant à nouveau. Mais vous allez devoir emprunter un autre itinéraire, parce que la route est complètement bloquée. Je ne sais même pas comment vous avez réussi à arriver jusqu'ici. Toutes les routes de la région sont inondées.

— Je sais, mais vous êtes sûr que je ne peux pas passer ? demande Julie, qui s'est découvert un goût pour la conduite aquatique.

— Non, ma jolie. Désolé. Vous avez idée de la profondeur de l'eau de l'autre côté du barrage ? C'est une barque qu'il vous faudrait pour traverser. Il va falloir que vous fassiez demi-tour.

— Demi-tour ?

Au loin, Julie aperçoit comme un filament orangé dans le ciel. L'aube se lève.

— Ce n'est pas grave, dit David. On ferait mieux de faire ce qu'il dit.

Julie fait demi-tour et reprend la route par laquelle ils sont venus dix minutes plus tôt. C'est comme une énigme. Vous avez le choix entre trois possibilités : la voie de l'eau, la voie de la branche tombée, la voie du barrage de police.

— On aurait dû écouter les nouvelles à la radio, commente Charlotte.

— On l'a fait, dit Julie. Et ils ont bien dit qu'il ne fallait pas prendre la voiture. Donc, ça devait forcément arriver.

— On est piégés, dit David. Par ici, c'est bloqué, par là, c'est inondé – et, même si on a réussi à passer une fois, je suis pas trop chaud pour qu'on réessaye – et par là, c'est les keufs qui font barrage.

— Tu veux dire qu'on va passer la nuit à attendre ici ? dit Charlotte.

— Il va bientôt faire jour, fait remarquer Julie.

De noir, le ciel a viré au bleu foncé, et, au loin, ce n'est plus un mais plusieurs filaments orangés que l'on aperçoit.

— Le jour se lève, dit Charlotte. Merde. Et Luke !

— Oui, dit Julie. C'est un problème. Un gros problème.

Elle allume une cigarette.

— David ?

— Oui, je cherche s'il y a une autre route, dit-il. Mais non, on les a toutes essayées.

Il pointe du doigt sur la carte.

— Tu vois, c'est là qu'on a fait demi-tour, et c'est par là qu'on est venus jusqu'ici. Donc, revenir en arrière n'est pas une option. On ne peut pas non plus passer par là. Tu vois, ça, c'est la route où il y avait le tracteur défoncé, et, sur celle-là, le gros arbre... Tout ce qu'on pourrait faire, si on avait le temps –

sauf qu'on l'a pas –, c'est reprendre la direction de Londres et remonter plus au nord, mais je suppose que ça va être la même merde partout.

— Autrement dit, on l'a dans le baba ? commente Charlotte.

— Absolument, dit David.

— Tu penses que la combinaison spatiale va le protéger suffisamment ? demande Charlotte.

— Je n'en sais rien, dit David. Ça marche avec la lumière du soleil réfléchie par la lune, mais...

— Quoi ? dit Charlotte. Comment ça ?

— Le clair de lune, c'est de la lumière solaire réfléchie par la lune, explique David.

— Oh, je sais pas.

— Je pense qu'il vaut mieux ne pas prendre de risques, dit Julie.

— Dans ce cas, il faut qu'on trouve un endroit où loger, résume Charlotte.

— Un hôtel ? suggère David.

— Tu as vu un hôtel quelque part dans le coin ? lui demande Julie.

— Non.

— Et toi, Charlotte ?

— Non.

— Et puis, on n'est pas sûrs qu'un hôtel pourra faire l'affaire.

— Les hôtels ont des rideaux aux fenêtres, non ? dit Charlotte.

— Oui, mais tout dépend de l'épaisseur. Et puis je nous vois mal nous pointer à l'hôtel en pleine nuit avec un mec habillé en cosmonaute. Enfin, même si on est plus près du matin que de la nuit. Vous en connaissez beaucoup, des gens qui débarquent à l'hôtel à six heures du mat ?

Julie parle d'une voix morne, mais en dedans elle est paniquée. Elle a froid, dehors, tout est mouillé et ils n'ont nulle part où aller. Le soleil va bientôt se lever et ensuite quoi ? Elle est fatiguée. Elle voudrait que quelqu'un vienne la tirer de ce mauvais pas.

— On est vraiment dans la merde, dit David. Je ne vois même pas comment on va pouvoir sortir d'ici, de toute façon. Il va falloir qu'on retraverse la mare. Ou alors qu'on dégage la branche.

Il se gratte la tête.

— Il faut qu'on fasse quelque chose, en tout cas, dit Julie.

— Dites-moi où vous voudriez aller dans l'idéal, dit Charlotte. J'ai une idée.

— Là où on voudrait aller, c'est tout le problème, non ? dit David. Je sais pas. On n'a nulle part où aller, que je sache. Ça se barre sérieusement en couilles, cette histoire.

— Ma mère habite près d'ici, révèle soudain Julie. Je ne lui ai pas parlé depuis des années, mais c'est un cas de force majeure, non ? Elle connaît Luke. Elle saura comment faire pour l'accueillir. Vous croyez que je devrais l'appeler ?

— Oui, dit Charlotte. Tout de suite.

— Pourquoi ne l'as-tu pas dit plus tôt ? râle David.

— Parce que je n'y avais pas pensé, dit Julie en prenant son téléphone.

Elle hésite.

— Sauf que, même si je l'appelle, je sais pas comment on va faire pour arriver jusque chez elle. Je devrais peut-être commencer par m'en enquérir avant de l'appeler.

— Retourne au barrage de police, Julie, ordonne Charlotte. J'ai une idée.

Un quart d'heure plus tard, ils reprennent la route, escortés par les flics.

— On s'en roule un ? dit Chantel qui s'est réveillée.

— On roule pas de joints quand on se fait escorter par la police, dit Julie.

— Ils peuvent pas nous arrêter puisqu'ils sont devant nous, fait remarquer David.

— Comment tu as fait pour qu'ils nous escortent ? demande Chantel.

— Je leur ai expliqué le problème de Luke, et ils ont été super cool. Ils vont essayer de virer la branche et ensuite nous faire passer par des routes pas trop inondées. Ils ont même dit qu'ils feraient appel aux équipes de sauvetage, au besoin, pour nous amener jusque chez la mère de Julie. Je ne pense pas qu'on devrait fumer. Ça risque de ne pas leur plaire. Ils vont penser qu'on ne les respecte pas.

— Je suis trop crevé pour fumer de toute façon, conclut David.

— Qu'est-ce qu'ils fichaient là, en pleine nuit, de toute façon ? demande Chantel.

— La rivière a débordé il y a quelques heures, explique Charlotte. Le village est complètement inondé. Les flics sont venus pour évacuer les personnes âgées, distribuer des sacs de sable et tout ça.

— Apparemment, les sacs de sable n'ont pas servi à grand-chose, dit David.

— Non, pauvres gens, soupire Charlotte.

— Tu ferais bien d'appeler ta mère, dit Chantel à Julie.

Il y a bien vingt minutes que Julie a sorti son téléphone et l'a posé sur ses genoux.

— Je ne peux pas téléphoner en conduisant, dit-elle.

— Donne-le-moi, dit Chantel. Je vais l'appeler. C'est quoi, son numéro.

— Je ne sais pas.

— Tu l'as pas enregistré ?

— Non. Je l'ai noté quelque part...

— Tu veux dire que tu ne connais pas par cœur le numéro de téléphone de ta mère ?

— Il y a des années qu'elles ne se sont pas vues, rappelle Charlotte.

— Il est dans mon carnet d'adresses, dans mon sac, dit Julie.

Chantel prend le sac et trouve le carnet.

— C'est à quelle lettre ?

— « M », dit Julie. Comme « maman ».

— C'est quoi, son vrai nom ?

— Helen.

Chantel feuillette l'agenda.

— Dis donc, tu connais vraiment pas des masses de gens. Ah ! ça y est, je l'ai trouvée. C'est parti... Elle va être vénère si on la réveille à cette heure-ci, tu ne crois pas ? C'est une lève-tôt ?

— Je ne sais pas. Si ça se trouve, elle ne va même pas répondre, dit Julie.

— Insiste, dit Charlotte. Le soleil ne va pas tarder à se lever.

Elle regarde la bosse sous la couverture.

— Luke ?

Pas de réponse.

— Il doit dormir. Veille bien à ce qu'il reste sous la couverture s'il se réveille.

Chantel est en train de composer le numéro. Elle approche le téléphone de son oreille et dit presque immédiatement :

— Allô, c'est la maman de Julie ?

38

Il est environ six heures et demie, et ils sont tous assis dans le salon d'Helen. Apparemment, elle a été réveillée à trois heures du matin par Doug, qui l'a appelée pour lui demander si elle savait où elle était partie avec Luke.

Après le coup de fil de Chantel, Helen a scotché des boudins de porte au bas de toutes les fenêtres et tiré tous les rideaux. Quand ils sont arrivés, elle a fait du feu et préparé des boissons chaudes pour tout le monde. Maintenant, les flics sont partis et ils sont entre eux.

— C'est terriblement excitant, dit Helen en souriant fièrement à sa fille. Vous avez fait une fugue ?

Luke regarde Julie, mais elle l'ignore. Pas étonnant après la façon dont il s'est comporté dans le camion.

— On ne pensait pas faire une fugue, explique Chantel. On ne voulait pas causer d'ennuis.

— Je n'en croyais pas mes oreilles quand Doug a appelé, dit Helen.

— Mais comment se fait-il qu'il vous ait appelée alors qu'il y a une heure nous ne savions même pas que nous allions passer dans le coin ? s'étonne Charlotte.

— Jean était aux quatre cents coups, apparemment. Doug, Dawn et Michelle ont appelé absolument tous les gens possibles et imaginables. Ils ont aussi interrogé une certaine Nicky, qui avait l'air de savoir où vous étiez partis. Mais elle s'est mise en pétard et a refusé de dire quoi que ce soit, à part que vous seriez de retour dans quelques jours.

— Nicky, c'est ma mère, dit Chantel. Je ferais bien de l'appeler quand il fera jour. Oui, enfin, il fait jour... Je voulais dire à une heure plus raisonnable. Sauf que je serai en train de dormir, du moins, je l'espère. Je vais lui envoyer un texto.

Elle prend son téléphone dans son sac et commence à taper un message.

— Finalement, tu n'as pas laissé de mot à ta mère ? dit Charlotte à Luke.

— J'avais l'intention de l'appeler quand on serait arrivés, dit-il. Je ne pensais pas que ça allait prendre aussi longtemps.

— Pour aller au pays de Galles avec des inondations ? Et en empruntant des routes secondaires ? dit Helen en riant. Mais, au fait, pourquoi des routes secondaires ?

— C'est sans importance, répond Julie.

— Et vous allez voir...

Elle sourit.

— ... un guérisseur ?

— Oui, répond Luke. Il va me guérir.

Helen n'a pas l'air convaincue.

— Comment cela ?

— Je ne sais pas encore, dit Luke. Mais il est excellent. N'est-ce pas, Charlotte ?

Elle hoche la tête.

— Pour guérir, Luke est prêt à tout.

— Et il prend cher ? demande Helen.

— C'est un système de donation, explique Charlotte. On est censé donner à une organisation caritative en échange.

— Eh bien, il faudra que vous me disiez comment ça s'est passé, dit Helen en bâillant.

— Merci de nous permettre de rester, dit soudain Julie.

— Pas de problème. Ça faisait beaucoup trop longtemps qu'on ne s'était pas vues, et puis toute cette histoire est terriblement excitante. Tu devrais appeler Jean, dit Helen à Luke. Allez, fais-le maintenant.

— Elle est probablement en train de dormir...

— Ça m'étonnerait. Elle était très inquiète.

— Je pensais qu'on serait arrivés avant qu'elle ne rentre du bingo. J'avais pensé l'appeler à ce moment-là...

Luke sait que sa voix tremble. La bière lui a donné la migraine, et il a encore oublié quelque chose. Pas à proprement parler oublié, mais, s'il ne s'était pas écroulé dans le camion, il aurait su quelle heure il était et que sa mère serait de retour du bingo et très, très inquiète. Il était déjà tard quand il a commencé à boire, et il était déprimé par tout ce qu'il avait vu à South Mimms. C'est pour cela qu'il s'est mis à picoler. Donc, ce n'était pas vraiment la boisson qui l'avait fait oublier. Il n'arrive pas à se l'expliquer lui-même. Il a fait du mal à sa mère et il n'a même pas d'excuses. Qu'est-ce qui cloche chez lui ? Plus rien n'a l'air de fonctionner. Tout ce qu'il veut, c'est rentrer chez lui.

— Le téléphone est dans l'entrée, lui dit Helen. Ne te gêne pas.

Même le téléphone est bizarre. Ce n'est pas son téléphone. Luke compose le numéro.

— Luke ? répond Jean immédiatement.

— Maman ? Oui, c'est moi.

Elle se met à pleurer.

— Oh mon Dieu ! Mon Dieu.

— Je ne voulais pas que tu t'inquiètes, dit Luke.

Elle pleure pendant plusieurs minutes à l'autre bout du fil.

— Maman ?

Pour finir, elle dit :

— Dieu merci, tu es sain et sauf. Où es-tu ?

— Je ne sais pas au juste. En route pour le pays de Galles.

— Le pays de Galles ? Mais pourquoi, nom d'un chien ?

— Je vais voir un guérisseur... Je voulais te faire la surprise.

— La surprise ?

— Oui, enfin...

— Tu veux dire que tu ne m'aurais pas appelée du tout ?

— Si, bien sûr que si. Écoute, maman, je suis désolé.

— J'ai cru que j'allais faire une crise cardiaque quand j'ai découvert que tu n'étais pas à la maison. Un *guérisseur* ?

— Je suis désolé. Écoute, tout va bien. Je suis dans une maison, à l'abri du soleil.

— Et tes allergies ?

— Je vais bien, maman. Je t'assure. J'ai pris ma Ventoline et mon adrénaline. Julie sait quoi faire si je mange une cacahuète par accident ou autre.

Jean garde le silence pendant quelques secondes.

— Maman ? Tu es toujours là ?

— Je suppose que tu ne vas pas rentrer ? dit-elle.

— Quoi ? Mais bien sûr que si !

— Non, tu ne vas pas rentrer, je le sens.

— Pourquoi dis-tu ça ?

— Je le savais. Tu es comme ton père.

— Maman. Arrête. Je ne suis pas comme mon père et je vais rentrer. Je ne suis parti que quelques jours pour essayer de guérir. Ça n'est pas un drame, tout de même ?

— *Pas un drame...* Luke, je suis très fatiguée, je n'ai pas dormi de la nuit.

— Je suis désolé, répète-t-il.

— Bonne chance, dit-elle d'une drôle de voix.

— Pour quoi ?

— Pour tout, pour ta vie.

— Maman, tu veux dire que je ne *peux plus* revenir.

— Bien sûr que non. C'est ta maison.

Elle marque une pause solennelle.

— Mais je l'ai vu.

— Vu quoi ?

— J'ai fait un rêve. Je t'ai vu en train de marcher sur une longue route et j'ai compris que tu ne reviendrais pas.

C'en est trop pour Luke, qui s'écrie :

— Bon sang, maman ! Je n'ai vraiment pas besoin de ça après la nuit horrible que je viens de passer. Julie ne me parle plus parce que je me suis conduit comme un abruti, je ne sais même pas où je suis, et je ne pense qu'à une chose : rentrer à la maison. Sauf que je ne sais pas comment faire et que je ne peux pas les laisser tomber... Et puis ce guérisseur a l'air de quelqu'un de sérieux et c'est peut-être mon unique chance de guérir. Et j'ai une putain de trouille et j'essaie d'être courageux, mais tu me manques...

— S'il te plaît, ne jure pas dans le téléphone, Luke, je suis fatiguée.

— Et moi, tu crois que je suis comment ?

— Oui, bien sûr, tout tourne autour de toi.

— Non, maman. Tu sais quoi ? Je crois que rien de tout ça n'a à voir avec moi.

Luke raccroche le téléphone.

Il fait comme s'il était à la télé.

— Tout s'est bien passé, marmonne-t-il dans sa barbe, comme s'il était devant le public.

Puis il rit, mais ce n'est pas drôle. Elle sera peut-être de meilleure humeur demain. Elle est toujours comme ça quand elle est fatiguée. Mais... est-ce une raison pour être aussi méchante ? N'empêche, Luke a envie de rentrer chez lui.

Helen sort dans le couloir.

— Ça va ? lui demande-t-elle.

Luke constate qu'Helen a pris un coup de vieux. La première fois qu'il l'a vue, il avait neuf ans, et elle ne devait pas être beaucoup plus vieille que Charlotte aujourd'hui. Et, quand elle habitait à Windy Close, il ne la voyait pas changer, principalement parce qu'il la voyait peu. Elle a des cheveux poivre et sel et des pattes-d'oie aux coins des yeux. Mais, ce qu'il remarque surtout, ce sont ses vêtements. C'est la première fois qu'il la voit porter autre chose que des « fringues de jeunes » (jeans, blousons en denim, écharpes achetées sur les marchés, Doc Martens mauves). Ce matin, elle porte un cardigan tout ce qu'il y a de classique et, quand il l'a vue siroter sa tasse de cacao dans le salon tout à l'heure, il a presque eu l'impression d'être face à une petite vieille aux cheveux grisonnants et aux épaules légèrement voûtées et frêles. Est-ce que Julie ressemblera à ça quand elle sera vieille ? Ou est-ce qu'il faut vivre vraiment avant de devenir comme ça ?

— Ça va, dit-il. Maman avait l'air bizarre.

— Comment ça ?

— Je sais pas. Elle..., elle est persuadée que je ne rentrerai jamais à la maison.

— Oh ! ne fais pas attention.

— Elle m'a vraiment fait de la peine, Helen.

Helen lui adresse un sourire compatissant. Elle ne sait pas que c'est la première fois que Luke parle de sa mère de façon négative.

— Je te montre ta chambre ? dit-elle.

— Merci, dit Luke.

Tout est à nouveau comme à la télé. Tout ce qui lui vient à l'esprit quand il monte l'escalier, ce sont des répliques de séries :

— Merci, c'est vraiment très gentil. Ça ne vous pose pas de problèmes, au moins ?

Il n'a jamais eu vraiment l'occasion d'employer ce genre de formules jusqu'ici. Quand Helen lui montre la salle de bains, il n'arrive pas à écouter ce qu'elle lui dit parce qu'il y a une drôle d'odeur, qui imite la nature et à laquelle il n'est pas habitué.

Helen est en train de lui montrer comment tirer la chasse d'eau.

— C'est quoi, cette odeur ? demande-t-il soudain.

— Quelle odeur ?

Elle a l'air surprise.

— J'ai dit quelque chose qu'il ne fallait pas ?

— Non, mais... C'est une odeur agréable au moins ? demande Helen.

— Oui, c'est...

— C'est comment ?

— Je ne sais pas. C'est surprenant...

— Oh ! mais c'est vrai. Il n'y a pas d'odeurs chez vous, n'est-ce pas ?

Elle a dit cela d'une façon qui lui donne à penser qu'elle critique sa maison. Mais elle a raison. Sa maison à lui n'a pas d'odeur. Mais l'odeur dans la salle de bains d'Helen est incroyablement délicieuse.

— C'est cela ? demande-t-elle en ouvrant un petit flacon qu'elle lui met sous le nez.

— Non, non, pas complètement.

Helen met d'autres petits flacons sous son nez pour qu'il les sente. En fait, c'est un mélange d'après-shampoing à la rose, de shampoing à la menthe, d'huile de bain au romarin, de nettoyant à l'essence de pin (« Je sais que je ne devrais pas employer de nettoyant à cause de l'environnement, mais il faut bien désinfecter les toilettes, non ? »), de dentifrice et de trois sortes différentes de savon : rose, fleur d'oranger et bruyère.

— Ce sont des parfums de fleurs, n'est-ce pas ? dit Luke.

Il repense aux vagues odeurs des quelques filles qui ont utilisé sa salle de bains au fil des ans. Parfois, il y avait un soupçon d'odeur comme celle-là, mais en beaucoup plus léger et vénéneux. Luke n'a jamais senti une fleur, que ce soit sur une savonnette ou une fille.

— Oui, dit Helen. Ce sont principalement des huiles essentielles.

— Est-ce que les vraies plantes sentent comme ceci ?

— Oh oui ! J'ai de la menthe à la cuisine et quelques roses dans le jardin. Je te montrerai demain.

— Demain ?

— Oui, enfin, quand tu seras réveillé.

— Cool. Merci, Helen.

— Tu es passé à côté de beaucoup de choses, n'est-ce pas ? dit-elle tristement.

Luke réfléchit.

— Je ne sais pas. Je ne peux pas le dire parce que je ne sais pas de quoi est fait le monde extérieur. Mais, ce qui est sûr, c'est qu'il me manque quelque chose.

Sa chambre ne ressemble à rien de ce qu'il connaît. Souvent, à la télé, les chambres sont similaires. Il est rare que tous les murs soient couverts de livres ou que des serviettes légèrement usées soient posées sur la commode. (« Elles sont pour toi. Tu peux prendre un bain ou une douche, à ta guise. ») Cette chambre possède également un vieux miroir posé debout contre la cheminée poussiéreuse, et des vieux magazines posés à même le plancher que Luke n'a jamais vus : *City Limits, Spare Ribs, Time Out.* Il y a aussi de ravissants carrés d'étoffe molletonnée sur le lit qui ressemble à un canapé.

La pièce est sombre, comme sa propre chambre. Le seul endroit où il y a du soleil, c'est à la télé. S'il devait un jour voir la vraie lumière du soleil, elle serait probablement très différente, comme tout ce qu'il a vu durant ce voyage. A-t-elle une odeur ? Quelle impression cela fait-il ? Il y a une petite armoire dans un coin de cette chambre, à côté de la commode. Luke s'en approche et passe ses mains sur le bois. Le bois vient des arbres.

Il le sait, mais il n'a jamais touché de bois avant. Cette armoire est en bois, mais sûrement pas du vrai. Est-ce la même chose de toucher un arbre ? Hé ! mais il y a autre chose aussi – un truc bizarre : un morceau de tissu suspendu à la poignée de la porte. Luke n'a jamais rien touché d'aussi doux. C'est un carré, un carré de tissu imprimé de fleurs.

Il l'approche de sa joue. Chloé avait une culotte qui était un peu comme ça. Il s'en souvient, parce qu'il n'avait pas le droit de la toucher quand elle l'avait ôtée, parce qu'elle trouvait ça dégoûtant.

C'est peut-être pour ça qu'elle ne l'a plus jamais recontacté ensuite : Luke voulait frotter sa culotte contre sa joue. Cette pièce d'étoffe a une odeur de fleur. Et elle est si douce. Il ne peut s'arrêter de la toucher. Il la pose le temps de se débarrasser de sa combinaison d'astronaute et de presque tout ce qu'il porte en dessous, mais c'est comme une drogue : il ne peut s'empêcher de la toucher.

Il l'emporte dans le lit et la frotte contre ses jambes.

C'est super agréable, mais il veut tout de même rentrer chez lui.

39

Au rez-de-chaussée, Chantel énumère toutes les ressemblances entre Julie et sa mère.

— Les cheveux, ce sont les mêmes sauf la couleur.

— Donc, ce ne sont pas les mêmes, dit David en bâillant.

— Les yeux, dit Chantel. La forme, tout au moins.

— Donc, pas les mêmes.

— Tu lui ressembles vraiment, dit Charlotte à Julie. On voit tout de suite que vous êtes mère et fille.

La maison ressemble un peu à celle qu'ils avaient dans l'Essex avant que sa mère ne s'en aille. Julie reconnaît le tapis indien dans le séjour : c'est un truc qu'ils avaient déjà à l'époque où ils vivaient à Bristol. Julie ne l'a jamais vu à Windy Close ; son père n'aimait pas ce genre de choses. Les deux étagères lui sont plus familières.

Sa mère les a emportées quand elle a quitté Windy Close, ainsi que presque tous les livres de la maison : ses livres de cours, de l'époque où elle allait à l'université populaire et des livres dont Julie reconnaît le titre : *Désirs de femmes*, *Tremblez mais osez ! Maigrir sans obsession, Ces femmes qui aiment trop* ; et des romans d'Ursula Le Guin, Alice Walker, Toni Morrison et Maya Angelou.

Julie se revoit allongée par terre dans le salon et dessinant en regardant la télé et en mangeant des tartines de confiture. Elle contemplait les livres sur les rayonnages en pensant qu'ils seraient toujours là. Elle a dû lire les titres des centaines de fois, mais n'a jamais ouvert un seul de ces bouquins. Un beau jour, ils n'étaient plus là.

Helen entre, demande si quelqu'un veut encore boire quelque chose avant d'aller se coucher, puis retourne à la cuisine préparer les tisanes. Elle a l'air épuisée, mais on dirait qu'elle n'a pas encore réalisé ce qui se passait et qui sont tous ces gens assis dans son salon.

— Bien..., dit-elle quand elle revient. Je suppose que vous êtes tous des amis de Julie ?

— David et moi, on a été collègues de travail, explique Julie. Chantel vient juste de s'installer au 14, Windy Close. C'est la cousine de Leanne… Tu te souviens de Leanne, n'est-ce pas ? Et Charlotte habitait là-bas avant. Elle a vécu avec Mark et ses parents quelques années après que tu es partie.

— Oh ! mais oui. Comment va Leanne ? Et Mark ?

— Euh…, Leanne est partie pour devenir sorcière, et Mark...

— Il est mort, dit Charlotte.

Helen a l'air choquée.

— Il est mort ? répète-t-elle. Quelle horreur ! Et comment ?

— Hémorragie cérébrale, dit Julie en lançant un regard à Charlotte.

— Et c'était ton copain ? demande Helen à Charlotte.

Celle-ci hoche la tête.

— Et tu te sens comment après ça ?

— Comment je me sens ? Oh ! je ne sais pas. À l'époque, j'étais dévastée, mais, bon...

Helen parle lentement, d'une voix douce.

— Le temps fait son œuvre ?

— Oui. Un peu. C'est plus le problème du travail de deuil, la culpabilité et toutes les questions que l'on se pose : « Est-ce que j'ai fait ce qu'il fallait ? » « Est-ce que j'ai eu les bonnes pensées, la bonne attitude ? »

Helen acquiesce.

— Hmm, tout à fait.

Julie est mal à l'aise. Elle n'a pas vu sa mère depuis plus

de sept ans, mais elle n'a pas l'impression qu'elle a beaucoup changé. Pour elle, apprendre à connaître une personne, c'est l'amener à lui faire raconter les choses les plus horribles qu'elle a vécues en insistant sur les détails les plus sordides. Ça n'a pas l'air de tellement déranger Charlotte. Julie réalise que c'est peut-être parce que Charlotte fait la même chose. En fait, elle en vient à se dire que Charlotte et sa mère ont plus en commun que sa mère et elle.

David bâille, ce qui fait bâiller Julie. Il semble faire plus clair dans le salon, même si la lumière du jour est presque entièrement bloquée par les rideaux et les boudins de porte. L'horloge murale marque huit heures. Helen adresse encore quelques « Hmm, hmm » à Charlotte, puis se lève, s'étire et suggère que tout le monde aille se coucher.

— Installez-vous comme ça vous arrange, leur dit-elle en leur donnant des couvertures, des oreillers et des sacs de couchage. S'il y en a qui veulent aller dormir dans la chambre de Luke, ils auront besoin de sacs de couchage. Ce truc-là, dit-elle en montrant l'une des banquettes, c'est un futon. Je ne l'ai jamais déplié, mais ça ne doit pas être bien compliqué. L'autre canapé est suffisamment grand pour quelqu'un de pas trop épais. Julie ou toi, Charlotte, et, s'il en reste un qui n'a pas pu se caser, il devra dormir par terre ici ou dans la chambre de Luke.

Elle rit.

— Je n'ai jamais eu cinq invités à la fois.

— Je crois que je vais monter, dit David une fois qu'Helen est partie.

— Je viens avec toi, dit Chantel.

Ils prennent des couvertures et s'en vont.

— Il ne reste plus que nous, mon chou, dit Charlotte à Julie.

Elle se lève :

— On déplie le futon ?

Elle ôte la grande courtepointe qui le recouvre et tire le

futon dans un sens, puis dans l'autre. Bon Dieu, comment ouvre-t-on ce machin ?

Julie examine le mécanisme.

— C'est pas compliqué. Regarde, dit-elle une fois qu'elle l'a déplié.

— Il fait froid, dit Charlotte. On ferait peut-être bien de dormir toutes les deux dessus.

— Il est grand, fait remarquer Julie. Mais OK.

Que peut-elle dire d'autre ? « Non, je ne veux pas dormir avec toi parce qu'il fut un temps où j'en pinçais pour toi » ? Les filles dorment souvent ensemble de toute façon, non ? C'est un truc de fille. Elle va avoir l'air de quoi, si elle refuse ?

Elles étendent les couvertures et installent deux oreillers.

— Tu crois que je peux fumer ici ? demande Charlotte.

— Je n'en sais rien. Je ne sais pas si maman serait d'accord ou pas. Ouvre la fenêtre, si possible. Et sers-toi de la cheminée pour mettre tes cendres. Je vais fumer aussi. Comme ça..., si elle dit quelque chose, on lui répondra qu'on ne le fera plus. Voilà tout.

— OK.

— J'ai faim. Je vais aller faire un tour à la cuisine.

— Ouais, cool, dit Charlotte en commençant à rouler une cigarette. Si tu trouves quelque chose de bon, ramène-m'en.

— D'accord.

— Tu dois crever de faim, dit Charlotte tandis que Julie franchit la porte qui sépare le salon de la cuisine. Tu n'as pas mangé tes sandwiches, en fin de compte, non ?

La cuisine est petite, et, sur les rebords des deux fenêtres il y a des herbes aromatiques dans des pots. Comme les fenêtres sont calfeutrées, Julie ouvre la porte qui donne sur l'arrière pour laisser entrer l'air et la lumière. Le petit jardin d'Helen est rempli de buissons et jonché de feuilles mortes. Il y a des carrés d'herbes potagères et une petite allée qui ne semble mener nulle part, hormis une minuscule cabane avec un appentis à l'abri duquel sont entreposés un seau, un plantoir et divers outils de jardin. Il pleut. Julie en a assez, de la pluie. Elle referme la porte.

Elle voudrait du chocolat, mais il n'y en a pas. Le petit frigo contient de l'houmous, des germes de soja, du lait de vache bio, du fromage de brebis, du jus de carotte et de légumes bio, et une petite miche de pain complet. Il y a aussi des œufs bios, des yaourts, un concombre et des olives de marque Safeway, et deux bouteilles de vin blanc. Rien de mangeable dans tout ça, même si Julie se souvient d'avoir aimé l'houmous, quand elle était petite, et le jus de carotte. Dans les placards, il y a toutes sortes de trucs : tisanes, compléments diététiques, échinacée, miel, lentilles, haricots secs (l'une des plus grandes terreurs de Julie, car il est bien connu que, si vous ne faites pas cuire les haricots comme il faut, ils peuvent vous tuer), du riz, de la soupe en boîte ainsi que plusieurs paquets d'avoine bio. Il n'y a ni chips ni barres chocolatées. Découragée et les jambes vaguement flageolantes, Julie coupe une tranche de pain complet et la tartine de miel.

Elle passe la tête par la porte du salon et demande à Charlotte :

— Tu veux du pain et du miel ?

— Non, merci. Mais je boirais bien un truc chaud.

— Du thé ?

— Non, de la camomille, s'il te plaît. C'est ce que ta mère m'a donné tout à l'heure.

Julie met la bouilloire en route et referme le pot de miel. Elle a du mal à le remettre dans le placard, et brusquement elle est prise de hoquet. Elle retient sa respiration. Depuis quand n'a-t-elle pas eu le hoquet ? Ça doit remonter à l'enfance. Elle a beau retenir son souffle, le hoquet continue et la catapulte hors d'elle-même avec une force inouïe. Le hoquet, c'est bien une contraction brusque du diaphragme, n'est-ce pas ? C'est assez angoissant. Quelque chose de plus gros que son cœur se contracte en elle... Est-ce à cela que ressemble une crise cardiaque, mais en moins violent ? Oh mon Dieu !

Julie prend un verre sur l'égouttoir en bois et le remplit d'eau. Elle se penche au-dessus de l'évier et essaie de le boire « à l'envers ». Non seulement ça ne marche pas, mais elle a bu de l'eau du robinet !

Julie jette le reste de l'eau dans l'évier et ferme les yeux. Elle essaie de tirer sa langue le plus loin possible, mais ça ne marche pas non plus. Il faut qu'elle se débarrasse de ce truc si elle ne veut pas finir comme ce type de l'Iowa qui a souffert du hoquet pendant plus de soixante ans. Si tu réussis à te concentrer de toutes tes forces sur quelque chose d'autre, tu peux faire passer ton hoquet, paraît-il. Une opération mathématique ? Les maths peuvent tout résoudre. 2 fois 2 font 4 ; 4 fois 3 font 12 ; 12 fois 4 font 48 ; 48 fois 5 font 240 ; 240 fois 6 font 1440 ; 1440 fois 7 font 10 080.

L'eau se met à bouillir. Le hoquet de Julie est passé.

— Voilà ta tisane, dit-elle à Charlotte quelques minutes plus tard.

— Merci, ma douce. Ça va bien ?

— Oui, répond Julie. J'ai eu une crise de hoquet. Ça m'a fait peur, mais c'est passé maintenant.

Charlotte est assise jambes croisées sur le futon. Julie s'assied à son tour.

— Ta mère vit ici toute seule ? demande Charlotte.

— On dirait, dit Julie.

— Tu ne sais pas grand-chose de sa vie, hein ?

— Non, pas depuis qu'elle est partie.

— Elle est partie quand tu étais au lycée ?

— Comment le sais-tu ?

— Tu me l'as dit, il y a longtemps.

Charlotte est tellement centrée sur elle-même que Julie ne peut pas l'imaginer capable de se souvenir d'une conversation qu'elles ont eue la veille ; alors, une conversation qu'elles ont eue il y a trois ans ! Charlotte souffle sur sa camomille tout en regardant Julie.

— Elle a l'air cool, dit Charlotte. J'aime bien sa maison.

— Oui, elle lui ressemble.
— Pourquoi est-elle partie ?
— Mon père la trompait.
— Oh ! Et pourquoi n'es-tu pas partie avec elle ?
— Elle ne me l'a pas demandé.
— Si elle l'avait fait, tu l'aurais fait ?
— C'était impossible.
— Pourquoi cela ?
— À cause de Luke. Et de mes épreuves du bac.
— Ah oui. C'est vrai.
Charlotte n'a pas l'air convaincue.
— De toute façon, elle ne me l'a pas proposé.
— C'est pour ça que tu es si cassante avec elle.
— Cassante ?
— Ouais.
— Moi ?
— Oui. On dirait qu'elle a peur de toi.
— Mais pas du tout, voyons.

Julie n'apprécie pas le tour que prend cette conversation. Elle sirote son thé.

— J'ai horreur d'avoir le hoquet, dit-elle. J'ai dû faire du calcul mental pour le faire passer. Et ça a marché. En fait, tu commences avec deux fois deux, puis tu multiplies le nombre entier suivant avec le résultat et ainsi de suite...

Charlotte la regarde en écarquillant les yeux.

— Les chiffres, dit-elle. Toujours les chiffres.

— J'aime ça... Je sais que c'est bizarre.

— Non. C'est intéressant. Simplement... Tu m'as complètement bluffée quand on était chez Homebase.

— Pourquoi ? Parce que j'ai additionné tous les prix ?

— Au penny près.

— Additionner n'est vraiment pas sorcier, dit Julie. C'est un truc à prendre. Ce n'est pas comme de travailler avec des nombres imaginaires...

— Qu'est-ce qu'un nombre imaginaire ?

— C'est compliqué.

— Mais encore ? Explique.

Julie soupire.

— C'est... Comment dire ? Hum... Tu es sûre que ça t'intéresse ?

Charlotte prend une gorgée de tisane.

— J'aime l'idée de nombres imaginaires.

— OK. Alors, c'est comme... Quelle est la racine carrée de quatre ?

— Euh..., la racine carrée de quatre ?

— Ouais. Quel chiffre dois-tu multiplier par lui-même pour obtenir quatre ?

— Deux ? Oui, c'est ça. 2 fois 2 font 4.

— OK. Et, donc, quelle est la racine carrée de 36 ?

— Euh..., six. 6 fois 6 égalent 36 ?

— Oui, c'est ça. Et quelle est la racine carrée de 1 ?

Charlotte réfléchit une seconde.

— Un ?

— Oui, excellent. 1 fois 1 égale 1. Et, donc, quelle est la racine carrée de moins 1 ?

— Hein ?

— Moins 1 ? Racine carrée ?

— Euh..., moins 1 ?

— Non. Moins 1 fois moins 1 égale 1.

— Ah bon ?

Charlotte fronce les sourcils.

— C'est impossible.

— Un nombre négatif multiplié par un nombre négatif donne un nombre positif. Tu ne te souviens pas de ce que tu as appris à l'école ?

— Non. Enfin, vaguement. C'est là où je m'y perds avec les maths. Ce genre de trucs, pour moi, n'a aucun sens. Ça ne me paraît pas logique.

— Pourtant, ça l'est, dit Julie. Une valeur négative multipliée par une valeur négative est forcément positive. Les deux valeurs négatives s'excluant l'une l'autre. C'est comme si tu disais : « Je n'ai pas fait rien. » En fait, tu dis que tu as fait quelque chose. Les deux négatives s'excluent mutuellement.

— Je comprends comment ça marche avec les mots, mais pas avec les maths. C'est trop théorique. Ça m'embrouille la tête. J'ai l'impression d'être défoncée chaque fois, rit Charlotte. Remarque, c'est peut-être pas une mauvaise chose en soi...

— Ce n'est pas théorique, pourtant, dit Julie. C'est ce qui se passe vraiment. Hum...., je vais essayer de trouver un exemple plus concret... OK, admettons que tu fumes 20 clopes par jour. Nous allons dire qu'il s'agit d'une valeur moins 20, dans la mesure où tu les fais disparaître quand tu les fumes. Tu vois ce que je veux dire ? Tu les avais, tu ne les as plus. Donc, ça fait moins 20. OK ? Mais admettons que tu arrêtes de fumer pendant 5 jours. Tu multiplies moins 20 cigarettes par moins 5 fois et tu obtiens 100 cigarettes. Tu comprends ? Tu n'as pas fumé tes 20 clopes pendant 5 jours, donc, il te reste 100 cigarettes non fumées. De sorte que moins 20 fois moins 5 égalent 100.

Charlotte a l'air dubitative.

— Je comprends vaguement.

— C'est comme si tu décidais d'économiser en arrêtant de fumer. L'argent que tu ne vas pas dépenser sera économisé. C'est la même chose. « Non » est une valeur négative. De même que « dépenser ». Ne pas dépenser est une valeur positive puisque tu as l'argent que tu n'as pas dépensé. Une valeur négative multipliée par une valeur négative donne toujours une valeur positive.

Charlotte roule une autre cigarette.

— OK, cette fois, j'ai compris, dit-elle.

— Donc moins 1 fois moins 1 égale 1. Si tu t'enfilais une bouteille de vodka par jour et tu le faisais pendant moins 1 jour – autrement dit, si tu ne buvais pas pendant un jour –, au final, tu obtiendrais une bouteille de vodka. Donc, si 1 fois 1 fait 1 et que moins 1 fois moins 1 égale 1 aussi, on a deux racines carrées : 1 et *moins* 1. De sorte que la racine carrée de 36 est 6 et aussi moins 6.

— Mais quel rapport avec les nombres imaginaires ?

— On en est toujours à rechercher la racine carrée de moins 1, si tu te souviens. Donc, si ce n'est pas moins 1, puisque moins 1 au carré est 1, qu'est-ce que c'est ?

Charlotte allume sa cigarette.

— Je donne ma langue au chat. Si ce n'est pas moins 1 – ça, je l'ai compris au moins –, qu'est-ce que ça peut bien être ?

— Exactement. Comme ça ne peut être rien d'autre, ça n'existe pas.

— Tu sais que c'est intéressant, en fin de compte, dit Charlotte en recommençant à siroter sa tisane. Donc, si ça n'existe pas...

— En fait, les mathématiciens ont inventé les nombres imaginaires pour s'en servir comme des racines carrées des valeurs négatives. On les désigne par « i », qui est la racine carrée de moins 1. La racine carrée de moins 4 étant par conséquent 2i.

— C'est donc ça, la racine carrée de i ? demande Charlotte après avoir réfléchi une seconde.

— Mais je pense qu'on devrait arrêter là, dit Julie en riant. Je peux avoir une clope, moi aussi ?

— Oui, bien sûr. Mais comment sais-tu tout ça ?

Julie hausse les épaules.

— J'ai appris à l'école, en lisant, sur Internet.

— Tu n'es jamais allée à l'université, n'est-ce pas ? demande Charlotte.

— Non.

— Pourquoi ?

— Parce que je me suis plantée au bac. Je ne te l'avais jamais dit ?

— Non.

Charlotte plisse le front.

— Tu veux dire que tu as foiré exprès les épreuves pour ne

pas avoir à quitter Luke et pour pouvoir mener une vie pépère tout en punissant ta mère de t'avoir quittée ?

Elle rit.

— Ça ne m'étonnerait pas de toi, mon chou.

Julie se sent devenir rouge comme une tomate. C'est Charlotte tout craché. N'importe qui d'autre serait passé à côté de ce genre de choses, sauf elle.

— Que veux-tu dire ? demande Julie.

— Eh bien, que... tu es beaucoup trop intelligente pour avoir échoué au bac. Mais que tu es suffisamment tordue dans ta tête pour avoir foiré exprès et en tirer une sorte de satisfaction nihiliste. Je te connais.

— Ouais.

— Alors, c'est vrai ? dit Charlotte en écarquillant les yeux. Tu l'as fait exprès ?

Julie baisse les yeux.

— Ça ne regarde que moi, non ? C'est ma vie, après tout.

— Il y a quelqu'un d'autre qui est au courant ?

— Non.

— Ouah ! Elle a deviné alors ?

— Qui ça ?

— Ta mère. Elle a deviné que tu avais échoué exprès et elle en a fait tout un pataquès ?

— Pas vraiment. Elle n'a eu aucune réaction.

Charlotte secoue la tête.

— Ma pauvre chérie.

Il fait froid. Julie se glisse sous les couvertures. Quand Charlotte a éteint sa cigarette, elle fait de même. Elles restent étendues un moment en silence, sans se toucher.

— Tu n'as pas regretté de ne pas être allée à l'université ? demande Charlotte au bout d'un moment.

— Je n'en sais rien. Étant donné que je n'y suis jamais allée. Je ne sais pas ce que j'ai manqué.

Julie éclate soudain de rire.

— Oh mon Dieu ! Voilà que je me mets à parler comme Luke.

Charlotte rit à son tour.

— Non, sérieusement, tu n'aurais pas voulu y aller ?

— Je n'en sais rien. Je suppose qu'à l'époque, si.

— Et maintenant ?

— Non, je ne crois pas.

— Pourquoi ?

— T'as pas sommeil ? demande Julie, ignorant la question de Charlotte.

— Si, mais je suis encore un peu secouée après notre drôle de périple. Alors, pourquoi ?

Julie soupire.

— J'aime bien être serveuse dans la journée et me passionner pour d'autres choses quand j'ai du temps à moi. Je n'aurais pas envie de faire des maths ou de la chimie pour gagner ma vie. Je ne t'ai pas dit que j'étais forte en chimie aussi ? J'aimais résoudre les équations. Mais, de toute façon, comme les produits chimiques me fichent la trouille, je n'aurais jamais pu travailler dans un labo. J'aime aussi la physique, mais je ne me vois pas devenant ingénieur. Et les maths ? Pas envie d'être dans les affaires, l'économie ou la compta. J'aime bien essayer de résoudre un théorème ou un problème qui n'a jamais été résolu. Je suppose que c'est ça, mon rêve, même si ça peut paraître idiot.

— Comme ce truc-là : ce truc français ?

— Le dernier théorème de Fermat ? Oui, mais il a été résolu, ça y est. Il y a un institut de recherches mathématiques qui offre une récompense de un million de dollars à qui peut résoudre certains problèmes. Il y en a un en particulier… J'y ai beaucoup pensé quand j'étais serveuse. Au fond, je suis une serveuse qui essaie de résoudre des problèmes mathématiques, et je suis heureuse comme ça. Personne n'étant au courant, tu détiens deux de mes secrets, maintenant.

— Tu aimes avoir une vie secrète, n'est-ce pas ?

Julie n'a jamais réfléchi à la question, mais Charlotte a raison. Elle pense soudain à la grand-mère de Chantel.

— Peut-être bien, dit-elle. Même si, dit comme ça, c'est un peu bizarre.

Elle fronce les sourcils.

— Je suppose que c'est la seule chose qui n'appartient qu'à moi. Sans compter que Luke est mon seul véritable ami à part toi… Et il y avait longtemps qu'on ne se voyait plus, toi et moi. De toute façon, les maths et la physique, ça ne l'intéresse pas ; donc, c'est un vrai secret étant donné que je n'ai personne avec qui en parler, personne qui puisse même comprendre de quoi je parle. Mais... oui, j'aime bien avoir un jardin secret.

— Mais alors, pourquoi es-tu aussi triste ? demande Charlotte.

— Pour d'autres raisons. Luke. Mon père. Ma mère.

— Tu penses que tu vas pouvoir résoudre ce genre de problèmes avec des théorèmes ?

Julie rit.

— Ouais. Moi et d'autres gens, quelques « zillions », essayons de trouver la solution.

— Est-ce que les mathématiciens utilisent le mot « zillion » ?

Julie rit à nouveau.

— Les chances que je décroche une bourse pour étudier les maths alors que je n'ai pas mon bac sont infimes. Surtout, ne dis rien à personne, mais, quand Luke ira mieux, je vais peut-être y songer.

— Ça serait cool.

— Je maîtrise aussi quatre sortes de langages informatiques. Je les ai appris l'année dernière pour m'amuser. Alors, je ne suis pas obligée d'être serveuse. Je le fais uniquement pour le plaisir. Il se peut que je me lance dans les maths ou que je continue à être serveuse. Qui sait ? Je pourrais avoir envie de vendre des fleurs au bord de la route un jour – une route secondaire, naturellement.

Charlotte rit.

— Tu sais que tu es complètement libre ?

— Il le faut bien. Je n'ai pas vraiment le choix. Et puis je suis allée à bonne école.

— Comment ça ?

Julie bouge légèrement dans le lit. Sa respiration a changé.

— Eh bien, avec toi.

— Moi ?

— J'étais complètement déprimée quand tu as débarqué à Windy Close. J'ai appris à devenir libre – si on parle bien de la même chose – en te copiant. C'est toi qui m'as appris que ce n'est pas ton travail, ou l'argent que tu gagnes, ou combien de personnes tu emploies, ou même combien de fois tu te laves la tête qui compte. Ce qui compte, ce sont les livres que tu lis, et ta philosophie de la vie – être en accord avec toi-même, qui que tu sois. Je n'ai jamais cru qu'il fallait absolument aller à l'université pour décrocher un bon job et partir vivre à Londres et claquer tout son fric en loyer, en sorties et en collants, juste pour avoir l'air d'être quelqu'un d'important. J'aime bien avoir les pieds sur terre. J'ai toujours été comme ça, mais, quand je t'ai rencontrée, j'ai compris que je n'étais pas un monstre.

— C'est moi qui t'ai appris ça ? Merde alors.

Charlotte rit.

— Présentée comme ça, ma vie me paraît moins ratée.

— Ratée, ta vie ?

— Oh oui.

— Comment ça ?

— Par où dois-je commencer ? Mark et moi, on a plaqué la fac pour partir voyager. Résultat : je n'ai pas de diplôme. On s'est trop défoncés. Il est mort d'une hémorragie cérébrale, et tous les trucs que je lui ai fait essayer n'ont pas dû arranger les choses. J'ai sombré dans la culpabilité. Mes parents m'ont reniée. Je me suis droguée encore plus. Je n'ai pas d'avenir. Ma vie est un champ de ruines... Je pourrais continuer comme ça encore longtemps.

— Arrête, Charlotte. Si je suis libre, tu l'es encore plus que moi.

— Dans ce cas, on devrait peut-être s'associer, fait Charlotte dans un murmure. Ça serait bien plus rigolo.

— Mais tu vas en Inde.

— Et toi, tu vas résoudre des problèmes pas possibles.

— Seulement si je peux arriver jusque-là en empruntant des routes secondaires. Et ils ne vont probablement pas m'admettre à la fac.

Charlotte rit, puis se retourne. Elle s'endort, la bouche dans les cheveux de Julie.

Julie rêve qu'elle roule à toute allure dans une flaque d'eau.

40

À trois heures, le lendemain après-midi, tout le monde est réveillé sauf Luke. David et Chantel n'arrêtent pas de se faire des messes basses, et Charlotte et Helen s'affairent ensemble.

Luke va rester au lit jusqu'à ce qu'il fasse nuit, et Julie essaie vaguement de lire le journal en grignotant des toasts à la confiture. Elle songe qu'elle aimerait être à nouveau sur la route, comme hier.

— Où se trouve la grande ville la plus proche ? demande soudain Chantel à Helen.

— Pour quoi faire ? demande Helen.

— Des trucs... Je sais pas trop. Acheter des bouquins et faire du shopping.

— Il y a Wantage, mais, pour trouver une bonne librairie, il faut aller à Oxford.

— Oxford, c'est une ville ? s'étonne Chantel.

— Évidemment, andouille, se moque gentiment David.

— Dans ce cas, c'est là que je voudrais aller, dit Chantel. Il y a des taxis dans le coin ?

Julie relève le nez du journal.

— Je peux te conduire, dit-elle.

— Super cool. J'espérais que tu allais le proposer.

— Tu es sûre que ça ne t'ennuie pas ? demande David.

— Non, je vais peut-être même tenter les routes rouges.

Il ne pleut pas.

— Qu'est-ce que c'est que ça ? s'écrie David, une fois qu'ils sont dehors.

— Quoi ? demande Julie.

— Ce ciel bleu, d'un seul coup.

— Oh ! ce que tu m'as fait peur, dit Chantel. Je me demandais ce que tu avais vu.

À la lumière du jour, la fourgonnette a l'air d'une vraie fourgonnette. Hier soir, c'était un univers en miniature, une capsule orange sur roues.

— Tu es sûre que tu veux emprunter les voix à grande circulation ? demande David tandis qu'ils montent dans le combi VW.

— Oui, dit Julie. En avant.

— Qu'est-ce qui s'est passé ? demande Chantel lorsqu'ils sont sur l'A338.

— Hein ? demande Julie en se concentrant sur la route.

— Comment se fait-il que tu ne sois pas complètement paniquée ?

— Parce qu'elle a traversé cette immense mare de flotte hier, quand tu dormais, explique David. Et qu'elle a pris son pied.

— Comment sais-tu que j'ai pris mon pied ?

— J'étais là, j'ai tout vu. Tu as pris ton pied.

Julie sourit.

— Ça m'a donné envie de recommencer.

— Je sais, dit David en regardant Chantel. Si tu avais vu ça, lui dit-il. Charlotte et moi, on avait les boules, mais Julie était comme une gamine qui s'élance sur un toboggan, et encore et encore. C'était dingue.

— J'aime l'eau, dit Julie.

La route n'est pas trop terrible. C'est une nationale à deux voies, et il y a beaucoup de trafic, si bien que Julie n'a qu'à se concentrer sur la Sierra qui se trouve devant elle. Elle a déjà décidé qu'elle allait suivre les panneaux en direction d'Oxford sans chercher à savoir sur quel genre de routes elle se trouve. Elle a une trouille bleue, mais ça ne peut pas être si terrible. Elle jette un coup d'œil à la carte avant de se lancer sur une quatre-voies pareille à l'A12 qui dessert Londres. Julie espère qu'il va y avoir des tas de feux tricolores et beaucoup de trafic en ville. À mesure qu'ils se rapprochent du centre d'Oxford, Julie se rappelle qu'elle aime bien conduire en ville. La densité de la circulation, le manque d'espace lui donnent l'impression qu'elle est invincible. Sans vraiment s'en rendre compte, elle se met à conduire comme lorsqu'elle avait dix-huit ans : en accélérant pour dépasser les trams et les bus aux carrefours, en se faufilant entre les voitures, parfois de justesse. Julie avait oublié qu'elle était capable de faire ça – et au volant d'une fourgonnette VW en plus.

Pourquoi ? À cause des inondations, de Charlotte et de tous les secrets qu'elle lui a confiés. Et peut-être aussi parce qu'elle a revu sa mère. Non pas que leurs retrouvailles aient eu quoi que ce soit de fantastique jusqu'ici, mais elles ont eu lieu, et elle sait que sa mère existe toujours, et à quoi ressemble sa maison. À un feu rouge, Julie fait la course avec une Mini et gagne.

David hoche la tête.

— Tu deviens intrépide, ma parole, dit-il en riant.

Il est presque quatre heures quand ils atteignent le centre d'Oxford.

— Où va-t-on maintenant ? demande Julie à Chantel, après s'être garée dans un parking à étages.

— À la librairie en premier, puis dans une agence de voyages.

— Une agence de voyages ? demande Julie.

David et Chantel se contentent de sourire.

— Je propose qu'on se retrouve tous ici à cinq heures, dit Chantel.

Oxford.

Assise dans la fourgonnette, Julie regarde le mur en béton crasseux du parking. Elle est venue une fois à Oxford : pour passer les examens d'admission de mathématiques et de philosophie, le cursus qu'elle aurait probablement suivi si elle n'avait pas échoué au bac. Ils étaient prêts à la prendre si elle obtenait trois A aux épreuves du bac, dont deux en mathématiques et mathématiques fondamentales. Elle aurait pu les obtenir facilement, mais elle ne l'a pas fait. Serait-elle en train de cogiter ici si elle avait réussi à entrer à Oxford ? Sans doute pas. Elle aurait trouvé un meilleur endroit pour se garer.

Venir à Oxford pour passer l'examen d'admission est une des dernières choses qu'elle a faites avec sa mère et son père. Ils étaient venus avec la Volvo paternelle. Pendant que Julie planchait, ses parents étaient allés prendre le thé et visiter la ville.

— Tu aurais vraiment envie de venir étudier ici ? lui avait demandé sa mère quand ils avaient retraversé la ville pour rentrer chez eux.

Helen avait dit cela en faisant la moue, comme si l'Université d'Oxford était un lieu indigne. Julie connaissait par cœur cette expression. Pour sa mère, les bâtisses médiévales couleur de miel incarnaient le patriarcat, le pouvoir et l'influence.

— J'adorerais, avait dit Julie.

Helen avait passé le reste du voyage à lire un magazine trouvé dans une librairie alternative, tandis que Julie se rejouait mentalement l'examen de maths qu'elle venait de passer comme s'il s'était agi d'une rencontre sportive ou d'une production théâtrale. Son père écoutait en boucle une cassette des Stone Roses.

Plus tard, on allait découvrir que c'était une étudiante avec qui il avait une liaison qui la lui avait offerte pour son anniversaire.

Julie sort du parking et trouve un petit vendeur de journaux quelques rues plus loin. Elle achète trois briquettes de jus de fruits et des tas de bonbons. Puis elle retourne à la camionnette. Elle boit deux briquettes et mange tous les bonbons en griffonnant des chiffres sur un vieux bout de papier trouvé dans la boîte à gants. Il est environ cinq heures quand elle s'arrête et se frotte les yeux. On n'y voit pas très clair dans ce parking. À cinq heures dix, Chantel et David regagnent la camionnette en marchant main dans la main. Julie les regarde, puis les regarde à nouveau. Ils se tiennent vraiment par la main ?

Dans son autre main, Chantel tient un sac de shopping Waterstones. David et elle montent dans le camion, et elle commence à sortir des trucs de son sac.

Elle donne deux enveloppes à David, puis trois paquets en forme de livres à Julie, chacun dans une pochette scellée par du ruban adhésif. L'un porte la lettre « C », un autre la lettre « L », et le troisième un « J ».

— Tu les ouvriras quand tu seras rentrée, lui dit Chantel.

— Hein ? Vous ne rentrez pas avec moi ?

— Non, je..., enfin nous, David et moi, on ne rentre pas.

— Ah bon? dit Julie en fronçant les sourcils. Mais vous allez où ?

— En Amérique, dit David en agitant les enveloppes. Pour me soigner les couilles et faire du surf. Chan vient d'acheter nos billets, regarde.

Ses yeux brillent tandis qu'il agite les billets en l'air.

— En Amérique ? dit Julie avec un grand sourire.

Elle regarde Chantel.

— Sérieux ? Vous allez en Amérique pour que David se fasse soigner ?

— Parfaitement, ma chère, dit Chantel en souriant. David va prendre une année sabbatique à la fac, si c'est possible. On va passer deux nuits à l'hôtel, le temps de faire faire nos passeports. J'espère que ta maman ne va pas nous en vouloir de ne pas revenir, mais David n'est jamais allé à l'hôtel, alors, j'ai pensé que ça lui ferait plaisir. Et puis ta pauvre maman n'a pas vraiment la place pour tous nous loger. J'ai appelé la mienne : elle pense que je suis tombée sur la tête, mais elle est d'accord. Il faut bien que je dépense ce putain de fric, non ? Ça me rend dingue à force.

— Ouah ! dit Julie. C'est... super.

— À qui le dis-tu ! dit David. Ce matin, j'ai cru qu'elle se payait ma tête.

— C'est le truc le plus romantique que j'aie jamais vu, dit Julie.

Chantel rit.

— Ouais, on verra. Dave m'aura probablement larguée dans un mois.

— Bon, allez, deux, dit David.

Chantel rit toujours.

— On verra bien, conclut-elle.

N'empêche que c'est tout de même le truc le plus romantique que Julie ait jamais vu.

— On n'a jamais mis les pieds hors d'Angleterre, lui et moi, dit Chantel. Ça sera au moins une expérience. J'aime l'idée de partir en voyage. Je suppose que ça va nous prendre un peu plus longtemps qu'à toi. Mais si tu n'avais pas été là, on ne serait pas partis non plus. Alors, on voulait te dire...

— ... merci, ajoute David en se penchant en avant pour embrasser maladroitement Julie sur la joue.

Chantel la serre ensuite dans ses bras.

— Oui, vraiment merci, dit-elle. Et dis merci aux autres aussi de notre part. Je vous ai acheté à chacun un petit quelque chose. Enfin, ce sont des livres, mais tu l'avais probablement deviné. Mais il ne faut pas ouvrir les paquets tout de suite. Sinon, je ne saurai plus où me mettre. Je ne suis pas très douée pour choisir les livres.

David et Chantel ressortent du camion. Tout arrive trop vite.

— Et la fourgonnette ? demande Julie en descendant à son tour. Elle est à toi et...

— Prends-en soin pour moi, dit Chantel. On va revenir. T'en fais pas pour ça.

— Ça marche, dit Julie.

Sa voix résonne en écho dans le parking à demi vide.

— Amusez-vous bien, alors.

— Tu peux compter sur nous.

— Et envoyez-moi une carte postale.

Chantel serre à nouveau Julie dans ses bras.

— J'ai bien fait, non ? murmure-t-elle dans les cheveux de Julie.

Julie pense à sa grand-mère et murmure en retour :

— Oui.

— Bon, dit Chantel en se reculant et en souriant à Julie. À plus.

— Oui, salut, dit David.

Puis Chantel et lui s'en vont avec leurs petits sacs et leurs billets d'avion sans regarder en arrière.

41

— Et, donc, quel effet ça vous a fait de retourner à Windy Close après avoir passé un an à Greenham Common ? demande Charlotte à Helen.

Luke est à la cuisine, en train de lire les suppléments du *Sunday Times*. Il porte le même jogging que la veille, mais pas de combinaison spatiale, heureusement. Charlotte et Helen sont debout à côté de l'évier, en train de boire du thé et de bavarder. Helen vient d'expliquer comment, après avoir décroché son diplôme, elle voulait être « libre ». Elle est partie en Inde et a passé quelque temps ensuite à Greenham Common. Quelques années plus tard, elle a acheté cette maison à l'une des femmes qu'elle a rencontrées là-bas. Et son envie de s'installer dans cette région est liée à son expérience à Greenham Common. Aujourd'hui, elle exerce en tant que psychologue.

— Ça m'a fait très bizarre, dit Helen. Je n'ai jamais été à l'aise là-bas. Je trouvais les gens de l'Essex superficiels et obnubilés par l'argent.

— Pourquoi êtes-vous allée là-bas, dans ce cas ?

Elle hausse les épaules.

— Doug aimait bien le coin. Il est de l'Essex et a toujours voulu y retourner. Un jour, il a fait un petit héritage et il a commencé à chercher un travail dans le sud-est. Il a mis tous ses sous dans la maison et dit qu'on devait grandir.

Charlotte hausse les sourcils.

— Grandir ?

Helen rit.

— Oui. On avait à peu près ton âge, à l'époque.

— Bon sang, c'est n'importe quoi.

— Je sais, surtout que je venais de m'inscrire à la fac. Je n'étais pas prête à grandir et à jouer les maîtresses de maison en me souciant du qu'en-dira-t-on. C'était comme de vivre dans une série télé. Je m'attendais toujours à voir débarquer des voisines avec un ragoût ou une recette de gâteau. À votre âge, ce qu'on veut, c'est fumer des pétards et écouter John Lennon.

— Je suppose qu'avoir un enfant n'a pas arrangé les choses ?

— Julie ? J'ai eu envie de l'emmener à Greenham. En fait, je voulais l'emmener partout, mais Doug a déclaré qu'elle ne pouvait pas manquer l'école et que je risquais de m'attirer des ennuis si je l'emmenais en plein milieu de semestre. Et puis elle ne s'intéressait pas du tout à ce genre de choses. Tu savais que son vrai nom est Juliette ? Elle l'a raccourci en Julie quand elle avait huit ans pour faire plus normal. Elle voulait toujours porter des vêtements normaux et être comme tout le monde. Pour être franche, on avait du mal à s'entendre quand elle était petite.

— *Juliette* ? dit Charlotte.

Luke la regarde.

— Tu le savais ? lui demande-t-elle.

Il secoue la tête.

— Non. Juliette ? Hum.

— D'un autre côté, est-ce qu'il y a des parents qui s'entendent avec leurs enfants ? demande Charlotte à Helen. Je veux dire, passez-moi l'expression, des parents babas cool, par-dessus le marché. Est-ce que tous les enfants ne veulent pas être normaux, aller chez McDo, porter des Adidas et écouter de la pop ?

— Je ne sais pas. J'ai des amis qui avaient des gamins extra.

— Et Julie n'était pas une gamine extra ? demande Charlotte. Je n'arrive pas à y croire.

Helen semble dubitative.

— Ce n'est pas la seule chose, dit-elle. Tu sais ce qui est le pire quand on est parent ? C'est de se tromper et de perdre le lien avec ses enfants. Et puis, un jour, ça arrive, et tu réalises que tes pires craintes sont en train de se réaliser et que tu es en train de perdre le lien complètement sans vraiment comprendre comment vous en êtes arrivés là ni comment recoller les morceaux. Comment tu fais pour appeler ta fille alors que ça fait onze ans que vous ne vous voyez plus ? Surtout quand tu as l'impression d'avoir fait de ton mieux et qu'elle préfère vivre avec son père et qu'elle ne te donne jamais de nouvelles. Et puis, il y a cette fameuse histoire de Barcelone...

— Quoi donc ?

— J'avais tout organisé pour qu'on parte en vacances – à Barcelone – après les épreuves du bac. J'avais l'intention de lui demander de venir vivre avec moi ou au moins lui faire comprendre que ma maison était aussi la sienne si elle le souhaitait. Je voulais faire l'effort d'apprendre à bien la connaître, parce que Julie n'est pas quelqu'un de facile. Mais je voulais essayer. Elle n'est jamais venue à l'aéroport.

Helen soupire.

— Elle ne voulait pas déroger à ses habitudes. Alors, j'ai jeté l'éponge. Je suis allée la voir quand elle a eu les résultats du bac, mais elle n'a pas eu l'air contente de me voir. Je suis restée le temps de boire une tasse de thé et je suis repartie.

— Mais..., dit Charlotte.

Luke est le plus rapide.

— Attendez, dit-il. C'est n'importe quoi.

— Je te demande pardon ? dit Helen. Que veux-tu dire ?

— Le voyage à Barcelone. Julie est rentrée en larmes parce qu'elle a peur de l'avion. Elle a failli faire une dépression à cause de ça. Et puis elle avait eu une année difficile – vous étiez partie, elle avait échoué au bac – et elle avait la frousse de prendre le train, sans même parler de l'avion. J'ai appelé l'aéroport. Ils m'ont dit qu'ils avaient fait un appel en vous demandant de me rappeler.

— Je ne l'ai jamais entendu, dit Helen.

— Il lui a fallu des heures pour rentrer à la maison, parce que, brusquement, elle était incapable de supporter le moindre mouvement. Tout ce qu'elle a dit quand elle est rentrée, c'est qu'elle vous avait lâchement laissée tomber. Je crois bien qu'elle espérait que vous alliez revenir pour prendre de ses nouvelles...

Helen fronce les sourcils.

— En fait, elle essayait d'attirer mon attention ?

— Non, dit Luke. Bien sûr qu'elle aurait aimé attirer votre attention, mais elle ne l'a pas fait délibérément. Elle avait vraiment peur.

— De quoi ? Du train ? De l'avion ? Pourquoi ?

Helen avait l'air confuse, contrariée.

— Julie a toujours eu peur des voyages, dit Charlotte. C'est pour cela que nous avons emprunté des routes de campagne pour venir jusqu'ici. Il nous a fallu des heures. Et pas seulement des voyages… Elle a peur de tout. Vous ne le saviez pas ? Vous ne vous êtes pas posé de questions quand elle a raté son bac ?

Le visage d'Helen se durcit.

— Je suis désolée, dit-elle, mais que les choses soient claires : ma fille a raté son bac et vous êtes tous les deux en train de me dire que c'est de ma faute ? Je suis désolée, mais je crains que vous ne sachiez pas de quoi vous parlez. Je me suis posé des questions, et j'étais triste, mais quand votre fille vous hait, qu'est-ce que vous pouvez y faire ? Excusez-moi.

Elle quitte la pièce. Quelques secondes plus tard, Luke l'entend monter l'escalier.

— Super, dit-il.

— Merde, rétorque Charlotte. On a bien merdé.

— On ?

— Oh ! ça va. Arrête de parler comme dans une série télé.

Charlotte sort de la cuisine et, quelques secondes plus tard,

Luke l'entend monter l'escalier elle aussi. Est-ce qu'elle est allée trouver Helen ? Pour lui dire quoi ? Pauvre Julie. Pauvre Helen. Elles ont passé tout ce temps à faire comme si elles ne s'aimaient pas, alors que ce n'est sûrement pas vrai. Luke pense à sa mère. Est-ce qu'il vaut mieux aimer trop ou pas assez ? Et comment savoir ce que les gens ressentent vraiment ?

Il est six heures et demie quand Julie revient sans David et Chantel.

— Tu ne devineras jamais ce qui est arrivé, dit-elle à Luke.

— Tu me reparles à nouveau ?

— Quoi ? Je n'ai jamais dit que je ne te parlais plus, andouille.

— Mais dans le camion… J'ai été vache avec toi.

— Oui, c'est vrai. Mais ça, c'était hier.

— Et ?

— Et, donc, c'était hier. Et puis tu ne le pensais pas vraiment, n'est-ce pas ?

— Non, je...

Luke voudrait dire à Julie ce qui s'est passé, ce qu'il a ressenti quand ils étaient à South Mimms, mais il a l'impression que ce qui se passe à l'étage est plus important.

— Pas la peine de t'excuser, dit Julie. On n'en parle plus.

Luke sourit.

— Merci.

— Il y a une chose que je voudrais que tu saches tout de même. Ce n'est pas parce que tu m'as dit d'aller plus vite que j'étais contrariée, mais parce que tu fumais et buvais comme si tu avais cherché à te foutre en l'air.

— Je voulais m'échapper.

— Oui, Luke. Je crois qu'on voulait tous s'échapper.

Julie fait une tête que Luke ne lui a encore jamais vue.

— Tu sais, Chan, David et Leanne t'ont fait une combinaison spatiale, et on a acheté une fourgonnette, et Charlotte a trouvé un guérisseur et on en a tous bavé pour t'amener jusqu'ici. Tu n'as pas idée de l'angoisse que ç'a été hier soir, quand on a cru qu'on était coincés et qu'on n'allait pas pouvoir échapper aux inondations. Et je sais que ce n'est pas facile pour toi et que tu voudrais rentrer chez toi, mais on fait tout ce qu'on peut pour t'aider. Avant de faire ce voyage, tu ne rêvais que de sortir. Tu voulais guérir, n'est-ce pas ? Alors, écoute-moi bien, Luke, parce que je ne vais pas le dire une deuxième fois : sois gentil avec nous, parce qu'on essaie tous de t'aider et qu'on fait des choses qu'on n'a pas spécialement envie de faire. Par exemple, tu crois que j'avais envie de venir ici ? Penses-y rien qu'un peu. Et maintenant, la leçon est terminée, dit Julie en souriant. J'ai des nouvelles fracassantes.

— C'est Julie ! crie Charlotte depuis le haut de l'escalier.

— Ouais, répond Julie. Salut, Charlotte. J'ai des nouvelles fracassantes.

— Tu peux monter une seconde ?

— Pourquoi ?

— Monte, s'il te plaît !

— Tu ferais mieux d'y aller, dit Luke.

Charlotte descend quelques minutes pour mettre la bouilloire en route.

— Je crois qu'on va bientôt lever le camp, dit-elle.

42

— Idiote, triple, triple idiote.

Helen est assise sur son lit, un châle mauve autour des épaules. Elle a pleuré. Et maintenant, elle ne pleure plus. De toute évidence, Charlotte lui a tout raconté à propos du bac, et Luke, à propos de Barcelone.

Si bien qu'elle connaît tout des phobies de Julie, désormais. Julie ne sait pas ce qui s'est passé d'autre et pourquoi sa mère a pleuré.

— Ça n'a plus d'importance maintenant, non ? dit nonchalamment Julie, debout à côté de la porte.

Elle ne sait pas si elle doit entrer dans la chambre ou partir en courant. Elle ne voulait pas avoir cette conversation.

— Je suppose que tu peux repasser ton bac. Mais tu as vingt-cinq ans. Ça fait sept années de fichues en l'air, et même neuf si tu comptes les deux années que tu aurais pu passer à étudier. Quel gâchis ! Et tout ça pour attirer mon attention. Mais, bon sang, pourquoi n'as-tu pas décroché le fichu téléphone ?

Julie regarde le plancher.

— Je l'ai fait à cause de Luke, dit-elle. Pas à cause de toi.

— Ce n'est pas ce que ton amie m'a dit. Charlotte a dit que...

— Écoute, maman, j'ai foiré mon bac exprès parce que je ne voulais pas aller à l'université et parce que je ne voulais pas laisser Luke. Je ne voulais pas que ma vie change... Et je suppose que je voulais aussi te faire du mal par la même occasion, parce que je savais combien tu voulais que je réussisse. Et puis je voulais faire quelque chose de dramatique parce que ma vie me semblait trop horrible. Mais ça n'a pas marché et, donc, j'ai continué. Je sais que c'était infantile, mais j'étais encore une gamine, à l'époque.

Elle regarde sa mère, petite et ratatinée sur le lit violet, et ajoute :

— Je suis désolée.

Mais pourquoi devrait-elle s'excuser ? C'est d'autant plus déconcertant qu'elle se souvient qu'elle passait son temps à faire des excuses à sa mère : pour ce qu'elle était, parce qu'elle était moins cool que les autres filles, parce qu'elle aimait les maths plus que la lecture, et le Pepsi plus que le jus de carotte.

Mais elle se souvient aussi qu'avant cela, elle aimait tellement sa mère qu'elle fondait en larmes si elle la voyait pleurer, qu'elles faisaient des gâteaux ensemble et s'amusaient à se lancer de la farine à la tête pour rigoler, que, si quelqu'un faisait une réflexion désagréable sur sa mère, elle pleurait ensuite toute la journée. Et puis, un jour, Helen avait arrêté de faire des gâteaux en expliquant à Julie, qui avait onze ans à l'époque :

— Les vraies femmes ne font pas de gâteaux. Elles changent le monde.

Pourtant, Julie est prête à parier que sa mère fait des gâteaux, de nos jours. Et puis elle n'a pas changé le monde, ou alors très peu.

— Tout cela est arrivé parce que nous sommes allés nous installer dans cet horrible endroit, dit Helen.

— Pourquoi ? Comment ça ?

— Si tu n'avais jamais fait la connaissance de Luke... Je l'aime bien, mais, nom d'un chien, il a bousillé ta vie.

— Ne dis pas ça, maman, s'il te plaît. Il n'a pas bousillé ma vie. Et les gens de l'Essex...

Julie pense à Chantel, David et Leanne.

— … je les aime bien.

Ni l'une ni l'autre ne dit rien pendant une minute ou deux. Julie s'approche de quelques pas, puis s'arrête.

— Oh mon Dieu ! finit par dire Helen. Tout est ma faute. Je n'ai pas été une bonne mère. J'ai fichu ta vie en l'air et j'ai pourri celle de Doug – comme il ne cessait de me le répéter…

— Ce n'est pas ta faute, murmure Julie. Ce n'est la faute de personne.

— Mais je ne suis pas une bonne mère.

— Non, maman, ce n'est pas vrai.

Julie s'approche d'elle et grimpe sur le lit. Elle remarque qu'il n'y a qu'une seule table de nuit dans la chambre. Dessus se trouvent une lampe et des livres empilés au petit bonheur. L'un d'eux s'intitule *Vous êtes une bonne personne.* Il y a une petite commode en face du lit, avec un vase rempli de fleurs fraîchement coupées et des bougies qui ont l'air de n'avoir jamais servi. Est-ce qu'Helen se sent seule ici ? Ou heureuse ? Julie n'en a pas la moindre idée.

La voix d'Helen se fait toute petite comme un murmure.

— Tu t'en serais sortie si tu avais eu une vraie mère.

— Non, maman ! Arrête. J'ai adoré t'avoir comme mère. Je te trouvais cool. La fois où tu es passée à la télé, quand tu étais à Greenham, j'étais si fière de toi que j'en aurais pleuré. Je trouvais que tout ce que tu faisais était admirable. Je n'avais pas envie d'avoir une mère qui restait à la maison, à faire la cuisine et le ménage. Je te trouvais extra. La seule chose, c'est que j'avais l'impression que tu ne m'aimais pas beaucoup. Alors, je cherchais à t'impressionner pour que tu m'aimes davantage.

Helen baisse les yeux.

— Mais c'est ridicule, voyons, dit-elle doucement. Tu ne m'as jamais demandé de t'accompagner où que ce soit.

— Tu ne m'as jamais proposé de m'accompagner non plus.

Helen regarde Julie.

— Tu ne voulais jamais aller nulle part !

— Parce que j'étais timide, maman.

— Oh !... Mais nous pouvions parler, non ?

— Si, jusqu'à ce que tu t'en ailles. À ce moment-là, j'ai vraiment cru que tu me détestais.

— Tu vois, quand je te disais que je n'avais pas été une bonne mère. Je ne le savais même pas.

Julie regarde sa mère resserrer des deux mains son châle autour de ses épaules, comme si elle allait mourir si elle ne le faisait pas.

— Papa était là. Il aurait pu te dire ce qui se passait.

— Il m'a toujours dit que tu te portais comme un charme.

— Ça ne m'étonne pas de lui, dit Julie.

Helen esquisse un sourire. Julie sourit aussi.

— Qu'est-ce qui nous est arrivé, Julie ? Pourquoi ne m'as-tu pas appelée ? Juste une fois ? Certains soirs, comme pour ton anniversaire, ou à Noël, ou mon anniversaire. Moi, j'attendais assise à côté du téléphone, persuadée que tu allais me passer un coup de fil. Mais tu ne l'as jamais fait.

Elle secoue la tête.

— Tu ne l'as jamais fait. Et j'ai dit à mes amies que je n'avais plus de fille. J'avais tellement honte d'avoir une fille qui ne m'aimait pas. Il faut être vraiment quelqu'un d'horrible pour en arriver là, non ?

— Je n'ai jamais cessé de t'aimer, maman, juste que... je ne pouvais pas t'appeler tant que je n'avais pas réglé mes problèmes. Je voulais me débarrasser de mes phobies, car je savais que ça n'allait pas te plaire. Et je voulais que Luke aille mieux. Je m'étais mis en tête qu'on pourrait recommencer à voyager un jour et qu'alors je t'appellerais pour te demander si je pouvais venir te rendre visite... Mais tu ne m'as pas appelée, toi non plus. Moi aussi, j'attendais à côté du téléphone, ces soirs-là, en espérant que tu appellerais. Pour finir, j'en suis venue à la conclusion qu'en effet tu ne m'aimais pas. Mais je ne t'en voulais pas parce que j'étais une loque et que je savais que tu avais toujours voulu que je sois forte...

— J'avais peur, l'interrompt Helen. J'avais peur que si je t'appelais tu ne me raccroches au nez. Et ç'aurait été encore pire que de ne pas m'appeler. Alors, j'attendais.

— Et vice versa, dit Julie.

— Quel gâchis ! dit Helen.

— Je ne suis pas la fille que tu aurais voulue, n'est-ce pas ?

Dans sa tête, elle imagine une fille bien proportionnée, avec de longs cheveux bruns, qui mangerait du riz et boirait du vin et ferait des blagues politiquement correctes. Elle voit des tapis aux couleurs d'arc-en-ciel, de la nourriture bio, et un camp de yourtes où les femmes portent des bonnets colorés. La fille aux longs cheveux récite une poésie, et tout le monde l'écoute. Maintenant, elle monte dans un avion sans avoir peur. Elle saute même en parachute et elle travaille pour une ONG, ou elle voyage simplement, ou elle est formatrice CND et elle se balade en Afrique et en Asie avec un sac à dos usé jusqu'à la corde et un sourire aux lèvres. Et elle n'a peur de rien.

— Et moi, je ne suis pas la mère que tu aurais voulue, n'est-ce pas ? dit Helen. Tu sais, je n'ai jamais voulu autre chose que ton bonheur, Julie. Je voulais que tu sois plus heureuse que moi, plus heureuse que je ne pourrais jamais l'être. Je t'enviais, tu sais ça ? Tu faisais partie de cette génération qui avait le choix et qui pouvait vraiment faire changer les choses. Moi ? Je n'ai pas épousé l'homme qu'il me fallait, je suis tombée enceinte à dix-neuf ans et j'ai compris que ma vie était fichue. Quand j'ai décidé de recoller les morceaux, je l'ai fait parce que je voulais que ta vie à toi soit meilleure que la mienne. Et ça m'a mise en colère que tu échoues au bac. J'ai cru que tu n'avais pas travaillé assez, que tu avais perdu ton temps avec Luke et je t'en ai voulu parce que tu avais gaspillé toutes tes chances. Je n'ai jamais eu la chance de passer mon bac. On m'a envoyée en collège professionnel parce que j'étais une fille. J'étais en colère parce que tu aurais pu réussir dans absolument tout. Tu aurais pu être PDG, alors que moi, j'avais suivi des cours pour devenir secrétaire. Tu aurais pu être médecin, alors que je n'aurais pu être qu'infirmière.

— Je préférerais être secrétaire qu'infirmière, dit Julie.

Helen a l'air tellement choquée qu'elle s'arrête et réfléchit.

— Mais je comprends ce que tu veux dire. Je suis contente de vivre dans un monde où j'ai le choix, mais cela doit rester un choix. Je veux dire..., c'est vrai que c'est grâce à ta génération que nous avons cette possibilité, mais... En tout cas, je ne pense pas que je me marierai un jour, dit Julie en souriant. Si ça peut te tranquilliser.

— Dieu merci, dit Helen.

Elle ôte son châle de ses épaules, croise les jambes et le pose en vrac sur ses genoux.

— Et peut-être que je vais changer le monde d'une façon que tu n'imagines même pas.

— Je ne te demande pas de changer le monde, Julie.

— Tant mieux, parce que je ne le ferai probablement pas.

Elles rient timidement.

— Je suis contente que tu sois venue, dit Helen.

— Et moi aussi.

— Tu reviendras ? J'aimerais te présenter à mes amies et...

— Quoi, tu n'as pas honte de moi ?

— Honte ? Ne sois pas bête. Écoute, je sais que tu as entrepris un voyage important, mais, un jour, s'il te plaît, passe-moi un coup de fil ou même, mieux : viens sans prévenir. On va apprendre à se connaître. Si on se déteste, tant pis. On aura au moins essayé. Mais ce n'est pas dit.

Julie sourit.

— Non, ce n'est pas dit.

Helen prend la main de Julie dans la sienne, puis la relâche. Julie se lève.

— Alors, vous êtes en route pour le pays de Galles ?

— Oui. Je pense que c'est le moment de partir.

— Tu diras au revoir pour moi à Charlotte et Luke ?

— Bien sûr.
— Et dis à Luke que j'espère qu'il trouvera ce qu'il cherche.
— OK. Salut, m'man.
— Au revoir, Julie.

43

— *Juliette* ? répète Charlotte pour la sixième ou la septième fois.

— Arrête, dit Julie.

— Je trouve ça cool. Tu devrais te faire appeler comme ça.

— J'aime bien être Julie, merci.

Il ne pleut toujours pas. Luke est assis à l'arrière de la fourgonnette, et Charlotte, à l'avant avec Julie. Ils roulent sur des routes de campagne pour rejoindre des axes secondaires qui vont les emmener jusqu'au pays de Galles.

Julie a dit à Charlotte qu'elle allait peut-être emprunter une voie rapide de temps en temps, mais Charlotte a une façon un peu spéciale de lire la carte, si bien que Dieu seul sait où ils vont atterrir.

Julie leur a vaguement raconté la conversation qu'elle a eue avec sa mère. Elle les a mis au courant pour Chantel et David et leur a expliqué qu'elle avait réussi à prendre une section d'autoroute pour aller à Oxford. Elle leur a dit combien David et Chantel avaient l'air heureux et qu'elle avait failli pleurer quand ils étaient partis ensemble.

À l'arrière du camion, Luke est occupé à rafistoler sa combinaison spatiale avec les rouleaux de papier d'alu que David lui a laissés. Charlotte s'amuse à taquiner gentiment Julie à propos de son nom.

— Nos parents ont l'art et la manière de nous bousiller, non ? dit soudain Charlotte.

— Ma mère a fait de son mieux, dit Julie. Simplement, il y a eu un malentendu entre nous.

— Un gros malentendu.

— Oui, c'est vrai, soupire Julie.

Puis elle se concentre pendant quelques secondes sur la route.

— *Juliette*, s'esclaffe Charlotte.

— Arrête, dit Julie en souriant. Tu devrais plutôt essayer d'extraire la racine carrée de i.

— Ha ! ha ! dit Charlotte en posant ses pieds sur le tableau de bord.

— Ça va ? demande Julie à Luke en essayant d'attraper son regard dans le rétroviseur.

— Ouais. Tout va bien. J'essaie juste de regarder par la fenêtre.

— Il n'y a pas grand-chose à voir dans le coin, dit Charlotte.

— Je me demande comment ça se passe pour Leanne, dit Luke en se rasseyant.

— Elle est probablement rentrée chez elle maintenant, dit Charlotte.

— Moi, je parie qu'elle est toujours là-bas, dit Julie. Elle avait l'air tout à fait déterminée.

— Hum, fait Charlotte en commençant à rouler une cigarette. Je devrais appeler Wei pour lui dire qu'on arrive et lui demander exactement où on doit le retrouver. Je peux t'emprunter ton téléphone, Julie ?

— Bien sûr. Luke, c'est toi qui as le téléphone ?

Il s'en est servi pour lire ses courriels.

— Oui, dit-il en le tendant à Charlotte.

Une fois, à Windy Close, il y a eu une panne de courant qui a duré presque toute la nuit, et Luke a dû lire ses courriels sur son téléphone, même s'il n'est pas censé se servir d'un mobile. Il se souvient de l'obscurité totale, quand tous les réverbères de la rue se sont éteints et qu'il n'y avait pas la moindre lumière dans les maisons voisines ou les hangars de la zone industrielle. La mère de Leanne s'endormait souvent en regardant la télé dans sa chambre, et parfois on voyait de drôles de lueurs danser sur la chaussée pendant toute la nuit. Luke se souvient qu'il avait suggéré à Julie qu'elle avait peut-être été enlevée par des extraterrestres ou envoûtée par des fantômes lubriques.

Il essaie de regarder au-dehors : il n'y voit pas plus que cette fameuse nuit, si ce n'est, de loin en loin, une touffe d'herbe ou un fourré éclairés brièvement par les phares de la voiture.

— Bizarre, dit Charlotte en essayant de refermer le téléphone. Julie ? Comment éteins-tu ce truc ?

— Donne-le-moi, dit Luke.

— Qu'est-ce qui est bizarre ? demande Julie.

— On doit retrouver Wei dans un Travelodge, dans un endroit dont le nom ne me dit rien... Attends, je vais jeter un coup d'œil à la carte. Oh ! je vois. C'est bien au pays de Galles, mais... pas là où je croyais.

— Tu croyais quoi ?

— Qu'on allait le rencontrer chez Jemima et Walter.

— Pourquoi ?

— Parce qu'il était chez eux. Je t'ai dit qu'ils l'avaient fait venir exprès pour travailler avec Walter sur son livre.

— Et qu'est-ce qui s'est passé alors ?

— J'en sais rien. Je vais appeler Jemima. Luke ? Je peux avoir le téléphone ?

— Tiens.

Charlotte compose le numéro.

— Ça ne répond pas, dit-elle. Oh ! attendez, il y a un message avec un numéro de portable. Je vais réessayer. T'as un stylo ?

Luke farfouille à l'arrière.

— Il y en avait un tout à l'heure...

— Dis le numéro tout haut, dit Julie. Je m'en souviendrai.

— Tu es sûre ? Oh ! il arrive.

Elle énonce un long numéro, puis elle bataille à nouveau avec le téléphone pour essayer de l'éteindre avant de rappeler.

— Saloperie de portable. OK, c'est quoi le numéro, mon chou ?

Julie le récite. Charlotte se trompe de touches et Julie doit le lui réciter une seconde fois.

— C'est incroyable, dit Charlotte. Comment fais-tu ça ? Oh ! Jem ? Salut, c'est Charlotte... Ouais, cool, merci... Ouais, on est en route... Humm ?... Oui, on vient de l'appeler. Il veut qu'on se voie dans un hôtel... Oh ! sans blague ? Mince alors... Oui, bien sûr... OK... Hein ? Oh ! d'accord… En fait, j'y ai réfléchi... Je t'en parle quand on se voit ou je te rappelle plus tard... Toi aussi ? OK, dans ce cas, on se retrouve au Travelodge... Pas de problème... Allez, bisous.

— C'était quoi, le problème ? demande Julie.

— Leur maison est inondée ; alors, ils sont allés chez les parents de Jemima. Ils ont installé Wei au Travelodge parce qu'il n'y avait pas assez de place chez ses parents. Je suppose que ça ne se fait pas de loger un invité de marque chez ses parents. Donc, on va devoir passer la nuit au Travelodge, nous aussi, ou dormir dans le camion. Wei va nous recevoir demain juste avant l'aube, c'est-à-dire, ce soir, dans sa chambre à l'hôtel.

— Merde, dit Julie. Je n'ai presque plus d'argent.

— Et moi non plus, soupire Charlotte.

— Il va falloir qu'on dorme dans la fourgonnette.

— Oui, dit Charlotte en allumant une cigarette.

Elle soupire à nouveau.

— Oh ! crotte. Chantel s'en va, et tu t'aperçois que tout ce truc coûte un paquet de blé. Et Leanne aurait pu nous fabriquer une tente magique ou je ne sais quoi, mais elle a pris la poudre d'escampette. Tous les membres utiles du groupe s'en sont allés. C'est comme un de ces jeux vidéo où tu évinces accidentellement un membre du groupe, et où tu te fais zigouiller par des brigands parce que le membre en question a emporté toutes tes armes.

— Mais ça n'est pas aussi catastrophique, dit Julie.

Elle rit :

— Peut-être que Leanne est en train de jeter un charme à distance, car il s'est arrêté de pleuvoir.

— Comme si c'était elle qui avait déclenché la pluie, raille Charlotte.

— De quoi vous parlez ? demande Luke. J'ai loupé quelque chose ?

— Non. Enfin, Leanne était persuadée d'avoir déclenché la pluie.

Luke rit.

— Je vois.

— Mince ! dit Julie brusquement. Les paquets.

— Quels paquets ?

— Chantel nous a offert des cadeaux. J'ai complètement oublié.

— Quels cadeaux ?

— Des livres, je crois. Ils sont dans la boîte à gants.

— Des cadeaux ? dit Luke.

Si c'était une fiction, il y aurait de l'argent dans les paquets. Il y aurait de l'argent et ils pourraient descendre à l'hôtel, et Luke pourrait guérir, et tout le monde vivrait heureux dans le meilleur des mondes. Mais Luke a réalisé que la vie n'était pas une fiction.

44

Il y a des sous dans les paquets. Trois chèques glissés à l'intérieur de trois livres.

— Nom de Dieu ! s'écrie Charlotte. Vous avez combien, vous deux ?

La camionnette est garée dans la station-service à l'entrée de Cirencester. Il y a cinq minutes, Charlotte est sortie acheter du café pour tout le monde, et ensuite ils ont déballé leurs cadeaux tous ensemble, comme si c'était Noël.

— Plein, dit Julie en leur montrant son chèque. Trop. Elle n'aurait pas dû. C'est trop sympa.

— Et toi, Luke ? dit Charlotte.

— Moi aussi, dit-il en lui montrant le chèque. Elle nous a donné la même somme à chacun.

— Elle est vraiment sympa, dit Charlotte. Je me serais contentée d'un livre.

— Moi aussi, dit Julie.

— Nan, je plaisante, rit Charlotte. Ouah ! c'est tout de même incroyable.

— C'est génial, dit Luke.

— Et j'aime bien mon livre, en plus, dit Julie.

Elle le montre aux autres. C'est un manuel de survie.

— Ça explique quoi faire en cas d'accident d'avion, de morsure de serpent, de naufrage en mer...

— C'est exactement ce qu'il te faut, commente Charlotte. Et toi, Luke ?

Celui de Luke est beaucoup plus gros. C'est un livre relié intitulé *Les miracles de la nature.* Il est plein de photos de grottes avec stalactites et des stalagmites en forme de lapins, de dauphins et de dragons ; il y a d'autres clichés de cimes inaccessibles, d'océans profonds, de ciels étoilés, de glaciers, d'insectes, de tsunamis et d'oiseaux rares.

— C'est incroyable, dit Luke. J'ai envie d'aller dans tous ces endroits et de voir toutes ces choses.

Charlotte a eu un livre sur les techniques d'écriture.

— Mince alors, dit-elle en feuilletant l'ouvrage. J'ai dit à Chantel que je voulais devenir écrivain, mais je ne le pensais pas vraiment. Je veux dire, tout le monde dans mon cours de littérature voulait écrire. Qu'est-ce qu'on peut faire d'autre avec une licence de lettres ? C'étaient tous des petits branleurs. C'est pour ça, entre autres, que j'ai arrêté la fac. De toute façon, je serais nulle comme auteur.

— Pourquoi ? dit Julie. Moi, je crois que tu serais une excellente conteuse.

— Je suppose que c'est la seule chose que je pourrais faire, à part donner des cours de yoga, dit Charlotte en riant. Mais je n'ai pas de sujet sur quoi écrire. J'ai publié une nouvelle une fois – je ne vous l'ai pas dit ? De toute façon, ça ne valait rien. C'était trop métaphysique et prétentieux. N'empêche qu'avec ce paquet de fric... Oh ! je ne sais pas. C'est trop facile, vous ne croyez pas ? Je devrais m'en servir pour me foutre complètement en l'air. C'est vraiment ça, ma vocation.

— Tu sais très bien que ce n'est pas vrai, dit Julie. Bon, c'est pas tout, ça, mais on ferait bien de se remettre en route.

Il est vingt heures pile. Julie jette un coup d'œil à la carte routière, puis redémarre en s'efforçant de rouler le plus possible sur des petites routes. Avoir de l'argent lui donne soudain encore plus envie de vivre qu'avant. Mais, en même temps, elle se sent étrangement superstitieuse : tout cela est trop beau pour être vrai. Elle se souvient vaguement que Leanne a promis de tout remettre en ordre, qu'il s'est arrêté de pleuvoir et que Chantel a dit qu'elle était mal à l'aise d'avoir tout ce fric. C'est alors que Julie réalise qu'elle est une scientifique, pas une diseuse de bonne aventure et que toutes ces pensées sont grotesques. Peut-être qu'un papillon a battu des ailes au Kansas. Qui sait ?

Charlotte recommence à tripoter les boutons de la radio. Elle trouve une fréquence qui diffuse *Heaven Knows I'm Miserable Now.*

— Cool, dit-elle. C'est mon air préféré.

Et elle se met à chanter avec la radio.

— Ça veut dire qu'on va pouvoir dormir à l'hôtel ? demande Luke quand la chanson s'arrête.

— Pas vraiment, dit Charlotte. Pas tant que les chèques n'auront pas été encaissés. À moins que... Julie, tu n'aurais pas une réserve d'argent dont on pourrait se servir ? Je sais bien que tu es fauchée, mais tu n'as pas une carte de crédit ?

— Si, j'ai peut-être de quoi payer l'hôtel. Si on prend une chambre pour trois. Et si je mets ce chèque à l'encaissement, ça devrait aller. Il faut penser qu'on va avoir besoin d'essence et de nourriture aussi.

Elle réfléchit un moment.

— Je vais payer avec ma carte bancaire et croiser les doigts pour qu'il y ait suffisamment d'argent sur mon compte.

— Tu ne vas plus être obligée de travailler pendant un certain temps, en tout cas, dit Charlotte. Tu vas pouvoir passer tes journées à faire des maths.

— Arrête, je n'arrive pas à y croire.

45

Il est presque onze heures quand ils arrivent au Travelodge. Luke n'a pas arrêté de lire son livre depuis qu'ils ont quitté la station-service. Il a vu des photos d'éléphants qui pouvaient vivre jusqu'à soixante-dix ans, de beaux oiseaux qui volent en savantes formations, des chats sans queue.

— On est arrivés, lui dit Julie.

La camionnette s'arrête, puis Julie fait une marche arrière pour se garer.

Luke pose son livre et jette un coup d'œil au-dehors pardessus l'épaule de Julie. Il est obligé d'étirer le cou. Il y a des petits arbres dans l'aire de stationnement. Luke n'avait jamais vu d'arbres jusqu'à hier. Maintenant, il y en a des tas, d'un seul coup. Tout paraît si vert et beau et baigné d'une lumière brillante. Au-delà du parking et des arbres, il y a une grande maison (plus grande que celle de Luke, en tout cas). On dirait un palais, éclairé par les mêmes spots lumineux que ceux des arbres. C'est un endroit magnifique.

— C'est là qu'est Wei ? demande-t-il à Julie.

— Oui. Si c'est la bonne adresse, dit-elle en ricanant.

Luke est pris de panique.

— Tu n'es pas sûre ?

— Si, le rassure Charlotte. C'est bien l'hôtel que t'a indiqué Wei, Julie. Il était sur la carte.

— Je sais, dit-elle. C'est juste qu'à un moment, j'ai cru qu'on s'était perdus.

— Non, sûr que c'est là, affirme Charlotte.

— Bon sang, dit Luke, tout excité. Wei est ici alors ?

— Bon, dit Charlotte. C'est bien beau, tout ça, mais comment fait-on ?

— Quoi ? demande Luke.

— Comment te sort-on du fourgon et prend-on une chambre ?

— On le fait, c'est tout, dit Luke. Je me sens bien. Cet endroit a l'air magique. Je suis sûr que tout va bien se passer.

Julie lui décoche un drôle de regard, mais ne dit rien.

— Mais comment on va faire une fois à l'intérieur ? demande Charlotte.

— Merde, c'est vrai, dit Julie. Luke est habillé en astronaute.

— Ils ne vont pas me laisser entrer ? demande Luke. On a fait tout ce chemin pour rien ?

— Calme-toi, dit Julie. Tout ira bien.

— On n'a qu'à dire que c'est un pari ou une soirée déguisée, dit Charlotte.

— Il y a des bouts de papier d'alu qui se détachent, fait remarquer Luke.

Charlotte et Julie l'aident à remettre des morceaux de papier d'alu à travers les boucles que Leanne a faites spécialement. Luke n'arrive pas à détacher ses yeux du palais et de l'immense tour blanche dans laquelle il va bientôt entrer.

À l'intérieur, il y a un immense tapis vert qui mène jusqu'à la réception. Le tapis est parsemé de points brillants comme des pierres précieuses. Il y a des plantes partout. Quand on est dedans, on a l'impression d'être dehors. Tout est vert, tout est brillant. C'est un endroit magique.

Julie et Charlotte s'approchent de la réception, où un homme leur décoche un sourire en coin.

Luke s'est arrêté à côté d'une plante avec de drôles de feuilles – on dirait du plastique. Il voudrait les toucher, mais ne peut pas à cause de ses gants. Il met ses mains dans son dos et examine le sol.

— Vous revenez d'un bal costumé ? demande le type derrière le comptoir.

— Ouais, dit Charlotte. On s'est changées, mais lui voulait garder son déguisement.

— Il adore son costume d'astronaute, ajoute Julie.

Le réceptionniste rit.

— OK, que puis-je faire pour vous ?

— Une chambre fumeurs pour une nuit ? dit Charlotte.

L'employé pianote brièvement sur son clavier d'ordinateur.

— Oui. Ça doit être possible.

Il pianote à nouveau.

Une seule chambre ? Pour une nuit. Fumeurs.

Il consulte à nouveau sa base de données.

— Une chambre pour trois ?

— Oui. C'est autorisé ? demande Julie.

— Pas de problème. Maximum trois adultes, du moment que vous n'avez pas d'autres spationautes planqués dans les buissons.

Il rit.

— Bien, nous avons donc une chambre familiale, fumeurs avec salle de bains. Occupation maximale trois adultes et un enfant de moins de douze ans. Il y a un lit double, un canapé et un lit pliant. Ça vous va ? Voici votre facture. Payable à l'avance.

Julie prend la feuille A4 qu'il lui tend.

— C'est tout ? dit-elle. Bon sang !

— C'est pas cher ? demande Charlotte.

— On ne dit pas « pas cher », explique le réceptionniste. On dit « économique ».

Julie lui donne sa carte de crédit.

— Il y a un restaurant ? demande-t-elle.

— Non, mais il y a un distributeur Häagen-Dazs, là-bas, et un kiosque à journaux qui sera ouvert demain matin. Cela dit, nous pouvons vous faire livrer des pizzas, si vous le souhaitez.

Mais il faut vous décider rapidement parce qu'ils ferment à minuit.

Charlotte regarde Julie.

— On commande des pizzas ?

Julie hausse les épaules.

— D'accord.

Luke sait qu'elle n'a pas mangé de pizzas depuis des mois.

— Et Luke ? demande Charlotte.

Il hoche la tête. Il regrette de ne pas pouvoir toucher la plante ou parler au réceptionniste comme n'importe qui. Il a de moins en moins l'impression d'être dans une série télé. Si la scène se passait dans un film, il jouerait certainement dedans. Mais pour quoi ? Il n'a rien à dire.

Ils couperaient probablement la séquence où apparaît ce cosmonaute ridicule pour se centrer sur Julie et Charlotte. D'un autre côté, si c'était une série télé, il en serait le personnage principal et il faudrait bien qu'il joue dedans. Alors, pourquoi ne balance-t-il pas des vannes et ne rigole-t-il pas comme tous les gens qu'on voit à la télé ?

— Je crois que je vais monter avec lui dans la chambre, dit Julie à Charlotte. Tu peux rester ici et attendre les pizzas ?

— Bien sûr, mon chou. Vous voulez quoi ?

— Pour moi, une classique. Fromage-tomate ou une margherita... Et pour Luke, c'était toujours une hawaïenne – jambon-ananas – qu'il prenait chez The Edge.

Luke secoue la tête.

— Non, attends. Il s'est mis à la bouffe végétarienne, récemment. Tâche de lui trouver une pizza quatre-saisons. Et une bouteille de Coca-Cola ou de Pepsi : ça sera moins cher que d'acheter au distributeur.

— Les marchands de pizzas vendent des boissons aussi ? demande Charlotte.

— Oui, dit Julie. On avait une formule à emporter chez The Edge : deux pizzas moyennes, un pain grillé ail et fromage et un litre de Pepsi pour neuf livres quatre-vingt-dix-neuf. Ils font tous ce genre de formules. Tiens, voilà des sous.

Julie donne à Charlotte tout ce qu'il reste d'argent dans son porte-monnaie.

— Je peux t'emprunter ton téléphone ? dit Charlotte. Il faut que je passe un coup de fil pendant que j'attends.

Pour Luke, monter dans un ascenseur, c'est comme d'entrer dans une machine à voyager dans le temps ou une capsule spatiale. Il a déjà vu des ascenseurs à la télé, mais n'est jamais monté dans aucun. En fait, jusqu'ici, il n'a jamais su s'ils existaient vraiment ou s'il s'agissait d'une invention cinématographique, comme si toutes les séries et les sitcoms se déroulaient dans le futur, avec des inventions qui existaient dans le monde télévisuel, mais pas encore dans le monde réel.

— Tu te sens bien ? demande Julie.

Luke hoche la tête.

— Je crois que oui. C'est un vrai ascenseur ?

— Oui. Mais on peut prendre l'escalier, si tu préfères, dit-elle, soudain légèrement enthousiaste.

Luke pense aux escaliers d'Escher et ils ne lui paraissent pas plus étranges que l'ascenseur.

— C'est quoi, la différence ? demande-t-il.

— Par l'escalier, ça va prendre plus longtemps, et on risque de croiser des gens, et puis il va y avoir de la poussière et ce genre de choses. En ascenseur, on y sera en une minute. Mais ça ne me gêne pas de prendre l'escalier. Je n'aime pas spécialement les ascenseurs, de toute façon.

— Non, j'aime bien l'ascenseur. Sauf si...

— Quoi ?

— Si tu as peur. . .

— Je vais faire un effort. Allons.

Luke monte dans la cabine avec Julie et attend. C'est vraiment comme de voyager dans l'espace. Julie appuie sur un bouton, et les portes se ferment. Luke ne sait pas à quoi s'attendre – peut-être à un mouvement comme celui de la fourgonnette –, mais, quand l'ascenseur se met en branle, il se sent pris de vertige, puis de nausée et il est terrorisé.

— Oh mon Dieu ! Arrête ça, dit-il à Julie.

— Luke ? Qu'est-ce qui ne va pas ?

— Arrête... Oh mon Dieu !...

L'ascenseur s'arrête, et les portes s'ouvrent. Julie sort, et Luke voudrait la suivre, mais ses jambes refusent de lui obéir. Le temps qu'elle regarde autour d'elle pour s'assurer qu'il la suit, les portes se referment.

— Au secours ! lui crie-t-il.

— Appuie sur le bouton d'ouverture des portes, lui dit-elle.

Il n'a aucune idée de ce que cela veut dire. Il observe le panneau en se demandant à quoi correspondent les chiffres, et d'un seul coup l'ascenseur se met en marche, comme s'il tombait dans le vide. Luke a l'impression que son corps descend, lui aussi, mais que ses organes montent, et c'est la pire chose qu'il ait jamais ressentie. Il est perdu dans ce cube mobile, et il ne sait pas comment il va faire pour retrouver Julie. Le souffle coupé, il regarde les numéros. La sensation de mouvement diminue, mais Luke est toujours perdu. Il essaie d'appuyer sur le 1, pensant qu'il va peut-être revenir à son point de départ, mais, quand l'ascenseur s'arrête et que les portes s'ouvrent, il se retrouve au même endroit que là où il a vu Julie pour la dernière fois, sauf qu'elle n'est pas là. Luke essaie d'autres numéros au hasard en espérant que l'un d'eux sera le bon et que Julie sera là quand les portes s'ouvriront. Mais, chaque fois, il se retrouve au même endroit, et Julie n'est pas là. Vaincu par la frustration, Luke arrête d'appuyer sur les boutons. Ça ne sert à rien, visiblement. Quand l'ascenseur s'arrête à nouveau, il s'élance à l'extérieur, le souffle coupé. Est-il en train de faire une allergie ? Oh mon Dieu ! Il ne faut pas qu'il s'arrête.

Il y a un écriteau qui dit ESCALIER. Luke se souvient que Julie lui a dit qu'il était possible de se rendre à la chambre par l'escalier. Il y a une flèche à l'extérieur d'une porte. Luke se souvient d'avoir appris tout seul ce qu'est une flèche et, fièrement, il prend la direction indiquée par l'extrémité pointue. Et voilà l'escalier. On peut monter ou descendre. C'est un vrai casse-tête. De quel côté doit-il aller ? Paniqué, il se met à dévaler les marches en courant et réalise qu'il n'a jamais couru dans un espace tel que celui-là. Soudain, la terreur revient ; comme lorsqu'il a essayé en vain de jouer à un jeu vidéo. Tout ce qu'il veut, c'est revenir à son point de départ. De désespoir, il se met à appeler Julie, sa voix résonne bizarrement dans la cage d'escalier, mais il n'obtient pas de réponse.

Deux volées de marches plus tard, il trouve un écriteau qui dit ASCENSEUR. Comme Julie se trouvait à côté de l'ascenseur, Luke suit à nouveau fièrement la flèche. Et il se retrouve face à l'ascenseur qu'il vient de quitter. Comment est-ce possible ? Cet hôtel doit être circulaire ou quelque chose comme ça. Julie n'est pas là, évidemment, puisqu'elle n'était pas là quand Luke y était. La seule différence, c'est le numéro inscrit sur le mur. Tout à l'heure, c'était 3, et maintenant, c'est 2. Est-ce qu'il change en fonction du nombre de fois où l'on passe, en diminuant chaque fois ? Luke se retourne et voit à nouveau l'écriteau ESCALIER et la flèche. Cette fois, il décide de monter. Une fois encore, quand il suit la flèche indiquant ASCENSEUR, il a l'impression de se retrouver à son point de départ, sauf que, cette fois, c'est le numéro 3 qui figure sur le mur.

Bon, Luke, réfléchis. Il y a certainement un truc. Cette fois, il décide de continuer de monter. Peut-être vaut-il mieux rester constant et ne pas changer de direction. Quand il voit à nouveau l'écriteau indiquant ASCENSEUR, il hésite à redescendre, parce qu'il sait qu'il va se retrouver une fois de plus dans cet horrible cul-de-sac. Puis il décide de suivre la flèche, et Julie est là, souriante.

— Où étais-tu passé ? lui demande-t-elle.

Il se tourne vers elle et se jette dans ses bras.

— Oh mon Dieu ! Quelle horreur !

Il n'a pas d'autres mots à la bouche que « labyrinthe », « perdu », « cercle » et « Escher », tandis que Julie l'entraîne vers la chambre. Elle n'a pas l'air de comprendre ce qui lui est arrivé, mais peut-être ne s'est-elle jamais perdue dans un de ces horribles endroits. La carte magnétique qu'elle tient à la main porte un numéro. C'est ce numéro que Luke aurait dû composer sur le panneau de l'ascenseur. S'il avait eu la carte, il aurait su comment se débrouiller.

À l'intérieur de la chambre, Julie ferme les rideaux et bouche la fenêtre avec une couverture.

— Tu devrais retirer ton casque, suggère-t-elle.

Pendant qu'il se débarrasse de son casque, elle entreprend de déplier un truc qui, d'un seul coup, se transforme en lit. Ce doit être ce qu'on appelle un lit « convertible », songe Luke en ôtant sa combinaison spatiale et en s'allongeant sur le lit d'appoint. Julie ôte son jogging et s'assied en tailleur sur le grand lit double.

— Mon pauvre vieux, dit-elle. Qu'est-ce qui s'est passé exactement ?

Luke le lui explique, et elle rit en disant :

— Désolée, je sais que ce n'est pas drôle.

Puis elle lui explique comment est fait un hôtel et pourquoi tous les étages se ressemblent. Il était chaque fois à un étage différent, même s'il n'en avait pas l'impression.

— Si tu te perds à nouveau, lui dit-elle. Sache que je serai toujours au numéro 0. OK ?

— OK.

— Ce sera notre point de ralliement en cas de problème.

— OK, acquiesce Luke, toujours tremblant.

— Ça ne se reproduira plus, Luke, promis.

— Je me sens idiot, dit-il. J'étais terrifié.

— Moi aussi, je l'aurais été si je ne savais pas comment est fichu un hôtel, dit-elle.

Luke regarde ses pieds.

— J'ai tellement envie d'aller mieux.

Il sait qu'il y a des sanglots dans sa voix, comme s'il allait se mettre à pleurer, mais il s'en fiche.

— Je sais, dit Julie en fronçant les sourcils. Oh !

Elle sourit soudain.

— Je viens de me souvenir que, quand j'étais petite, la première fois que je suis allée dans un grand magasin avec ma mère, je me suis perdue. Ma mère était en train de regarder des jupes, et, comme je m'ennuyais, j'ai décidé d'aller voir les jouets. Mais je ne voyais qu'une forêt de jupes et de pantalons immenses autour de moi, et j'ai compris que je m'étais perdue et qu'il fallait que je revienne sur mes pas. Sauf que je ne savais pas comment. Je me rappelle avoir emprunté deux fois l'escalator avant qu'une des vendeuses du magasin ne me demande si j'étais perdue. J'ai répondu que oui et j'ai fondu en larmes. Après cela, elle m'a donné une sucette et a fait une annonce pour que ma mère vienne me chercher à l'accueil.

— Pourquoi les jupes étaient-elles immenses ? demande Luke.

— Elles ne l'étaient pas. C'est moi qui étais toute petite, à l'époque.

— Oui, bien sûr, dit Luke, bien qu'il n'arrive pas vraiment à se représenter la scène.

— Retrouver son chemin en suivant le fléchage et les écriteaux, ça s'apprend. Et tu apprendras, toi aussi, quand tu iras mieux.

— Tu crois que je vais aller mieux ?

— Bien sûr. Enfin, je l'espère.

Elle n'en a pas l'air certaine. Peut-être parce qu'elle ne veut pas lui donner de faux espoirs.

— Julie ?

Elle le regarde.

— Oui ?

— Qu'est-ce qu'il va faire, Wei, à ton avis ?

Luke y a longtemps réfléchi. Il imagine une pièce lumineuse avec une table d'examen toute blanche sous une lampe. Il s'imagine étendu sur la table, couvert d'électrodes, pendant qu'un homme portant des lunettes spéciales l'examine, tout en entrant des ordres sur son ordinateur, et qu'une machine sophistiquée – un truc de spécialiste – émet un léger bourdonnement. La porte de la salle d'examen est vitrée.

Une infirmière portant un masque entre et murmure quelque chose à l'oreille du docteur tandis que Luke est étendu sous ses électrodes.

— Je ne sais pas, dit Julie. Mais on ne devrait pas tarder à le savoir.

Il y a une télévision dans la chambre, et Luke meurt d'envie de la regarder, mais il ne demande pas à Julie de l'allumer. Il a peur que cette télé-là soit la même que la sienne, et tout aussi peur qu'elle soit différente. Qu'est-ce que la télé, désormais, de toute façon ? Est-ce que cela a encore un sens de la regarder ?

Il s'allonge sur son lit et ferme les yeux. Cinq minutes plus tard, on frappe à la porte, et il sursaute. C'est Charlotte qui arrive avec les pizzas.

— J'ai du nouveau, dit-elle.

46

— Tu ne pars plus en Inde, alors ? murmure Julie. Plus du tout ?

Charlotte et elle partagent le lit double. Luke est enfoui sous une couverture dans son lit. Ils ont mangé leurs pizzas, et Charlotte leur a annoncé qu'elle n'allait plus en Inde. Le lit est chaud et douillet, raison pour laquelle elles l'ont adopté. Personne ne voulait du canapé, et Luke tenait absolument à dormir dans le lit pliant.

— Non, répond Charlotte tout bas. C'est cool, hein ?

— Ben, si c'est ce que tu veux, oui, c'est cool.

— Je ne faisais que pratiquer la fuite en avant. C'est la seule raison qui m'ait poussée à fuir là-bas. Ce qui n'empêche pas que j'aie toujours envie de fuir, mais je peux aussi bien le faire avec vous, toi et Luke. J'ai pensé que...

— Quoi ?

— Eh bien, j'ai cru comprendre que tu n'avais pas l'intention de retourner chez toi. Alors, on pourrait peut-être continuer de fuir ensemble ? Il va bien falloir qu'on s'occupe de la fourgonnette jusqu'au retour de Chantel, de toute façon. On pourrait appeler ça *Les aventures de la camionnette orange*.

— Mais il va tout de même falloir qu'on rentre dans l'Essex à un moment ou un autre, dit Julie en souriant.

— Alors, c'est oui ? dit Charlotte en couinant presque dans l'obscurité. T'es trop cool, mon chou.

— Ouais, mais il va tout de même falloir consulter Luke. Je crois qu'il veut rentrer.

— On rentrera, mais pas par le chemin le plus court.

Elles pouffent de rire.

— Il faut qu'on arrête, dit Julie.

— Quoi donc ?

— De dormir ensemble.

— Pourquoi ? J'aime ton odeur de menthe poivrée.

— Merci. À quelle heure le jour se lève-t-il ?

— À sept heures moins le quart. Wei a dit qu'il vous verrait tous les deux à sept heures.

À sept heures, Julie et Luke se présentent à la porte d'une chambre du deuxième étage. Luke porte sa combinaison d'astronaute, et Julie a apporté une couverture pour masquer la fenêtre de Wei, car le soleil commence à se lever, et les rideaux de l'hôtel ne sont pas très épais. Julie est lasse et courbaturée. Elle sait que Luke n'a pas bien dormi non plus. Elle l'a entendu s'agiter et soupirer toute la nuit. Ç'a dû lui faire bizarre de dormir cette fois encore dans un lit différent.

Tout est silencieux et sombre dans le couloir. La porte de Wei est semblable à toutes les autres. Julie la contemple pendant quelques secondes. Elle n'arrive pas à croire que derrière se trouve quelqu'un qui prétend pouvoir réaliser le rêve de Luke. Tout est si calme et immobile. Julie sent ses mains devenir moites. Elle se demande s'ils ne sont pas en train de commettre une grossière erreur. Elle sait qu'une fois qu'elle aura frappé à la porte, plus rien ne sera comme avant.

— OK, dit-elle. On y va.

Elle frappe et, pendant quelques instants, il ne se passe rien. Puis une voix d'homme lui dit d'attendre une minute. Son cœur se met à battre violemment, et son estomac se noue sous l'effet d'une brusque montée d'adrénaline. Elle a l'impression qu'elle va vomir. C'est bien lui. Les dés sont jetés.

La porte s'ouvre, et un homme de grande taille aux cheveux noirs s'encadre dans le chambranle.

— Bonjour, dit-il d'une voix chaleureuse. Hé ! Sympa, la combinaison d'astronaute. Tu dois être Luke.

Il lui tend la main, et Luke la prend d'un geste hésitant.

— Et tu dois être Julie.

Julie lui serre la main.

— Oui. Et vous êtes Wei, je suppose ? Merci d'avoir bien voulu recevoir Luke. C'est...

— En fait, j'aimerais te voir en premier.

— Moi ? dit Julie.

— Oui. Luke, tu peux revenir dans une demi-heure ?

— Euh..., c'est que je ne sais pas comment retourner dans la chambre.

— Il va falloir que je le ramène, dit Julie. Vous êtes sûr que vous voulez me voir en premier ?

— Oui. Absolument sûr.

— OK. Donnez-moi cinq minutes pour raccompagner Luke, dans ce cas.

— Pas de problème.

Quand Julie revient, la porte de Wei est grande ouverte.

— Entre, entre, dit-il, enthousiaste. Et assieds-toi.

Julie entre et s'assied à la petite table à côté de la fenêtre, sur la chaise que lui indique Wei. Il y a une autre chaise juste en face, et Julie se demande si Wei les a disposées ainsi exprès pour recevoir Luke. La chambre est parfaitement rangée et ne sent pas le tabac froid, comme la leur. Il flotte une odeur d'huile de noix de coco et de terre mouillée. Wei semble avoir personnalisé sa chambre avec quelques petits détails : un foulard recouvre le poste de télévision, et l'un des oreillers porte une taie à fines rayures pastel différente des autres. Au mur, à côté du lit, est accrochée la photo d'un petit garçon qui pourrait être le fils de Wei. Wei a des traits anguleux, et il porte un pull noir à col roulé et un pantalon noir ample. Il ressemble à une pop star ou à un politicien, et Julie est légèrement impressionnée par lui. Il n'a rien d'un diseur de bonne aventure, mais elle s'y attendait. Elle s'installe confortablement sur la chaise, puis Wei lui explique pourquoi il veut l'aider et ce que Luke lui a expliqué de ses « problèmes ».

— OK, dit-elle, hésitante. Merci. Mais je ne vois pas très bien comment vous allez pouvoir m'aider. Je crois que je suis un cas désespéré.

Elle lâche un rire nerveux. Elle ne s'attendait pas à ça. Elle pensait qu'il allait lui parler de Luke. C'est pour cela qu'ils sont venus jusqu'ici, après tout.

— Nous allons voir ça, dit Wei en s'asseyant face à elle. Ainsi donc, tu as des phobies ?

Il n'y va pas par quatre chemins.

Comment le sait-il ? Luke a dû lui raconter un tas de choses.

— Oui, dit Julie. Quoique peut-être un petit peu moins maintenant.

Wei pose un bras sur la table.

— Je suis content de l'apprendre, dit-il en souriant. Comment était le voyage ?

Julie rit.

— Arrosé, plein d'embûches et interminable.

Wei rit à son tour.

— Et est-ce que ça t'a appris quelque chose ?

— J'ai découvert que j'aimais l'eau. Et que j'avais un peu moins peur qu'avant.

— Mais encore peur malgré tout ?

— Oui, bien sûr. Je veux dire que, si un voyage au pays de Galles suffisait à guérir de ses phobies, les routes seraient engorgées.

Wei fronce les sourcils.

— Tu le crois vraiment ? La plupart des gens n'accomplissent pas les gestes simples qui pourraient les aider à surmonter leurs frayeurs. Comme s'ils tenaient à leurs peurs et voulaient les nourrir et les choyer.

Il essaie de croiser ses jambes, mais il n'y a pas assez de place sous la table. Il regarde Julie et dit :

— Mais je vois bien que tu es trop intelligente. C'est le plus gros problème que tu dois surmonter.

— Et pour cela, il faut que je devienne stupide ?

— Non. Plus intelligente.

— Oh !

— Oui : oh ! rit Wei.

Il a l'air mal installé et recule sa chaise de la table pour pouvoir croiser ses jambes. Puis il joint ses mains et les enlace autour de son genou.

— Donc, pour résumer, tu as peur de tout ? C'est bien ça ?

— Oui, dit Julie en suivant du doigt les veines du bois de la table devant elle. On peut dire ça.

— Et c'est principalement parce que tu as peur de la mort ?

— En quelque sorte.

Elle lève les yeux sans trop savoir comment expliquer ce qu'elle ressent, mais tout en ayant le sentiment qu'elle doit parler si cet homme pense qu'il peut l'aider. Il faut au moins qu'elle lui dise la vérité. Mais quelle vérité ? La seule certitude de Julie, c'est qu'elle sait ce qu'elle ressent.

— Je crois que j'ai tout simplement peur de perdre le contrôle de la situation, dit-elle. Je veux dire… J'ai une frousse bleue de la mort, mais ce n'est que tout récemment que j'ai compris ce qu'il y avait de définitif dans la mort. Or, avant cela, j'avais tout aussi peur ; donc, ça ne peut pas être que ça.

— Donc, ce serait un problème avec la perte de contrôle et la mort ?

Tout en disant cela, Weil lève une main, un doigt, puis un deuxième, comme s'il avait besoin d'énumérer les problèmes.

— Oui, dit Julie en posant ses mains sur ses genoux.

Ses paumes sont moites.

Wei repose sa main sur son genou.

— Donne-moi des exemples.

Julie lui explique qu'elle ne peut pas manger de plats préparés à la main, comme les sandwiches ou les pizzas, même si elle a réussi à manger une pizza hier soir. Elle a attendu pendant une heure de crainte que l'acide ne fasse effet. Elle ne supporte pas davantage la nourriture naturelle, parce qu'elle a peur de l'E. coli, des moisissures, des fertilisants et du cancer.

Ensuite, elle lui explique ses phobies de l'avion, du train et des bateaux, et de l'orage et des bactéries, et des accidents en général. Il hoche la tête avec enthousiasme, puis rit.

— Eh bien, tu pourrais aussi bien être morte, conclut-il.

— Je sais. C'est ce que je me dis.

— Et tu ne contrôles rien.

— Non, mais j'essaie. Genre, si je mange des aliments complètement industriels, je sais ce que j'ingurgite et je sais que ce n'est pas très sain, mais au moins, je contrôle. Si je fais ça, je ne risque pas de mourir suite à une erreur de préparation, ou un sabotage ou par un germe quelconque.

Wei se gratte la tête.

— Quelles sont les peurs que tu as réussi à surmonter ? demande-t-il.

— Aucune, vraiment, mais...

Elle lui raconte l'épisode de la route inondée et l'excitation qu'elle a ressentie quand elle a traversé la flaque d'eau.

— Ainsi donc, tu as ressenti la joie de vivre au moins une fois ?

Il lève un doigt et se remet à compter.

— La joie de vivre ? Je suppose qu'on peut l'appeler comme ça. Oui, je l'ai ressentie.

— Seulement une fois ?

Julie fronce les sourcils.

— Pardon ?

— Quand est-ce que tu as ressenti cette joie pour la dernière fois ?

— Euh, la nuit dernière, dans un sens, en tout cas.

— La nuit dernière ?

Wei hausse ses sourcils.

— Que s'est-il passé ?

— L'amie qui est venue avec Luke et moi – Charlotte ; je crois que vous la connaissez – avait décidé de quitter l'Angleterre, mais elle a changé d'avis. Elle va rester avec nous pour pouvoir faire la route avec moi et peut-être Luke s'il guérit et qu'il ne veut pas rentrer chez lui.

— Donc, tu as des amis ?

Julie réfléchit.

— Oui.

— Et tu as l'intention de poursuivre ton voyage ?

— J'aimerais bien. Je n'aime pas rouler sur les grands axes, mais il y a toujours la possibilité d'emprunter des routes secondaires. Et, si je n'avais pas pris les routes de campagne, je n'aurais jamais pu traverser les inondations.

Wei se lève et traverse la chambre en tournant le dos à Julie. Elle le voit qui compte à nouveau sur ses doigts.

— Donc, tu as deux amis proches, avec qui tu t'es embarquée dans un voyage palpitant, et tu es en bonne santé. Et, malgré cela, tu as peur.

— C'est idiot, non ?

Il se retourne et la regarde.

— Julie, si quelqu'un mettait du LSD dans ton sandwich, quelle serait la pire chose qui puisse arriver ?

Elle fronce à nouveau les sourcils.

— La pire chose serait qu'il y en ait dans mon sandwich.

— Mais les gens prennent du LSD pour s'amuser, non ?

— Oui, mais pas moi.

— Et c'est une bonne chose.

Il s'arrête et scrute la couverture qui masque la fenêtre. Julie a l'impression qu'il aurait envie de regarder le jour se lever, mais qu'il en est empêché par la couverture, mise là exprès pour Luke et qui bloque totalement la lumière du jour. Il se retourne vers Julie.

— Il n'empêche que ce genre de choses n'est habituellement pas mortel. Ce qui veut dire qu'elles te font peur parce que ce n'est pas toi qui décides. Mais ça ne te dérange pas que d'autres personnes en prennent pour s'amuser ?

— Il arrive que les gens qui en prennent pour s'amuser s'imaginent qu'ils peuvent voler et se jettent du haut d'un pont. Cela me terrorise.

— Mais toi, tu ne ferais pas ça, non ?

— Je n'en sais rien. Comment savoir ?

Wei revient vers la table.

— Écoute, ces drogues ne changent pas ta personnalité, elles ne font que t'embrouiller l'esprit. Mais la personne en toi ne change pas, elle est simplement un peu confuse. Jamais tu n'irais jusqu'au point où tu mettrais ta vie en danger. Tu tiens trop à la vie. C'est un trait dominant chez toi.

Il s'assied à nouveau et croise les jambes.

— Julie, ma question est : que ferais-tu exactement au cas où il y aurait du LSD dans ton sandwich ?

Julie est embarrassée. Ses frayeurs lui semblent tellement ridicules vues sous cet angle. Comment son esprit fonctionne-t-il pour en arriver là ? N'empêche que ce genre de choses arrive. Une fois, chez The Edge, une fille est venue avec un type qui lui a mis un ecstasy dans son Pepsi. Les peurs de Julie sont ancrées dans le réel. Elle fixe la table des yeux, ne sachant que répondre. Elle ne peut pas mentir ; il n'y a qu'une seule réponse possible à la question de Wei.

Elle lève les yeux vers lui.

— Que ferais-je ? Je serais prise de panique.

— OK. Donc, tu paniques, et ensuite ?

Sa question la prend de court.

— Je ne sais pas. Je ne suis jamais allée au-delà de la panique.

— Essaie.

— OK. Je suppose que, si j'étais en train de conduire, je serais obligée de m'arrêter. Mais j'aurais peur et je commencerais à avoir des hallucinations et à voir des monstres sur la route, et il ferait nuit et je perdrais complètement la boule...

Wei se penche en avant.

— Et, donc, les monstres arrivent, et qu'est-ce que tu fais ?

— Je me dis qu'ils ne sont pas réels. Je mettrais la radio. Je boirais des jus de fruits. Je fumerais une cigarette. Ou bien j'appellerais un ami pour qu'il vienne me chercher. Mais, à supposer que je ne me souvienne pas de son numéro ou que j'aie l'impression que des insectes grouillent sur mon téléphone ou que sais-je ? Mais l'acide qu'on trouve généralement n'est pas aussi fort, n'est-ce pas ? Je connais des gens au boulot qui prennent de l'acide et d'autres trucs et qui vont en boîte ensuite – ou même au travail. Donc, logiquement, je ne devrais pas perdre complètement les pédales. Je devrais au moins pouvoir appeler quelqu'un à l'aide. Ou téléphoner à un ami dès que je ressens les premiers effets, avant que ça ne s'aggrave, pour qu'il appelle un médecin et qu'on me donne un calmant. Donc, avec un peu de chance, je me sentirais juste un peu ensuquée, et le lendemain j'appellerais la police pour signaler ce qui est arrivé.

Wei a l'air amusé.

— Le lendemain matin ?

— Qu'est-ce qu'il y a de drôle ?

— Tu as survécu.

— Ah…, oui. Exact, dit Julie en souriant à son tour.

— Si survivre est la pire chose qui puisse t'arriver, je pense que tu n'as pas beaucoup de soucis à te faire. Je crois que tu as besoin de réfléchir à la façon dont tu t'en sortirais si une de ces choses devait arriver, et pas seulement bloquer sur l'idée que tu vas paniquer. Pars du principe qu'après avoir paniqué, tu dois envisager de faire quelque chose, et dévide le scénario jusqu'à ce que tu aies survécu ou pas. La plupart du temps, tu survivras. Peu importe que tu sois un peu malade ou ensuquée... Tu survivras ! Non pas que je sois en train de te recommander de manger des sandwiches par douzaines – ils ont vraiment un goût affreux.

Il rit.

— Mais, disons que, si tu le voulais, tu le pourrais. De toute façon, il est hautement improbable que tu en manges un dans lequel quelqu'un a délibérément glissé un cachet de LSD…

— Mais pas impossible.

— Je ne suis pas convaincu. Je crois que les probabilités sont infimes.

— Je n'en sais rien. Et aussi, j'ai, euh..., un problème avec les probabilités, dit Julie en songeant que cette fois Wei va probablement péter un plomb.

Mais c'est plus fort qu'elle, elle ne peut pas s'arrêter.

— D'après la physique quantique, il existe un nombre illimité de possibilités et d'univers, et chaque valeur a une probabilité de un. La probabilité de trouver de l'acide dans mon sandwich est aussi élevée que celle de ne pas en trouver, et, avec un peu de chance, je vais me retrouver dans le premier cas de figure. S'il y avait un nombre infini d'univers, je suis sûre que je me retrouverais dans celui où tout va de travers.

— Tu es mathématicienne ?

Julie rougit.

— En quelque sorte. C'est mon violon d'Ingres.

— Tu peux m'expliquer cette théorie des possibilités infinies ? dit-il sur un ton presque comminatoire.

— OK, répond Julie, légèrement tendue. L'idée de base est que chaque dénouement de chaque situation possible non seulement existe, mais se produit dans un univers parallèle ou dans un autre monde. La valeur de probabilité de chaque chose est donc de un dans la mesure où, si l'on accepte qu'il existe des univers multiples et une infinité de dénouements, tout devient possible. Dans ce même ordre d'idées, tout existe : des millions de versions de la conversation que nous sommes en train d'avoir, des millions de résultats possibles quand on jette une paire de dés, des cercles carrés, des zombies, Dieu, le diable... Tout cela existe quelque part. Dans un univers ou un autre. Quand vous m'avez dit d'entrer dans cette chambre avant, je me suis instantanément transformée en citron. Dans un autre, j'ai trébuché et me suis cassé la figure, dans un autre, je suis partie avec Luke et ne suis jamais revenue. Je suppose que vous avez déjà entendu parler de ces théories. C'est le principe de la dualité onde-particule..., mais je préfère ne pas développer parce que c'est un peu compliqué à expliquer.

— OK, OK, dit Wei en souriant.

Il soupire.

— Donc, il y a autant de probabilités pour que tu trouves un cachet d'acide dans ton sandwich que pour que tu te transformes en citron. J'ai déjà entendu ce genre de théories, quoique pas exprimées de cette façon. Mais je comprends comment ça marche. Ça a un rapport avec ce malheureux chat, n'est-ce pas ?

— Le chat de Schrödinger ?

— Oui, c'est ça.

Julie sourit.

— En effet.

— Le chat était dans une boîte, me semble-t-il ?

Pour une raison qui lui échappe, Julie se met à penser à la souris qu'elle a vue dans la vitrine de l'animalerie la semaine dernière.

— Oui, c'est une expérience de pensée. Il n'y a ni vrai chat ni vraie boîte. Le chat est censé être enfermé dans la boîte avec un dispositif radioactif et du cyanure. Il y a cinquante pour cent de chances pour que le dispositif radioactif se déclenche et provoque une réaction en chaîne qui libère le cyanure. La question est donc : est-ce que le chat est vivant ou mort alors que la boîte est scellée et qu'il n'est pas possible d'observer le chat ? C'est pourquoi le chat se retrouve dans une situation de « superposition », c'est-à-dire à la fois mort et vivant tant que la boîte est fermée, ou mort ou vivant quand on ouvre la boîte pour voir le résultat. Jusqu'à ce que vous ouvriez la boîte, le chat est cinquante pour cent vivant, cinquante pour cent mort, ce qui est impossible. Car on ne peut pas être à la fois mort et vivant. La théorie de Schrödinger était un paradoxe dont il se servait pour illustrer la façon dont la physique quantique traite l'observation des atomes. Le chat est *forcément* soit vivant soit mort. Il ne peut pas être l'un et l'autre. C'est ce que suggère l'expérience.

Julie songe soudain à Luke, resté enfermé depuis si longtemps dans sa boîte. Avant de quitter sa chambre, était-il vivant ou mort, ou vivant à cinquante pour cent ? Ou était-il pris dans une sorte de paradoxe, un truc de magie, ou quelque chose d'imaginaire comme un nombre que l'on invente pour pouvoir apporter une réponse à une question impossible ? Si une chose n'existe pas, on l'invente. Si vous n'avez pas la réponse, vous l'inventez. Luke est-il un être imaginaire ? Sa vie n'est-elle qu'une fiction ?

Wei se masse le menton.

— C'est un chat imaginaire, non ?

Julie hoche la tête.

— Oui, comme je vous l'ai dit, il s'agit d'une expérience de pensée.

— Donc, il ne peut être ni vivant ni mort, dit Wei en souriant. Ou même vivant à cinquante pour cent. Et si le cyanure est imaginaire, il ne peut pas le tuer, n'est-ce pas ? Et tu penses que tu es comme le chat. Tu penses constamment que le cyanure imaginaire va te tuer.

Il secoue la tête.

— Mais dis-moi : est-ce que tu crois à cette théorie quantique ?

Julie se fige. Serait-ce elle, le chat ? Non. C'est Luke, n'est-ce pas ?

— Julie ?

— Quoi ? Euh, est-ce que je crois à la théorie quantique ? Eh bien, pas vraiment. J'accepte qu'elle puisse exister, mais elle n'a pas de sens, au fond, si ce n'est que la probabilité est un concept absurde. Ça ne marche jamais, et les parieurs professionnels se trompent parfois, mais pas souvent, et vous pouvez couper un paquet de cartes cinquante fois de suite et tomber chaque fois sur la même carte, surtout si vous trichez. La probabilité ne peut se concevoir vraiment que dans un contexte d'infinité, parce que la probabilité implique une infinité de possibilités, ce qui complique quelque peu les choses. C'est tout ce que j'essayais d'expliquer. L'infini engendre ses propres paradoxes. En fait, si vous aviez une infinité de possibilités et d'univers, l'une de ces possibilités serait que l'infinité n'existe pas. Ce qui, du coup, réduirait à néant toutes les autres possibilités.

Elle soupire.

— Bref, je voulais juste dire que je crois qu'il arrive des choses bizarres et que personne ne pourra jamais me convaincre du contraire, parce que, quand on raisonne en termes de probabilités, il faut accepter que tout peut exister, y compris des choses encore plus abracadabrantes que celles qui vous taraudaient au départ.

Wei se lève à nouveau et fait quelques pas en silence.

— Pour quelqu'un d'aussi intelligent, tu n'es pas bien rusée, avoue-le, dit-il enfin. Tu as raison, mais tu ne mets pas à profit le savoir dont tu disposes. Il faut que tu arrives à ne pas te livrer à ce genre de calculs dans ta tête. Laisse ton âme s'occuper de la chance, des probabilités et des calculs. Les décisions que l'on prend en un clin d'œil sont généralement les meilleures. Par exemple, quand tu dévies automatiquement ta course lorsqu'un piéton déboule devant ta voiture. Quand tu fais ça, ton cerveau se livre à des milliers de calculs en rapport avec l'espace, le temps et la vitesse, et tu n'en es même pas consciente. Si tu connaissais les joies du sport, tu saurais que ton cerveau est capable de calculer les effets de la gravitation sur un ballon. Quand tu tombes amoureuse, tu dois t'en remettre à ton monde intérieur. Ton inconscient – ou ta psyché – fait de merveilleux calculs. Tu dois laisser le temps poursuivre sa course sans chercher à le dépasser.

Wei se retourne. Il regarde Julie et vient se rasseoir.

— Mais, bref, revenons-en à nos moutons : quoi qu'il puisse t'arriver, il n'y a que deux dénouements possibles, en dehors de tous ceux qui s'offrent à toi quand tu te transformes en dé, que tu te lances sur le tapis un milliard de fois et que tu tombes chaque fois sur le numéro six.

Il rit.

— Tu dois prendre conscience que, dans ta souffrance, quand ta frayeur est à son pic, tous les dénouements ne se résument en fin de compte qu'à deux. En gros, soit tu survis, soit tu ne survis pas. Même l'expérience de Schrödinger le prouve. Être à moitié vivant et à moitié mort n'existe pas. Tu es d'accord ?

Julie est obligée d'accepter une démonstration mathématique élégante.

— Oui.

Wei la regarde.

— Donc, si tu survis, tout va bien. Mais si tu meurs ?

Julie est parcourue d'un frisson.

— C'est ce que je cherche à éviter.

Wei fronce les sourcils.

— Mais qu'est-ce qui te fait peur dans la mort ?

— Le fait de ne plus exister. Le néant.

Il dit doucement :

— Mais es-tu sûre que la mort mène au néant ?

— Bien sûr que oui.

— Qu'en est-il de toutes les autres (pour ne pas dire infinies) possibilités ? Il y a beaucoup de théories à propos de l'après-vie, dont la réincarnation, ou, celle à laquelle je crois, que notre âme continue sa vie dans la nature. De nombreuses cultures croient en la vie après la mort. En fait, des millions de personnes dans le monde y croient. Il y a tant de versions différentes de la vie après la mort, s'esclaffe Wei. La seule chose qu'il ne peut y avoir est le néant.

— Pourquoi cela ?

— Allons, Julie. Parce que le néant ne peut pas « exister ». Donc, il n'existe pas. Question de logique pure.

Il sourit.

— Tu aimes raisonner logiquement. Alors, vas-y. L'infinité pose peut-être des problèmes, mais elle est plus crédible que le néant. Nous nous servons de notre esprit pour imaginer l'infini parce qu'il existe. C'est le concept d'existence poussé à son paroxysme. C'est l'existence absolue. Mais comment pouvons-nous imaginer le non-être ? As-tu déjà entendu dire que la nature a horreur du vide ? Sûrement que oui. Tu devrais contempler la nature pour trouver certaines réponses à tes questions. La nature n'est autre que la vie. Même la mort mène à la vie dans la nature. Tu n'as pas besoin de moi pour t'apprendre ces choses.

Julie sourit.

— OK, mais il n'empêche que j'ai toujours peur de mourir. Je sais que c'est égoïste, mais je n'ai pas envie d'entamer une nouvelle vie maintenant. Je veux continuer à être moi-même le plus longtemps possible.

Wei soupire.

— Les gens qui ont côtoyé la mort disent que cela n'a rien d'effrayant. Ils voient de magnifiques couleurs, ils sont heureux.

— Je sais. Mais n'est-ce pas une sorte d'hallucination qui a à voir avec la fermeture du nerf optique ?

— Vraiment ? J'ai entendu parler d'une expérience où il a été prouvé que l'âme de la personne est capable de flotter au-dessus de son corps, ou tout au moins de se mouvoir à l'extérieur de celui-ci, parce que les gens ont raconté avoir vu des objets qui se trouvaient à des endroits inaccessibles pour l'œil de quelqu'un en position allongée. En fait, l'âme humaine est une chose mouvante, si l'on en croit tous ces témoignages. Les fantômes, les esprits, les vols chamaniques, les rêves. Si ton âme peut voyager, elle peut certainement continuer à vivre après la mort, non ?

— Vraiment ? Vous croyez vraiment à ce genre de choses ?

Wei sourit.

— Je crois que la vie est bonne et qu'elle a un sens. Je sais que mes paroles ne vont pas te guérir instantanément. Comme tu peux le constater, ce n'est pas ainsi que je travaille. Mais tu peux t'apporter à toi-même davantage de bien-être si tu te demandes simplement : « Qu'y a-t-il de pire qui puisse arriver ? » et que tu réalises que la mort ne survient qu'en de rares circonstances. Et quand bien même, quelle importance ? Si la mort est la pire chose qui puisse arriver, tu sauras te débrouiller ! Tu es une jeune femme pleine de force et de beauté, Julie. Crois-tu vraiment que la mort peut t'anéantir ? Bien sûr que non. Et même si cela arrivait, ce dont je doute, et qu'il n'y ait pas de paradis ou aucune sorte de vie spirituelle après la mort, cela n'aurait pas plus d'importance, car tu laisserais des choses merveilleuses derrière toi : des enfants, peut-être, ou des idées. Peut-être un beau jardin, un beau dessin ou une chanson que tu aurais composée. Ce sont ces choses-là qui comptent. Mais tu ne peux pas créer ou vivre ta vie comme tu le devrais en étant constamment dans la peur.

Julie soupire.

— Je sais. Vous avez raison. Ça risque de prendre un petit moment avant que je ne l'accepte.

— Comme Luke doit être en train d'attendre que tu ailles le chercher, je ne peux pas prolonger notre conversation, mais ce fut un plaisir de parler avec toi.

Wei se lève, s'approche de sa table de nuit sur laquelle il prend deux feuilles de papier jaune. L'une est vierge. Il la donne à Julie, ainsi qu'un crayon.

— J'ai préparé quelques petites consignes... Je pense qu'elles pourront t'aider. Ce sont les seules précautions raisonnables que tu dois prendre pour rester en bonne santé, ce qui est le plus important pour toi, afin de pouvoir poursuivre sereinement ton voyage avec tes amis et faire des mathématiques compliquées. Certaines de ces recommandations viennent du tao, mais la plupart sont des choses que tes grands-parents pourraient te dire, parce qu'elles relèvent simplement du bon sens. Et, Julie, n'aie pas peur de la maladie : tu vas tomber malade, puis tu guériras, et tu liras peut-être un livre merveilleux quand tu seras alitée. La maladie est parfois une aubaine.

Les deux minutes suivantes, Wei dicte une liste de recommandations que Julie note par écrit. Puis il lui donne l'autre feuille de papier, sur laquelle sont écrites quelques paroles de Zhuangzi qu'il lui demande de lire plus tard. Elle quitte la chambre avec les pensées de Zhuangzi et la liste suivante :

Laver les aliments avant préparation.
Se laver les mains avant de manger et de préparer les aliments.

Garder les aliments froids une fois refroidis et chauds une fois cuits (ne jamais faire réchauffer du riz froid).
Regarder de chaque côté de la rue avant de traverser.
Traiter avec respect les gens, les animaux, les plantes et la terre.
Se détendre comme un bébé et il n'arrivera rien.
Apprendre les premiers gestes de secours.
Apprendre la signalisation autoroutière.
Faire de l'exercice régulièrement.
Quand vous éprouvez un problème, partez en voyage : vous trouverez la solution.
Cesser de penser à l'infini.

47

Quand Julie vient chercher Luke, elle semble transformée d'une façon que Luke ne saurait expliquer. Wei doit vraiment être un guérisseur hors pair. Peut-être que Julie est désormais complètement débarrassée de ses phobies.

— Alors, tu vas pouvoir rouler sur l'autoroute maintenant ? lui demande Luke.

Julie lui sourit.

— Je n'ai aucune envie de prendre l'autoroute.

Elle lui montre la feuille de papier jaune sur laquelle est écrit un texte qui parle d'un poisson. Un homme dit à un autre homme combien les poissons doivent être heureux de pouvoir s'ébattre dans la rivière. C'est alors que l'autre homme demande au premier comment il le sait alors qu'il n'est pas un poisson. Le premier homme demande au second comment il sait qu'il ne peut pas savoir ce que pensent les poissons, étant donné qu'il n'est pas lui...

Tout ceci est trop compliqué pour Luke qui n'arrive pas à se concentrer, là, tout de suite, parce qu'il ne pense qu'à son entretien avec Wei. Sans finir de lire l'histoire, il la rend à Julie.

— C'est intéressant, tu ne trouves pas ? dit-elle.

Mais il ne lui répond pas.

Tandis qu'ils descendent l'escalier pour aller retrouver Wei, Luke, qui est enveloppé dans une couverture, ne pense qu'au moment où il va pouvoir se débarrasser de celle-ci et de sa combinaison spatiale. Ce sera une sorte de happy end. Plein de gratitude, il va se mettre à sauter de joie et va donner tout (ou presque tout) son argent à Wei pour qu'il en fasse don à sa fondation.

Après, il partira escalader une montagne. Bien sûr, pour l'instant, Luke est encore terrifié à l'idée de grimper au sommet d'une montagne, lui qui n'est même pas capable d'emprunter un ascenseur. Mais il sait que Wei va le débarrasser de toutes ses peurs et faire de lui quelqu'un de normal.

Environ dix minutes plus tard, il ressort de la chambre de Wei en claquant la porte, furieux.

— Ramène-moi à la maison, dit-il à Julie.

— Mais de quoi est-ce que... ?

— Ce type n'est pas un vrai guérisseur. Il ne peut rien pour moi.

— Mais qu'est-ce qu'il t'a dit ?

— Il m'a dit : « La réponse est en toi » ou quelque chose de ce genre.

— Et ?

— C'est stupide. Il a dit que la réponse avait toujours été en moi et que je savais ce que c'était, mais il raconte n'importe quoi. Je ne veux pas en parler. Ramène-moi chez moi.

— Mais on a fait tout ce chemin…

— … et maintenant, je veux rentrer.

— Oh bon sang ! Il faut qu'on aille prévenir Charlotte.

Julie jette à nouveau la couverture par-dessus Luke, et il comprend que c'est fichu pour de bon : jamais il ne verra la lumière du jour. La couverture lui donne l'impression qu'il est enveloppé dans un linceul. Il a envie de pleurer, mais n'y arrive pas. Il ne peut pas se frotter les yeux à cause de son casque. Mais quelle importance, de toute façon ? Sa vie pourrait aussi bien s'arrêter ici et maintenant. Sous sa couverture et son casque, Luke pleure et n'y voit plus rien à cause de la buée et de l'obscurité.

Il s'en fiche. Il voudrait s'étrangler de larmes, de morve et de tristesse.

Julie le tire par le bras en le serrant trop fort. Il aime la douleur que cela lui procure.

— Il y a des marches, attention, lui dit-elle avec froideur.

Luke trébuche.

Quand ils regagnent la chambre, Charlotte dort toujours.

— Il va falloir que tu attendes que je la réveille, dit Julie d'une voix toujours étrangement froide.

Luke s'assied sur le lit pliant avec la couverture dans ses mains. À travers ses larmes, il voit Julie qui fait le tour de la chambre en ramassant les affaires et en essayant de réveiller Charlotte. Elle allume une cigarette.

Luke pense à ces publicités où l'on voit des piles électriques bon marché s'user plus vite que celles de marque. Julie ressemble à un jouet dont les piles sont usées et qui est sur le point de s'arrêter ou de se briser.

— Qu'est-ce qui t'arrive ? lui demande-t-il.

— J'espérais que tout irait mieux, dit-elle en le regardant un instant.

— Eh bien, c'est fichu, dit Luke.

Julie finit par réveiller son amie.

— Oh non ! dit Charlotte. Quelle heure est-il ?

— Presque huit heures, dit Julie. Luke est dans tous ses états. Il faut qu'on s'en aille.

— Qu'on s'en aille ?

— On rentre. Désolée.

— Merde alors.

Charlotte s'assied dans le lit et commence à rouler une cigarette.

— Qu'est-ce qui s'est passé ?

— Je ne sais pas. Je crois que ça n'a pas marché.

— Il a essayé, au moins ?

— Je ne crois pas que la « guérison » a eu lieu.

— Ce type est un imbécile, déclare Luke.

— Ce n'est pas un imbécile, rétorque Charlotte. Tu es sûr d'avoir bien compris ce qu'il t'a dit ?

— Oui. On peut partir, maintenant ?

Il s'étend à nouveau sur le lit pliant en attendant que Charlotte soit prête. En sa présence, Julie et Charlotte ne disent rien, et il n'entend que des bruits de vêtements qu'on plie et qu'on range. Luke n'arrive même plus à penser. Il ne veut qu'une chose : rentrer chez lui, retourner dans l'enfer qu'il connaît plutôt que de rester dans celui du monde extérieur. Du moins, chez lui, il ne risque pas de se perdre. Il sait qu'il se comporte à nouveau comme un affreux et que Julie est en colère, et c'est peut-être la pire chose qu'il lui soit jamais arrivée.

De retour dans la camionnette, Julie demande à Charlotte :

— Tu peux lire la carte ?

— Bien sûr. On prend le chemin le plus court, c'est bien ça ?

— Tu vas devoir rester sous la couverture, dit Julie à Luke. Il fait jour maintenant.

C'est tout ce qu'elles disent. Luke aimerait qu'elles parlent plus, mais elles se taisent. Peut-être qu'elles ne savent pas quoi dire. Peut-être que Charlotte lui en veut d'avoir déclaré que Wei était un imbécile. Peut-être que Julie lui en veut aussi. Il s'enfouit sous sa couverture et recommence à pleurer. Plus il pleure, plus il se sent minable. Il réalise soudain, exactement comme lorsqu'il était à la station-service de South Mimms, qu'il n'a pas de vie : il est un « no-life ».

— Arrête-toi, dit-il à Julie en émergeant de dessous la couverture.

— Tu veux que je m'arrête ? demande Julie. Luke, pourquoi n'es-tu pas sous la... ?

— Arrête le camion, répète-t-il d'un ton légèrement excédé.

— Fais ce qu'il te dit, suggère Charlotte.

— Mais où ? dit Julie. On est sur une voie rapide. Je ne peux pas m'arrêter ici.

— Calme-toi, Luke, dit Charlotte. Il faut qu'on trouve une aire de stationnement.

— Oh mon Dieu ! marmonne Julie.

— Il y a un grand parc pas loin, dit Charlotte en consultant la carte. C'est la prochaine sortie. Tu peux attendre deux minutes, Luke ?

— Oui, bougonne Luke.

— Il le faut, dit Julie. Je n'ai pas le droit de m'arrêter ici.

Luke n'a même pas peur de ce qu'il va faire. Quand la fourgonnette s'arrête enfin, il ouvre la portière et descend. Il entend Julie qui lui crie de s'arrêter, et Charlotte qui lui dit de ne pas s'inquiéter, que tout ira bien. Puis il ôte son casque.

Aussitôt, il sent l'air frais sur son visage et une odeur humide, nouvelle et excitante comme celle des fleurs, mais différente. Devant lui, il voit une immense étendue verte : de l'herbe. Oui, c'est de l'herbe, mais elle est plus haute et abondante dans la vraie vie. Jusqu'ici, Luke pensait que le monde entier était fait de béton, alors qu'en réalité, c'est de cela qu'il est fait. Il se met à marcher en inspirant l'air et en observant l'herbe. Il aperçoit de grands arbres et un oiseau qui vole, et un petit plan d'eau plus loin. C'est alors qu'il commence à arracher sa combinaison spatiale.

Et il ne meurt pas.

Il ne prend même pas la peine de défaire la fermeture éclair. Il tire sur la combinaison jusqu'à ce que les coutures craquent et il sème derrière lui les morceaux d'étoffe et de papier d'aluminium. Il se débarrasse de ses bottes en caoutchouc et retire ses chaussettes pour pouvoir sentir l'herbe sous ses pieds. La douceur fraîche et humide est tellement intense et pure qu'il s'arrête presque de respirer.

Cette sensation voluptueuse est l'inverse de toute la souffrance qu'il a pu ressentir dans sa vie. Il veut toucher le sol avec ses mains. Il s'agenouille et pose ses deux paumes à plat sur le gazon. Puis il se roule dans l'herbe, mais il voudrait la sentir sur sa peau. Il ôte sa veste et son pantalon de jogging et son tee-shirt et les jette derrière lui. Puis il s'allonge face contre terre et inspire l'odeur de l'herbe. Il voudrait vivre cet instant éternellement.

C'est alors qu'il voit une coccinelle toute brillante dans la rosée du matin. Est-ce possible ? La joie qu'il ressent est trop grande. Il se relève et se met à courir. Tandis qu'il court, il doit se souvenir comment respirer, et Julie et Charlotte courent derrière lui. Mais il continue de courir – non pas pour fuir, mais parce qu'il peut courir – et il n'a jamais rien senti d'aussi doux sous ses pieds avant cela. Et tant pis s'il meurt et si ces choses sont les dernières qu'il verra dans sa vie, du moment qu'il peut mourir avec cette merveilleuse odeur autour de lui. Ceci est une sorte de paradis. Tout ici est un miracle : plus beau que les images de son livre ; plus brillant et voluptueux et vrai que les images à la télévision. Il atteint le plan d'eau. Il y a des canards, et Luke ne comprend pas comment d'aussi parfaites créatures peuvent exister. Elles glissent à la surface du lac, dont l'eau bleue est striée d'orange à cause du soleil ; une couleur comme il n'en a jamais vu auparavant. Il n'est toujours pas mort. Il ne se sent même pas malade. Il ne veut plus rentrer chez lui. Tout est merveilleux ; tout est différent. Julie et Charlotte marchent dans sa direction. Elles sont belles avec leurs cheveux bruns et lisses. On dirait des jumelles. Mais il n'a jamais vu les cheveux d'une femme bouger *ainsi*. Ils chatoient au soleil, et on dirait deux anges auréolés de lumière.

— Comment c'est arrivé ? demande-t-il à Julie lorsqu'elle le rattrape enfin. Je ne comprends pas. Je suis guéri alors que Wei ne m'a rien fait.

Julie regarde Luke, puis l'herbe et le plan d'eau, comme si elle réfléchissait à toutes les réponses possibles à sa question. Puis elle lui sourit et dit :

— Tu en es sûr ?

Et il se met à pleuvoir.

L'Épouvantail, l'Homme en fer-blanc et le Lion remercièrent la Bonne Sorcière pour sa gentillesse, et Dorothée s'exclama :

— Vous êtes aussi gentille que belle ! Mais vous ne m'avez toujours pas dit comment retourner au Kansas.

— Tes Souliers d'argent vont te transporter à travers le désert, répondit Glinda. Si tu avais su quels étaient leurs pouvoirs, tu aurais pu rentrer chez ta tante Em dès le premier jour où tu es venue en ce pays.

— Mais alors, je n'aurais pas eu mon merveilleux cerveau ! s'écria l'Épouvantail. J'aurais pu passer toute ma vie planté dans un champ de maïs.

— Et moi, je n'aurais pas eu mon grand cœur, dit l'Homme de fer-blanc. J'aurais pu rester à rouiller dans la forêt jusqu'à la fin des temps.

— Et moi, j'aurais vécu toute ma vie comme un poltron, déclara le Lion.

Le magicien d'Oz, L. Frank Baum

La Transformation des Papillons

Federico Axat

Une nuit, Christina a un accident de voiture sur une route de campagne. Dans la voiture, les secours ne retrouvent que Sam, son bébé d'un an. Christina, elle, a mystérieusement disparu.
Pendant des années, d'autres personnes s'évanouissent dans la nature avec une effrayante régularité et dans des circonstances tout aussi étranges. Douze ans plus tard, Sam l'orphelin s'épanouit dans une famille d'adoption.
Avec son ami Billy, il se prépare à un été d'insouciance : balade en forêt, promenades à bicyclette et construction d'une cabane dans les arbres. Mais l'arrivée de Miranda, une fille à la troublante beauté, va tout bouleverser. Ensemble, ils vont franchir la frontière complexe de l'enfance à l'adolescence.
Un voyage initiatique, un apprentissage, qui vont les conduire à se découvrir. Et peut-être aussi à lever le voile sur les mystérieuses disparitions…

« Une belle histoire, de merveilleux personnages : un roman impossible à refermer. » **(Planeta)**

ISBN : 978-2-8246-0565-4